5000年 海上航路折叠

古航道 异域 奇遇与未知

[法] 阿兰·达扬 著

温诗媛 译

世界图书出版公司
北京·广州·上海·西安

图书在版编目（CIP）数据

5000年海上航路折叠：古航道、异域、奇遇与未知 /（法）阿兰·达扬著；温诗媛译. — 北京：世界图书出版有限公司北京分公司, 2020.8
书名原文：Routes maritimes, 5000 ans d'aventures sur les mers
ISBN 978-7-5192-7620-1

Ⅰ. ①5… Ⅱ. ①阿… ②温… Ⅲ. ①航海 – 交通运输史 – 世界 – 通俗读物 Ⅳ. ①F551.9-49

中国版本图书馆CIP数据核字（2020）第110441号
© 2018 OLO EDITIONS
Concept by Olo Editions
The simplified Chinese translation rights arranged through Rightol Media（本书中文简体版权经由锐拓传媒取得Email:copyright@rightol.com）

书　　名	5000年海上航路折叠：古航道、异域、奇遇与未知
	5000 NIAN HAISHANG HANGLU ZHEDIE：GUHANG DAO、YIYU、QIYU YU WEIZHI
著　　者	[法]阿兰·达扬
译　　者	温诗媛
责任编辑	尹天怡　董　亚
出版发行	世界图书出版有限公司北京分公司
地　　址	北京市东城区朝内大街137号
邮　　编	100010
电　　话	010-64038355（发行）64037380（客服）64033507（总编室）
网　　址	http://www.wpcbj.com.cn
邮　　箱	wpcbjst@vip.163.com
销　　售	各地新华书店
印　　刷	北京启航东方印刷有限公司
开　　本	787 mm × 1092 mm　1/16
印　　张	16
字　　数	256千字
版　　次	2020年8月第1版
印　　次	2020年8月第1次印刷
版权登记	01-2020-2959
国际书号	ISBN 978-7-5192-7620-1
定　　价	98.00元

如有质量或印装问题，请拨打售后服务电话010-82838515

目 录

引 言	004	地中海	008	波罗的海	036
		地中海及沿海众多民族	012	波罗的海航线	040
		欧亚非交通要道	018		
		追随拜占庭	024		
		黑海航线	032		

北美洲	046	中美洲—加勒比海	072	南美洲	088
横跨北大西洋的美洲航线	050	玛雅之路	076	巴西之路	092
独木舟与卡拉维尔帆船之路	060	美洲航行的十字路口	080	印加帝国与殖民者	100

印度—阿拉伯—远东	106	太平洋	142	东非与印度洋	172
波斯湾	110	横跨"人间天堂"	146	蒙巴萨、桑给巴尔——非洲停泊港	176
追随达·伽马的足迹	116	太平洋探险	156	印度与非洲之行	180
中国帆船和舢板之路	124	寻找未知的南方大陆	164	"金银岛"塞舌尔群岛	186
日本之路	132				
印度尼西亚的香料之路	136				

北极	192	火地岛—南极	226
维京之路	196	追寻麦哲伦的足迹	230
斯匹次卑尔根群岛之路	202	南极之路	240
阿拉斯加,最后的边疆	208		
"西北航道"	214		

去往海洋吧!
去追寻那些开拓了世界航路的伟大
的探索者与航海家们的足迹吧!

引 言

让我们一起乘风破浪，扬帆起航吧！谁不曾怀揣环游世界的梦想？即使出发意味着心碎的离别，但是我们对汪洋大海的无限憧憬往往胜于对故土的依恋。从古至今，大海承载的梦想与未来让人类一次次拉起船锚，朝着更远的未知领域进发。

也许正是出于对未知海域的好奇，古埃及人才乘着他们的小船从平静的尼罗河出发，一路乘风破浪，驶入了当时无人涉足的"黑暗之海"；波利尼西亚人才向着无边无际的太平洋展开了攻势；维京人才抛弃天然屏障大峡湾，向着终年被冰雪覆盖的格陵兰岛进发。

大约5000年前，人类就已经拉开了航海探险的帷幕，一系列惊心动魄的冒险之旅也随之在历史的舞台上竞相登场。

虽然史上最久远的海上探险大多已淹没在历史的长河里，但我们依旧能从一些流传至今的传奇故事中窥得一二，如奥德修斯困难重重的返乡之旅，伊阿宋和诸位阿尔戈英雄们[1]夺取金羊毛，红发埃里克带领维京人定居格陵兰岛以及航海家辛巴达征服七海等传奇故事。

一个世纪接着一个世纪，不知疲倦的水手们成了航海冒险家。他们向后人叙说着自己的探险之旅，描绘出未知之地，测绘出世界的地图，开辟出地球上所有海洋中的航路。

在21世纪的今天，凭借着尖端的导航技术，我们在客观上已不需要使用这些古老的航线，而之所以选择跟着古人的足迹航行或者效法于传统，不是出于习惯或对古人的尊重，而是因为这些航线就是历史本身。

如今横渡大西洋的客轮可以根据风暴预警与冰山漂移的具体情况改变航线，但是从古至今的出发地与目的地都不曾改变，客轮往往选择从南安普敦、勒阿弗尔或瑟堡出发，以纽约为目的地。每一条航线都是世界海洋探险史与殖民史的见证者。

从马赛到亚历山大城，我们将航行在一条古老的航线上。无论是福西亚的希腊人、西西里岛的诺曼人、迦太基的腓尼基人，还是巴巴里海盗和威尼斯商人，他们都在这条航线上留下了不可磨灭的足迹。从挪威到格陵兰岛，我们将追寻维京人的踪迹；而从里斯本到里约热内卢，我们将追寻葡萄牙的卡拉维尔帆船的航迹。

20世纪初，随着人类成功地征服了南北极，这一次千年的海上冒险由此画上了圆满的句号。大航海时代俨然已成为过去，人类迎来了一场新的时速赛跑，飞机成了这个时代的标志性象征。

恍惚间，我们似乎觉得船舶这种落伍的交通工具会被时代淘汰。恰恰相反，现如今船舶的数量与日俱增，设计也越来越精良，它们仍在世界贸易与运输活动中扮演着不可或缺的角色。我们与世界的联系本质上并没有改变，只不过它以一种新的形式展现在了我们面前。

如今，这些伟大的探险家的后继者们仍憧憬着更遥远的旅程、未知的疆域、原始的天然之地。他们想要跨越合恩角与托雷斯海峡，追寻阿蒙森、拉佩鲁兹或达尔文的海上足迹，观看南极半岛的鲸鱼、斯匹次卑尔根群岛的北极熊。他们跟腓尼基人或古希腊人一样，都被大洋的海浪气息深深地吸引着。

每一场旅行都是与自我的会面，与历史的相遇。一杯香槟在握，倚着巨轮的船舷栏杆，朝着美洲航行，我们似乎成了葛丽泰·嘉宝、克拉克·盖博、欧内斯特·海明威或者马塞尔·塞尔当。在靠近曼哈顿岛的尖端时，看着自由女神像在雾中渐渐显露，我们又变成了当年的苏联、波兰以及意大利的移民，为即将踏上新家园而雀跃不已。

书中呈现的每一条航线都有文献记载，但是如果没有亲身航行在这些开创历史的航线上，那么我们将如何描绘那些独特的景色，如何谈论当地居民，如何讲述背后非凡的故事呢？如果没有亲自从汹涌澎湃的太平洋驶入如绿松石般而又清澈见底的潟湖，那么我们如何感受波利尼西亚的安宁祥和，如何理解布干维尔和本特号船员眼中的人间天堂？如未曾亲耳听到浮冰撞击船体的声音，极地探险又从何谈起？亲爱的读者们，我花了20多年的时间重走了5000年来开创人类历史的海上航线，愿通过这本书与你们共享这场文化之旅。

海上之路承载着世界的历史，同时也焕发着未来的光彩。一些航线正在消失或渐渐失去其以往的重要性，如神秘的合恩角，在1914年巴拿马运河开通之后，逐渐被弃用。而另一些新航线正在诞生，如横跨北极圈的诸条航线，因全球气候变暖、冰山消融而渐渐被开发。

新航路将承载怎样的历史，让我们拭目以待吧！现有的航线数不胜数，充满了让人期待的未知，让我们即刻扬帆起航！祝我们一路顺风！

地中海

地中海及
沿海众多民族

奥林匹斯诸神建造希腊时，先雕群山，再于地中海蔚蓝海域上散落星星点点的陆地，大小岛屿遂成。在古希腊时期，水手们就已将整个地中海探得一清二楚，而后跨过地中海去探索另一番天地。

船只：密斯特拉号
船长：弗朗索瓦·施耐德
国家及地区：意大利—希腊—埃及—黎巴嫩

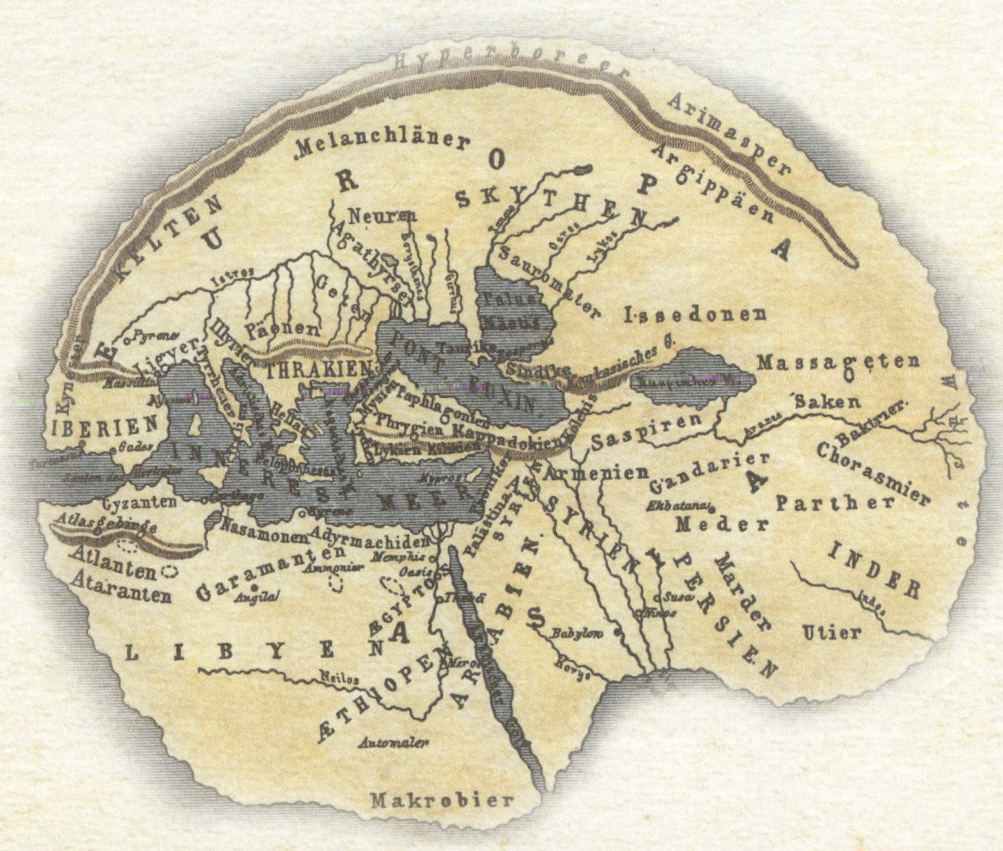

第一日
意大利 罗马 奇维塔韦基亚港口
北纬 41°53′ 东经 12°29′

地中海

顺利抵达罗马是海上冒险之旅的第一步，我们将在文明发展的历史长河中逆流而上。密斯特拉号将从罗马出发，途经雅典、基克拉泽斯群岛、克里特岛、埃及，最终到达古腓尼基人所在之地——黎巴嫩。这真可谓是一段追溯文明之源的旅程啊！

罗马，一座永恒之城，与传说中的七座山丘融为一体。七座山丘的山脚下，台伯河静静流淌着。斗转星移，许多民族曾先后占领过地中海的部分海域，但只有罗马人将他们的法律强加给了地中海整片区域，他们骄傲地将这片内海称为"Mare Nostrum"，它在拉丁语中的意思是"吾海"。古罗马当年不仅海上军事力量雄厚，还被尊为艺术之都。古罗马的帝王们凭借高超的建筑智慧与才能，给后人留下了数不胜数的不朽杰作：罗马大角斗场、君士坦丁凯旋门、帕特农神庙、古罗马城市广场等等。我们决定在市政广场结束一天的行程。夕阳西下，沿着米开朗琪罗雕绘的不朽石阶拾级而上，我们陶醉着，欣赏着落日余晖里的城市广场的蜿蜒小道。尽管迟迟不愿离去，我们最终还是往罗马的重要港口——奇维塔韦基亚的方向继续前行。一个小时后，我们的船离开了罗马。

第二日
持续航行

地中海和爱琴海
途经墨西拿海峡到达伯罗奔尼撒半岛南端。

第三日
希腊 雅典 比雷埃夫斯
北纬 37°56′ 东经 23°38′

航行里程：1150 km

清晨时分，比雷埃夫斯港口进入我们的视线范围。驶入港口时，我们遇到了前往大小岛屿的渡轮与快艇。出租车沿着长长的大道穿过城市，道路两旁的建筑死气沉沉、毫无生机。19世纪初，雅典重获独立，奥斯曼帝国[2]长达数个世纪的统治总算告终。当时的雅典人烟稀少、百废待兴，但是卫城的光辉与帕特农神庙的典雅让这座城市得以重生。包括我们在内的数以百万计的游客正迫不及待地沿着石阶往上走，以期瞻仰雅致的希腊神庙。

帕特农神庙建于公元前5世纪，它见证了雅典的整个黄金时代。

希腊长期以来一直统治着爱琴海，直至强盛的罗马取代了它的地位。但是希腊璀璨的文明并没有因此而衰落，数个世纪以来，仍然焕发着蓬勃的生机。

皮西亚斯之旅

约公元前380年,皮西亚斯出生于马萨利亚,即如今的法国马赛。据说这座城市是由来自福西亚的希腊人建立的,是希腊人当时在爱琴海沿岸安纳托利亚的殖民地。

马萨利亚位于罗纳河的河口,得天独厚的地理位置让它得以成为繁华的贸易中心,贸易商品以北欧的琥珀和锡器为主。也许是出于寻找财富源头的想法,皮西亚斯决定动身前往北大西洋。根据老普林尼和斯特拉波的记载,皮西亚斯离开了马萨利亚,并跨过神话中赫拉克勒斯之柱所在的地方,即直布罗陀海峡——一位名叫优昔美尼的希腊探险家早在两个世纪前就探索过的地方。但是当时该海峡正在马萨利亚人的劲敌迦太基人手里,所以根据另一个推测,他应该是顺着河流航行直达凯尔特人所在的布列塔尼科尔迪波港口。随后,他到达了康沃尔郡,并沿着爱尔兰以及苏格兰海岸航行来到奥克尼群岛。

皮西亚斯接着朝北航行了大概6天,最后到达"世界极北之处"——神秘的图勒之地。

他航行到哪儿了呢?冰岛吗?不太可能。因为皮西亚斯从一开始就优先选择沿着海岸线航行。挪威?勉强可以说得过去。但是皮西亚斯曾提到,"那一片海域,既不能行人也不能行船",而挪威周边并没有浮冰。他到底去了哪儿呢?斯匹次卑尔根群岛?白海?我们也许永远都不知道答案,但是有一点可以确定,那就是皮西亚斯是第一位如此靠近北极圈的探险家。

《奥德赛》

虽然诗人荷马是否真实存在尚无定论,但是他流传千古的名作《奥德赛》和《伊利亚特》的创作灵感却来源于古希腊时期真实存在的海上冒险事迹。奥德修斯这位传奇英雄人物的海上历险取自伯罗奔尼撒半岛和克里特岛的航海家的探险之旅,他们都曾是地中海上的霸主。

故事里的人物跟现实中的航海家一样,被狂风刮到了撒丁岛和西西里岛海岸。船长将自己绑在了船桅上,以此抵挡美人鱼歌声的诱惑。第勒尼安海的火山喷发将过往船只统统焚毁。那么,独眼巨人们是否真的存在呢?

话说回来,奥德修斯并不是在一个幻想的世界中历险多年,而是从东到西横跨了地中海。

第四日
希腊 基克拉泽斯群岛 锡拉岛（别名桑托林岛）
北纬 36°23′ 东经 25°27′

爱琴海 / 航行里程：235 km

在很长一段时间里，我们一直观察着从地平线上慢慢显露的岛屿，它的历史以及围绕着它的传奇故事早已为人熟知。

船只在岩石和峭壁之间缓缓前行，小心翼翼地驶入巨大的火山口，四周峭壁刚好倒映在水中。登上建于岛屿之顶的锡拉城，目之所及，气势恢宏。

早在公元前3000年，"基克拉泽斯文化"就已在锡拉岛诞生。当时锡拉岛与周边的希腊岛屿、埃及以及克里特岛都维持着商业贸易关系。基克拉泽斯群岛是东西方文明交流的十字路口。一直以来我们对爱琴海文明所知甚少，直到19世纪末，随着阿克罗蒂里考古遗址被发现，才慢慢揭开了爱琴海文明的神秘面纱。在锡拉博物馆里，我们看到了一些原本位于房屋墙面上的彩绘壁画。壁画上那些几千年前的人像栩栩如生。随行的考古学家本尼迪克特·拉诺霍斯对我们说道："公元前1500年的火山喷发宣告了阿克罗蒂里这座城市的终结。因为在遗址发掘中并没有发现任何受害者的遗体，所以我们推测城里的居民应该在火山喷发前就离开了，而且我们知道这座城市当时还拥有一支力量强大的海军。城里的居民应该登上了驶往大海的船，但可能永远无法到达目的地。因为火山的喷发引发了强烈的海啸，这些人极有可能被高达30米的巨浪吞噬了，阿克罗蒂里城的基克拉泽斯文化也随之终结。"

第五日
希腊 克里特岛 克诺索斯 伊拉克利翁港口
北纬 35°20′ 东经 25°00′

爱琴海 / 航行里程：125 km

这一次，我们的船停靠在了伊拉克利翁港口的码头，不足几个小时，很快又朝着克诺索斯方向出发了。

那场海啸不仅淹没了锡拉，同时也摧毁了克里特岛耀眼的米诺斯文明，而建在岛屿中央的米诺斯王宫却奇迹般地得以幸免。

装饰在克诺索斯房屋墙壁上的壁画的主题和风格与阿克罗蒂里的十分相似。这体现了当年米诺斯人与海洋以及埃及文明之间的紧密关系。

接下来，我们将持续航行在地中海上，循着历史的足迹朝着亚历山大出发。

亚特兰蒂斯神话

每一座岛屿都拥有自己的传奇历史，其由来可在神话故事中窥得一二。锡拉岛的背后同样有一个迷人的神话故事。古希腊哲学家柏拉图曾在对话中提到过一个文明高度发达的社会，那儿从未发生过战争，科技的发展也达到了较高水平。该文明被一场大洪水永远地吞没了。亚特兰蒂斯神话由此诞生。

尽管科学家和考古学家证实，锡拉的居民并没有被海啸吞没，但是神话的真实性并不重要，重要的是亚特兰蒂斯神话对于锡拉来说永远是美好的憧憬。

第六日
埃及 开罗 亚历山大
北纬33°11′ 东经29°55′

地中海 / 航行里程：510 km

跟我们之前走过的城市一样，亚历山大城值得我们花上几天甚至更多的时间去探索，但我们与埃及历史之约的地点在向南500公里位于尼罗河畔的卢克索。虽然时间紧迫，但是既已身至开罗，我们就不能错过金字塔和狮身人面像。在路上我们遇到了好几次交通堵塞，之后便乘坐飞机前往卢克索，也就是埃及古都底比斯所在地，因神庙众多而被荷马称为"百门之都"。

第七日
埃及 卢克索
北纬25°43′ 东经32°39′

尼罗河谷地 / 航行里程：500 km

尼罗河乃是古埃及文明之源。对于埃及人来说，大海是危险的标志。他们不太牢固的船仅限于沿着海岸航行。我们前往底比斯，不仅仅是因为伟大的建筑杰作，如卡纳克神庙、卢克索神庙、帝王谷以及王后谷值得瞻仰，还因为在公元前1500年左右的女王哈特舍普苏统治的新王朝时期，女王为了寻找没药、乳香、黄金以及象牙而组织的一系列前往邦特之地的海上探险是从这里出发的。邦特之地位于现在苏丹所在的位置，在红海海岸。为了顺利抵达遥远的国度，埃及人将船只拆卸并装车，一路穿过沙漠，最后到达海岸时再将船只卸下并重新组装。

在亚历山大，我们坐上了开往贝鲁特的船。

第八日
朝地中海东部出发

第九日
黎巴嫩 贝鲁特
北纬33°53′ 东经35°30′

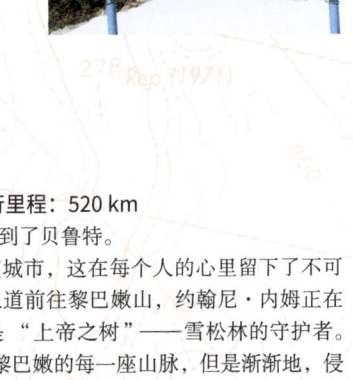

地中海 / 航行里程：520 km

我们一大早就来到了贝鲁特。

战争摧毁了整座城市，这在每个人的心里留下了不可磨灭的阴影。我们取道前往黎巴嫩山，约翰尼·内姆正在那儿等着我们，他是"上帝之树"——雪松林的守护者。"从前，雪松覆盖着黎巴嫩的每一座山脉，但是渐渐地，侵犯黎巴嫩的那些人将雪松统统砍了。人们以前正是用雪松木建造了所罗门工神殿、棺椁以及运往'法老之海'的船。埃及人称腓尼基工匠制造的船为kbnyt，意为'俾布罗斯之船'。³"

太阳船

在古埃及人的信仰里，人类生命的循环与太阳周期相似，每一天都有出生和死亡。太阳神"拉"需要用太阳船来完成每日的旅行。在一个尼罗河乃是生命之源的国家里，其中的寓意不言而喻。

埃及人认为太阳神的圣船永不停歇，如果依附着圣船，他们的灵魂就能得到永生。这就是为什么埃及所有的坟墓都位于尼罗河的西畔——日落之地。在葬礼上，人们将逝者置于类似太阳船的船上，让其将逝者带往西岸。

最初的海上远航

哈特舍普苏女王与邦特之地

寻找黄金与乳香

在位于底比斯的戴尔·巴哈里墓葬庙里，象形文字记载着公元前1500年左右哈特舍普苏女王派遣船只前往邦特之地的历史。很久以前，法老便开始派遣船只前往南埃及寻找所需物资，而哈特舍普苏女王是第一位将这些航行事迹刻在神殿墙上的法老。多亏了这位女王，我们才得知这一段历史。

神殿墙上共有10幅相连的画依次展示当年的盛况。

在第二幅画中，我们可以看到邦特之地的船只满载着货物。另外，我们还可以看到邦特之地的国王和王后接过哈特舍普苏女王赠送的武器以及金银珠宝。

经过详细的研究，部分历史学家推测两位君主应该是霍屯督人。

而霍屯督人来自非洲南部地区，这似乎意味着埃及的船曾远达非洲南部。

尼科二世与环绕非洲的航行

大约在公元前600年，埃及法老尼科二世下令募集一支由腓尼基水手组成的船队，并要求他们完成环绕非洲航行的任务。腓尼基水手被公认为当时地中海最优秀的水手。根据希罗多德的记载，这支船队离开红海后一路沿着东非海岸航行，经过好望角，3年后回到地中海。

我们无法得知这究竟是真实历史还是传奇故事，但可以肯定的一点是：航海家们打破已知世界边界的欲望与日俱增。

腓尼基人

从公元前1000年起，腓尼基人无疑成了地中海霸主。从"黎凡特之阶"，即黎巴嫩开始，他们在北非沿海、西西里岛以及西班牙建起了一个个殖民地。《圣经》中记载着一段从腓尼基的提尔城出发前往俄斐城，也就是黄金之城的旅程。这支由腓尼基人和所罗门王派遣人员组成的船队最终带回了19吨贵重金属。

《圣经》无疑是一部充满诗意的作品，但并不是一本可靠的历史书籍。历史学家们一直在搜寻俄斐城的线索，但是直至现在尚未确定它的具体位置。

从公元前5世纪起，由腓尼基人于几个世纪前建起的迦太基城成了地中海霸主，并将势力不断往外扩张。在此期间，最令人叹服的航行就是航海家汉诺率领舰队深入西非几内亚湾的航行，比葡萄牙卡拉维尔的帆船早了快2000年。

欧亚非
交通要道

　　西西里岛和马耳他岛在地中海上有着重要的战略地位,素有"地中海心脏"之称,是欧亚非三大洲贸易往来的十字路口。自古以来,众多势力在此较量,权力的更迭给这片土地留下了非凡的建筑杰作以及多样的生活方式。

船只:阿德里安娜号
船长:约西普·拉多万

第一日
意大利 那波利

北纬 40°50′　东经 14°15′

第勒尼安海

这一天，我们主要参观了那波利的斯帕卡那波利街，它位于古城区。古城区原有三条罗马古道，斯帕卡那波利街的名字取自其中一条，意为"那波利划分者"。

街道两旁的外墙晾晒着衣物，孩子们在道路旁奔跑玩耍，人们在露天咖啡座上聊天。在这个声名远扬的街区里，教堂就多达数十个，两旁的风景更是无可比拟。行走其中，仿佛置身于街头剧院。斯帕卡那波利街保留着它的传奇。街区一位名叫圭多的商人对我们说道："我们每个人身上都带有一点普尔钦奈拉[4]的喜剧精神，对我们来说，生活就像即兴喜剧表演一样。随着历史的发展，我们逐渐习惯了不同文化的共存与融合，并在这里享受埃及、希腊、非洲、西班牙，还有法国等国家与地区的文化汇聚盛宴。也许这就是我们喜欢表演喜剧的原因吧。"

远方正是包围着整座城市的维苏威火山，它如守护神一般矗立着。毋庸置疑，它成了斯帕卡那波利街的标志之一。维苏威火山最近一次喷发是在1944年，而最严重的当属79年发生的那次，它彻底摧毁了庞贝古城和赫库兰尼姆古城。

但是相比于潜在的火山喷发的危险，斯帕卡那波利人似乎更操心市中心水泄不通的交通状况。黑夜来临，灯火照亮整座城市，我们即将离开斯帕卡那波利湾前往下一站。

第二日
意大利 伊奥利亚群岛 武尔卡诺岛

北纬 38°24′　东经 14°57′

第勒尼安海　/　航行里程：280 km

经过一夜的航行，我们来到了武尔卡诺岛，整座岛笼罩在火山口巨大的阴影下。

我们在岛屿唯一的港口黎凡特港停船靠岸。

除了几艘邮轮以外，港口只有一些往来于武尔卡诺岛和西西里岛以及其他岛屿的渡轮。相对封闭的环境保障着岛屿上约500位居民的平静生活。

我们跟着导游安杰洛来到了火山口的边缘。烟雾不断地从弗撒火山锥口冒出，它的绰号为"大火山口"，属于活跃程度极高的活火山。

"整个古希腊罗马时期，均无人来此定居。这是一座献给火神伏尔甘的圣岛。在古代，它接二连三的爆发让所有的航海家都望而却步。整个中世纪，这儿都荒无人烟。这是地狱之门。"

我们放弃乘坐巨轮，选择乘坐一艘快艇前往西西里首府巴勒莫。

从诺曼底到西西里

巴勒莫的黄金时代

诺曼人曾一度幻想着建起"太阳之国",打算将巴勒莫打造成中世纪欧洲文明的灯塔。

9世纪初,维京人不断侵扰欧洲西部。为了阻止北欧海盗头目罗隆的侵略步伐,西法兰克王国的"天真者"查理三世于911年与其签订了《圣·克莱尔-苏尔-埃普特条约》,以北部大片疆土换取和平。从此以后,维京人有了一个公国和一个新名字:诺曼人。

11世纪,已经成为基督徒的诺曼人组织了新的远征。当时欧洲南部战火不断,拜占庭人、撒拉逊人以及伦巴第人在此混战,胜负难分。"狡猾者"罗伯特·吉斯卡尔趁乱而入,占领了卡拉布里亚。他的兄弟"驼背者"罗杰·德·奥特维尔则于1061年攻下墨西拿,随后带着一小队士兵进攻西西里。1091年,经过长达30年的战争,罗杰将"异教徒"悉数驱逐,成为西西里新一任公爵[5]。因效忠于教皇,诺曼人成了罗马钳制西西里和南意大利的左右手。在罗杰二世的统治下,西西里经济长期繁荣昌盛,阿拉伯和拜占庭的诗人与建筑师也为当地独特的文化的诞生贡献了很大的力量。罗杰二世将阿拉伯地理学家穆罕默德·伊德里西聘请至宫中,授意他撰写《罗杰之书》[6],此书之后成了中世纪杰出的地理学专著之一。正如阿拉伯裔西班牙地理学家伊本·朱巴尔所记载的:"凡路经西西里的旅客商人,无不称赞此地对犹太人或穆斯林宗教文化的包容。"1184年,当他从麦加朝圣归来路过西西里时,发现许多诺曼人都说阿拉伯语,而穆斯林占领西西里期间兴建的建筑也均保存完好。在建筑领域,多元的建筑风格使宗教的普世精神得到了最好的诠释。[7]

在此,拜占庭式与意大利式以及穆斯林式的艺术技巧融为一体,共同创造了一种新的艺术风格。在巴勒莫的巴拉蒂娜教堂上,这种混合的风格十分明显,我们可以从中看到诺曼式大门、法蒂玛式拱门以及拜占庭镶嵌画覆盖的大圆顶。在数个世纪中,西西里跟西班牙的安达卢斯以及拜占庭,成了文化交流的十字路口。经由西西里,阿拉伯艺术家与科学家在中世纪发展的艺术、科学及手工艺被传播到欧洲。

西西里新的统治者将阿拉伯的建筑式样与拜占庭镶嵌画的色彩和精细风格相结合,把巴勒莫打造成了地中海中的一座耀眼的文明灯塔。这个时期留下的文化遗产不局限于巴拉蒂娜教堂中金碧辉煌的壁画,还包括西西里著名的传统木偶戏。电影艺术大师瑟吉欧·莱昂内是木偶戏艺术最后一批艺术家中的代表。

历史学家接着说道:"我们总是喜欢把查理大帝捍卫基督教与教皇权威的历史故事搬上舞台,出于同样的原因,诺曼人和阿拉伯人之间的纷争与融合也在舞台上重现。"

第四日
意大利 西西里岛 卡塔尼亚
北纬 37°30′ 东经 15°58′

地中海 / 航行里程:210 km

我们将开车游历西西里岛东海岸最大的城市——卡塔尼亚,之后将乘船前往马耳他。

跟那波利一样,卡塔尼亚的命运也跟火山紧密相关,此地的埃特纳火山是世界上活跃的火山之一。在卡塔尼亚,埃特纳火山"每打一次喷嚏",当地人就惊恐万分。在这座城市,巴洛克风格的教堂和宫殿随处可见,建筑物分布得井井有条,这一切都"多亏"了埃特纳火山,因为1669年埃特纳火山的喷发摧毁了超过一半的建筑,于是人们被迫重建城市。

卡塔尼亚人明白埃特纳火山的危险性,知道它的喷发可能会造成毁灭性的灾难。与此同时,他们也深知数个世纪以来,多亏了火山喷发堆积的百万吨熔岩,土地才变得肥沃,房屋才得以建成。

回到港口,我们将在这里等到天亮,然后乘坐渡轮前往马耳他首都瓦莱塔。

第三日
意大利 西西里岛 巴勒莫
北纬 38°07′ 东经 13°22′

第勒尼安海 / 航行里程:230 km

巴勒莫所有的历史都铭刻在纪念建筑物上,而在中世纪,巴勒莫无疑迎来了最辉煌的时期。11世纪,诺曼人首领罗杰·德·奥特维尔率领军队,打着教会的名号进攻当时被穆斯林占领的西西里。这就是诺曼人统治西西里的开始[8]。

这个时期深深地吸引着历史学家让-保罗·巴霍德,他对我们说道:"巴勒莫大教堂是在'星期五清真寺'的基础上改建成的基督教建筑。当年城中清真寺约有300座,而'星期五清真寺'是最大的一座。如果我们仔细看阿拉贡建筑师之后加盖的4座角塔,就会发现那其实是清真寺的宣礼塔。"

第五日
马耳他 瓦莱塔

北纬 35°53′ 东经 14°30′

地中海 / 航行里程：220 km

从西西里启程4个小时后，我们来到了马耳他首都瓦莱塔。

刚进入港口，我们就被它恢宏的气势深深震撼到了。经过圣埃尔默城堡后，我们来到世界最大的天然港口格兰德港（又称"大港"）。船缓缓前行，右侧对着耸立的堡垒，若站在左侧凭栏眺望，可以看到很多内港一直延伸至城中，由防御工事与瞭望楼静静地守护着。

高大的城墙、教堂与宫殿将我们团团围住。瓦莱塔哪里是一座城市，分明就是电影的拍摄现场！我们在卡塔尼亚时与导游塞尔瓦托雷约好了，他此刻正在码头上等我们。刚一见面，我们就立刻感受到了他对家乡的自豪之情。没过多久，他就迫不及待地拉着我们往比尔古街区走去。街道上热闹非凡，到处挂着马耳他十字旗。

9月8日，今天正好是马耳他的国庆日。从16世纪后半期起，每逢国庆日，人们就在格兰德港港口组织划船比赛，以此纪念1565年9月8日耶路撒冷圣约翰医院骑士团[9]成功击退奥斯曼帝国。

参加划船竞赛的俱乐部共有7个，每个俱乐部都有忠实的拥趸。划船比赛在马耳他人心中的地位无异于世界杯在巴西人心中的地位。多年来，沃尔特一直支持桑加拉队。

他对我们说道："我们的船均源自腓尼基人，形式多样。除了卡基克，我们还有弗雷吉加蒂娜。弗雷吉加蒂娜是一种小船，可以安置两名划船运动员，一名可在船头站着，一名可在船尾坐着。"

观看完比赛后，我们跟着导游回到了充满历史感的城市中心。在这座可俯视整座城市的巴拉卡花园里，他对我们说道："医院骑士团从天堂般的希腊罗得岛来到了一贫如洗的马耳他。1565年，面对奥斯曼对马耳他的大围攻，骑士团团长让·帕里索·德·拉·瓦莱特组织了防守战，此次战役从5月一直持续到了9月。马耳他坚不可摧的石头让奥斯曼舰队最终无奈地放弃了攻城计划。我们的坚石曾守卫着这座城市，如今又成了这座城市最美的风景。"

旅程的最后，导游坚持要带我们参观圣约翰大教堂。巴洛克风格的大教堂俨然成了骑士精神的化身。

八语融汇之地

医院骑士团骑士驻扎在封地罗得岛，他们的标志是八角形白色十字架。在罗得岛，一个地区一种语言，每个地区都有自己的堡垒兼修道院（又被称为"客栈"）。该传统在马耳他得以延续，马耳他地区现共有八种语言：奥弗涅方言、法语、阿拉贡语、意大利语、卡斯蒂利亚方言、德语、英语以及普罗旺斯方言。

从耶路撒冷到马耳他

马耳他，堡垒之城

马耳他这片由海浪雕琢而成的干旱土地，是穿越地中海的海路中必不可少的十字路口。

马耳他前前后后分别历经了埃及人、腓尼基人、希腊人、罗马人以及阿拉伯人等外来者的统治。中世纪时期，医院骑士团的到来改变了它的命运。

1095年，教会第一次发动十字军东征讨伐土耳其人，欲重夺圣地耶路撒冷。随从队伍的医院骑士团最初以医护沿途朝圣者为己任，但为了守卫圣地，最终也对自己实行了军事化管理。1291年，医院骑士团与十字军战士被驱逐出耶路撒冷后前往塞浦路斯，随后撤到罗得岛。

为了阻止土耳其势力在地中海的扩张，神圣罗马帝国的皇帝查理五世将马耳他赐予医院骑士团。他们在1530年10月抵达马耳他岛。医院骑士团成员分属三个阶层，分别是主持弥撒的神职人员；为捍卫基督教而战的正义骑士，他们均选自欧洲最强盛的基督教家庭；招自第三方国家的普通战士。医院骑士团的最高负责人是大团长。当时欧洲文艺复兴正如火如荼地展开，而马耳他却宛如被遗忘的中世纪旧城。当时的首都姆迪娜位于岛屿中部。考虑到大规模的海盗势力即将来袭，时任骑士团大团长的菲利普·维里尔斯·亚当自登岸之日起便将军团驻扎在比尔古街区附近的海岸上，并命人修建防御工事。1565年，让·帕里索·德·拉·瓦莱特击溃苏莱曼大帝的军团，保障了马耳他之后长达两个世纪的繁荣昌盛。马耳他人民以罗得岛上的大教长宫为原型，兴建了一批享有盛誉的纪念性建筑物。1789年，骑士团公开反对法国大革命，并说要出资协助路易十六逃往瓦雷纳。拿破仑在远征埃及的途中，出于报复骑士团的心理，将瓦莱塔收入囊中。短短2年后，法国人又被英国人赶走。此后，马耳他成了英国的殖民地，直至1964年才获得国家独立。如今医院骑士团成员早已卸下盔甲、放下刀剑，恢复最初的职责，以照料病人与穷人为己任，人数约有1万人。

追随
拜占庭

在欧洲列强争夺陆地之时,威尼斯人早已夺得海上控制权。威尼斯人凭着当时最强大的海上舰队和一直延伸至东方海岸线的贸易站点,称霸地中海将近六个世纪,甚至加速了旧主拜占庭帝国的衰落。

船只:日丽号
船长:雷吉斯·多梅尼
国家及地区:意大利—克罗地亚—希腊—土耳其

第一日
意大利 威尼斯
北纬 45°26′ 东经 12°19′

亚得里亚海

威尼斯绝对是不可错失的一站，所有人都被它无穷的魅力深深吸引着。几个小时以后，我们将乘日丽号从这儿出发前往伊斯坦布尔。长期以来，威尼斯被认为是欧洲的大门，而拜占庭帝国的君士坦丁堡则是东方的大门，地中海的这两颗璀璨的明珠在历史的舞台上尽显风采。在等待出发之际，我们决定乘坐威尼斯水上巴士游玩一会儿。巴士上人挤人，除了将水上巴士停靠在每一个既定站点的管制员，大多数人不讲意大利语。船驶至里亚托桥时，我们看见一群妇女从 Pescheria，也就是鱼市归来。

威尼斯的繁荣不仅体现在金碧辉煌的宫殿与巍峨高耸的教堂上，还体现在每一位居民身上。可惜目前负担得起这儿奢侈的生活的人越来越少了。

我们来到圣马可广场，打算会见圣马可大教堂的负责人埃托雷·维奥。在等待时，我们来到弗洛里安露天咖啡厅，在那里安静地享受了一杯咖啡。1639年，第一批咖啡豆来到威尼斯，其背后还藏着一段有意思的历史。在伊斯坦布尔，人们认为咖啡会让女人变得淫荡，让男人失去阳刚之气。而在18世纪初，威尼斯约拥有311家咖啡馆，其中1家竟然可以容纳500人！

威尼斯第一位主保圣人是希腊人圣西奥多。但828年，两位威尼斯商人将福音书著者之一的圣马可的遗骸从亚历山大偷运回威尼斯，从此以后圣马可便替代圣西奥多成了威尼斯新的主保圣人。该转变还象征着威尼斯脱离了拜占庭的管辖。但是威尼斯永远不会忘记它的东方之根，圣马可大教堂的建筑结构便是最好的证明。正如埃托雷跟我们解释的那样："威尼斯人的意愿就是与拜占庭进行某种形式的结盟。5座穹顶象征着上帝。无论我们从什么角度往上看——前后或左右——都能感受到上帝高高在上、无处不在。凭借着某种方式，我们都能感受到上帝的存在。因为上帝永远爱我们，上帝永远在万有之上。"

威尼斯政治与宗教的历史清晰地镌刻在总督府与圣马可大教堂上。但真正彰显威尼斯力量之地无疑是威尼斯人的军械库，成千上万的战舰与商业船舶正是从这里诞生。它们驶入地中海，乘风破浪，将巨大的东方财富运回国。

离开的时刻来临，船向着朱代卡岛出发了，我们站在甲板上静静地凝视着这座城市，感受着它独一无二的美。从总督府前经过时，我知道我们一定会再回来的。

短暂的胜利——勒班陀海战

奥斯曼帝国占据塞浦路斯后，教皇庇护五世与威尼斯、热那亚和西班牙组成"神圣联盟"出征讨伐。1571年10月7日，在帕特雷海湾的勒班陀，以基督之名出征的208艘战舰与60艘快艇对决奥斯曼的300多艘船只。战役打响了！这无疑是一场混乱的血腥之战。土耳其人的117艘船只被毁，而神圣联盟仅仅失去了16艘船[10]。但是神圣联盟的胜利是短暂的，塞浦路斯此后仍在奥斯曼帝国的手中，奥斯曼的海军仍在地中海东部占据霸主地位。

威尼斯，别名"尊贵的共和国"

潟湖之主

威尼斯诞生于潟湖群岛之中，一度成为海上商业帝国之都，统治地中海整片区域长达六个世纪。

威尼斯获得这般辉煌的发展，不仅得益于其地理优势，更是依仗其统治者与总督们传奇的外交手段。它位于日耳曼人的神圣罗马帝国与拜占庭帝国之间，迅速成为东西方开展商业贸易的必经之地，因此很快便积攒下巨大的财富。作为抗击伊斯兰势力和诺曼人的回报，威尼斯又从拜占庭手中获得了在整个东方世界贸易的特权。[1] 从此以后，威尼斯统治着亚得里亚海，占据着数量庞大的商行。1204年，这是历史发生转变的关键一年。罗马教皇英诺森三世发动了第四次前往耶路撒冷的十字军东征，年迈却狡猾的威尼斯总督恩里科·丹多洛答应动用舰队运送十字军战士，但乘机提出条件，要求十字军进攻并占领君士坦丁堡。1204年4月12日，威尼斯人与十字军攻陷拜占庭。为了纪念战争的胜利，威尼斯人将君士坦丁堡赛马场中著名的四匹铜马带回国并置于圣马可大教堂的正面。

此后，威尼斯共和国在亚得里亚海获得了范围更大的控制权。在15世纪，亚得里亚海被称为"威尼斯湾"。在鼎盛时期，威尼斯兴建了大量的宫殿和教堂。作为这份财富的缔造者和守护者，共和国总督恩里科·丹多洛每年公开讲话时都再三强调，威尼斯的命运与大海息息相关。乘坐着"总督专舰"布森陶尔号，恩里科·丹多洛来到港口，与大海举行了盛大的结婚仪式。他将金戒指抛入海中并宣告："伟大的海，今日汝与众人成婚，天地可鉴，永世不变。"

1453年，奥斯曼帝国攻下君士坦丁堡，将其改名为伊斯坦布尔。奥斯曼从15世纪开始在地中海不断扩张势力，事情的矛盾之处却是威尼斯恰恰在这时候迎来了它的黄金时代。

尽管大大小小的战役从未间断，但威尼斯人却从来没有停止过与伊斯坦布尔的商业往来。威尼斯作为神圣联盟之首，在1571年的勒班陀战役中击溃土耳其的舰队之后仍不忘与敌方继续商业贸易。1621年，奥斯曼帝国在威尼斯大运河沿岸设立商业据点。威尼斯人的厉害之处可能并不仅仅在于强大的海军，圆滑的政治手段与灵活的外交策略也许才是它的终极武器。

第二日
克罗地亚 斯普利特
北纬 43°30′ 东经 16°26′

亚得里亚海 / 航行里程: 370 km

亚得里亚海平静如湖,我们的船驶入了由岛屿与陆地构成的天然航道。航道交通繁忙,渡轮、货船、帆船等各式各样的船只来来往往。我们慢慢靠近斯普利特港口。这是一座神秘莫测的城市,给我们带来了接二连三的惊喜。4世纪,一座为罗马皇帝戴克里先建造的城堡——戴克里先宫拔地而起,面积达3万平方米,整体呈矩形。随着罗马帝国的衰败,当地居民为了躲避外来蛮族,纷纷搬入宫殿生活。数个世纪以来,戴克里先宫便逐渐形成了中世纪迷宫般的构造。

第三日
克罗地亚 杜布罗夫尼克
北纬 42°38′ 东经 18°06′

亚得里亚海 / 航行里程: 220 km

午夜时分,我们重新登上船,第二天早上便来到了杜布罗夫尼克。我们进入的是旧港口,过去它一直被沉重的链条封锁着。导游瓦尼西杰向我们说道:"杜布罗夫尼克的古称为'拉古萨',始建于7世纪,这座城市命运多舛。拉古萨贵族名义上为威尼斯的联盟,但作为精明的谈判者,却与威尼斯的敌人比萨以及拉韦纳签订了诸多协议。15世纪初,他们还与奥斯曼人达成了协定。之后,拉古萨舰队得以平静地航行在地中海上,与不同地区进行商业贸易,从西班牙到叙利亚,甚至到印度以及美洲。"

如今,这里作为旅游热门城市之一,街上游客熙熙攘攘。如果能穿过拥挤的人群,便能目睹这些见证着拉古萨黄金时代的宫殿、教堂以及修道院。

第四日
在伊奥尼亚海上持续航行

第五日
希腊 卡拉马塔
北纬 37°01′ 东经 22°06′

伊奥尼亚海 / 航行里程: 820 km

经过了长时间的海上航行之后,我们来到了希腊卡拉马塔。这里正处于威尼斯和伊斯坦布尔中间。我们首先朝着50公里开外的米斯特拉斯古城出发。参加第四次十字军东征的法兰克骑士弗兰克斯建立了这座城市。后来米斯特拉斯成了拜占庭一个行省的首府,由拜占庭贵族统治。城市山坡上的教堂和修道院里到处是精美绝伦的壁画,彰显着当年君士坦丁堡和克里特岛艺术家的才情。米斯特拉斯成了"东方的佛罗伦萨"。

第六日
持续航行在爱琴海上

第七日
土耳其 伊斯坦布尔

北纬 41°00′ 东经 28°58′

博斯普鲁斯海峡 / 航行里程：1100 km

晚上，我们跨越了达达尼尔海峡，来到了马尔马拉海。早上，王子群岛开始进入我们的视野。船左边的蓝色清真寺和圣索菲亚大教堂宣告着我们即将到达伊斯坦布尔。在驾驶员操纵着船只靠岸时，我们站在甲板上惊讶地发现，一些渡轮正跨越博斯普鲁斯海峡往这座城市的亚洲海岸驶去。

以前沙漠商队正是从这儿将来自中亚以及阿拉伯半岛的贵重与稀有商品装上帆船运往欧洲的。其中香料在当时最受欧洲人欢迎。

走过加拉太桥，穿过看热闹的人群与街边的商贩，我们来到了埃及巴扎。街边全是卖香料的小商贩，再往前走可以看到一个更大的杂货市场，名叫大巴扎。大巴扎面积约4万平方米，约有3600家店铺，覆盖68条街，敞着19扇大门。它不仅是世界上最大的商业贸易中心，还是承载着厚重历史的文化中心。哈桑坐在一堆地毯上，手里拿着茶，跟我们侃侃而谈，颇有大巴扎历史学家的风范。他说道："从丝绸之路过来的商人给大巴扎带来了巨大的财富，

威尼斯人也同样因此获得了诸多利益，他们对黄金、珠宝、地毯以及装饰精美的盒子尤其感兴趣，并在采购之后于意大利将它们转手售出。"从大巴扎出来以后，我们走路来到了苏丹艾哈迈德街区，这里的蓝色清真寺，是奥斯曼帝国姗姗来迟的建筑杰作，拥有和谐一体的大小圆顶和6座宣礼塔。蓝色清真寺建于17世纪初，时值奥斯曼帝国的衰落期。其兴建的初衷是回应圣索菲亚大教堂的美，建筑灵感来源于150年前著名的建筑大师锡南的建筑杰作。

我们随后深入托普卡帕宫，宫殿拥有众多无与伦比的小殿，由历代奥斯曼帝国的皇帝兴建而成。托普卡帕宫就是一座城中城，内有审判庭、苏丹大套房、清真寺、图书馆、厨房、糖果房、钟表与手表室等等，不一而足！其中最隐秘的地方莫过于后宫。后宫当时由太监掌管，唯有苏丹有权入内。300多年来，无数关于阴谋的猜测一直没有停止，奥斯曼帝国命运的变幻也在此上演。

博斯普鲁斯海峡

博斯普鲁斯海峡长32公里，宽3公里，连接着黑海与地中海，位于欧洲与亚洲之间。沿海有数不清的宫殿与防御工事，它们静静地见证着伊斯坦布尔的历史。伊斯坦布尔大概有1500万居民，为了避开城市的喧嚣，富有的伊斯坦布尔人居住在一种叫"雅丽"的建在岸边的传统木质房中。

不可思议的伊斯坦布尔

永恒的穹顶

  1453 年 5 月 29 日，奥斯曼帝国最伟大的建筑师锡南，来到君士坦丁堡，成为苏莱曼大帝的御用建筑师。当他看到圣索菲亚大教堂时，便知道这座大教堂将是他的灵感之源。

  罗马城因远离其帝国东部疆域而无暇顾及野蛮人的侵扰。324 年，君士坦丁大帝决定在博斯普鲁斯海峡沿岸建立一座新的首都——君士坦丁堡。

  两个世纪之后，查士丁尼成为在罗马帝国的灰烬中诞生的拜占庭的皇帝。在将近八个世纪里，这个新帝国化身为东正教的代表，孕育出一种影响至今的独特艺术。

  圣索菲亚大教堂作为拜占庭艺术的结晶建于 1500 年前，至今仍焕发着耀眼的光彩。在年轻的考古学家德菲内·卡伊的陪同下，我们有幸目睹了建筑的宏伟。他说道："查士丁尼大帝在登基之初，欲建造一座史上最宏伟的教堂。于是他下令为圣索菲亚大教堂建造一个巨大的圆顶，即史上独一无二的大圆顶。"

  15 世纪，奥斯曼帝国的"征服者"穆罕默德二世占领了君士坦丁堡。而在此之前圣索菲亚大教堂早已经历了诸多磨难：墙面倾斜、地震、火灾等。穆罕默德二世面对如此精美绝伦的教堂，赞叹不已，于是下令禁止破坏它并将其改造成清真寺。伊斯兰教禁止人物形象出现在绘画作品中，因此教堂里的镶嵌画被敷上了一层石灰。如此一来倒令镶嵌画得到了很好的保存，使其得以完好无损地呈现在如今的世人面前。这些镶嵌画记录着逝去的拜占庭人的面孔以及发饰、发型与当时的衣着等等。

  1609 年，艾哈迈德一世命令皇家御用建筑师穆罕默德·阿加在君士坦丁堡跑马场旧址建造一座新的清真寺，要求其无论在气势上还是艺术上都要超过圣索菲亚大教堂，且应该展示出奥斯曼帝国的强盛。穆罕默德·阿加一方面借鉴建于 1000 多年前的这座拜占庭式的教堂，另一方面吸收苏里曼大帝的御用建筑师锡南在上一个世纪的建筑杰作，从而设计建造了比圣索菲亚大教堂小却更和谐的圆顶，并在教堂内部铺上数万块以蓝色为主的依兹尼克彩釉瓷砖。这就是这座清真寺日后被称为"蓝色清真寺"的原因。

  经过 7 年的努力，6 座宣礼塔在伊斯坦布尔拔地而起，大小不一的和谐圆顶层叠而起。苏丹艾哈迈德清真寺，即蓝色清真寺成了奥斯曼帝国的艺术杰作。

黑海航线

从古希腊罗马时期起,地中海的船就沿着连接东西方的航线行驶,而行驶在黑海上的船则来自北方。无论是来自维京人聚居的斯堪的纳维亚半岛,还是来自沙皇俄国,它们都朝着君士坦丁堡的灯塔前行。

船只:塔拉斯·舍甫琴科号
船长:安德列·库茨缅科
国家及地区:土耳其—乌克兰

第一日
土耳其 伊斯坦布尔
北纬 41°00′　东经 28°58′

博斯普鲁斯海峡　黑海

几个小时后，我们的船将驶向敖德萨。在等待时，我们跳上渡轮去博斯普鲁斯海峡的亚洲海岸，去那儿寻找著名的小说家奈迪姆·居尔塞尔。对于家乡，他侃侃而谈："在奥斯曼帝国时期，博斯普鲁斯海峡被称为'神圣之门''哈里发之座'。它还被称为'达里奥·萨迪特''至福之门'等等。而斯拉夫人和俄罗斯人一直以来对伊斯坦布尔也非常着迷，将其称为'Dchari gra'，即'苏丹之城'。"

离开的时刻到了。在货船的柱子间寻位坐下，我们便朝着黑海出发了。黑海掩藏在众多海峡中，从古希腊罗马时期起就笼罩在神秘的气氛之中。希腊人曾在黑海沿岸建起殖民地，值得玩味的是，他们将黑海称为"Pont-Euxin"，即"友好海湾"。

第二日
在黑海上持续航行

第三日
乌克兰 敖德萨
北纬 46°28′　东经 30°44′

黑海　/　航行里程：650 km

凌晨时分，敖德萨出现在我们的视野中。敖德萨！如今一提敖德萨，人们便想起1905年发生在战舰波将金号上的沙皇士兵英勇起义的故事。1925年，电影大师谢尔盖·爱森斯坦在苏维埃政府的要求下执导了经典影片《战舰波将金号》。"婴儿车沿阶梯缓缓滑落"成了影片中最经典的镜头，此阶梯因此成了世界上最著名的阶梯。

我们将在一天之内领略这座城市别样的面貌。叶卡捷琳娜二世曾想在黑海沿岸打造一座南方的"圣彼得堡"，以直面劲敌奥斯曼帝国。我们的导游安娜向我们说道："为了打造南方的'圣彼得堡'，叶卡捷琳娜二世设法吸引众多不满土耳其的移民来到敖德萨，如希腊人、保加利亚人与塞尔维亚人等等。历史上，一些俄罗斯人还曾以短期移民的身份来敖德萨碰过运气。"

这座城市如大熔炉一般容纳着来自五湖四海的冒险家与创业者，当年的世界主义精神与商业精神保留至今。

战舰与婴儿

影片《战舰波将金号》拍摄于敖德萨，部分场景取自当地阶梯，该阶梯如今以叶卡捷琳娜二世的情人——波将金将军的名字命名。影片中除了战舰上士兵起义的场景外，因宣传意识形态的需要，导演谢尔盖·爱森斯坦还天才地加入了灯塔的镜头以及长达6分钟的沙皇军队开枪镇压示威者的场面。

不太为人所知的是，电影中扮演英雄婴儿的人即后来著名的科学家格劳伯曼教授，他现任敖德萨物理大学校长。

第四日
乌克兰 克里米亚半岛 塞瓦斯托波尔
北纬 44°37′ 东经 33°31′

黑海 / 航行里程：240 km

刚抵达塞瓦斯托波尔，我们便明白这座城市是俄罗斯黑海舰队的驻地。

只要稍稍在这座城市中转一转便可知，塞瓦斯托波尔因俄罗斯军队而存在，并为俄罗斯军队服务。这儿随处可见为纪念战争和军队的功绩所建的博物馆、展览馆、瞭望台以及全景图。塞瓦斯托波尔显然是一座踏着军队步伐的城市，我们能时不时地看到巡逻的年轻海军士兵。

在港口码头上，年轻的姑娘们手拿着喇叭向游客推销哨艇出游项目：游览著名的黑海舰队。很快我们就往下一站雅尔塔出发了。

第五日
乌克兰 克里米亚半岛 雅尔塔
北纬 44°29′ 东经 34°10′

黑海 / 航行里程：80 km

雅尔塔位于树木郁郁葱葱的山脚下，散发着资产阶级海水浴疗养地的气息。雅尔塔颇有法国海滨城市比亚里茨或英国海滨城市布莱顿的风情，亚历山大·涅夫斯基大教堂的金色圆顶更是富丽堂皇。

19世纪，雅尔塔是沙皇尼古拉一世与俄国贵族、艺术家们的冬日度假胜地。1917年，俄国十月革命后，该皇家传统并未受到质疑。从此以后苏联的高级领导人反倒会在假期时入住旧贵族的宫殿。

1945年2月，正是在里瓦几亚宫，斯大林会晤了罗斯福与丘吉尔，并召开雅尔塔会议。此会议对战后的世界格局产生了重大的影响。

一张历史性的照片

1945年2月4日，雅尔塔会议召开之时，苏联红军已逼近柏林，在城外100公里处待命，而英美盟军还未跨过莱茵河。因此，斯大林占据绝对优势。当时罗斯福正饱受疾病的折磨——3个月后病逝，而丘吉尔也不再年轻。

根据协定，欧洲所有的国家都将通过自由选举建立民主政权，但事实上迎来的是冷战，正如丘吉尔所说的："铁幕笼罩着欧洲。"

从波罗的海到黑海

从瓦良格人到希腊人之路

沙皇们一直希望能找到进入"热海"的通道,该夙愿在叶卡捷琳娜二世统治时期得以实现。1783年,叶卡捷琳娜二世夺取克里米亚地区,打开了俄罗斯通往黑海的大门。

北欧与黑海的关系可以追溯至古希腊罗马时期。公元元年老普林尼所说的"琥珀之路",也许正是穿过波兰与喀尔巴阡山脉,随后沿着罗马道路来到亚得里亚海之路。在西罗马帝国衰落、蛮族入侵时期,"琥珀之路"逐渐失去其重要性,最终消失在历史的长河中。

一条名为"从瓦良格人到希腊人之路"的商路(此处希腊人指拜占庭人)在8世纪出现。当时,挪威(Norvège)的维京人开始向北航行,丹麦的维京人向南航行,而瓦良格人即瑞典的维京人则向东航行。瓦良格人穿过波罗的海之后来到芬兰湾,随后进入涅瓦河,一路沿着俄罗斯境内伏尔加河与第聂伯河等顺流而下,最终通过黑海进入君士坦丁堡。起初,瓦良格人以海上掠夺为生,随后与拜占庭帝国建立了商业往来关系,向拜占庭售卖来自北欧的木材、蜂蜜、动物皮毛和武器等,以换取酒、香料、金银饰品与珍贵面料等物品。

在抵达君士坦丁堡前,他们在第聂伯河的上游城市基辅定居。860年,正是在基辅,瓦良格人留里克自封为王建立了新的国家,该国是日后基辅罗斯的前身。瓦良格人渐渐地放弃了斯堪的纳维亚的传统与信仰,彻底成为斯拉夫人。瓦良格近卫军曾多次守卫君士坦丁堡,特别是在1204年十字军进攻时发挥了重要的作用。

随着十字军东征和拉丁国家在近东的建立,通往东方的地中海新航路得以开辟。俄罗斯转向欧洲后也渐渐抛弃了"从瓦良格人到希腊人之路",而当初拜占庭的修道士正是沿着此路将东正教传入俄罗斯的。

波罗的海

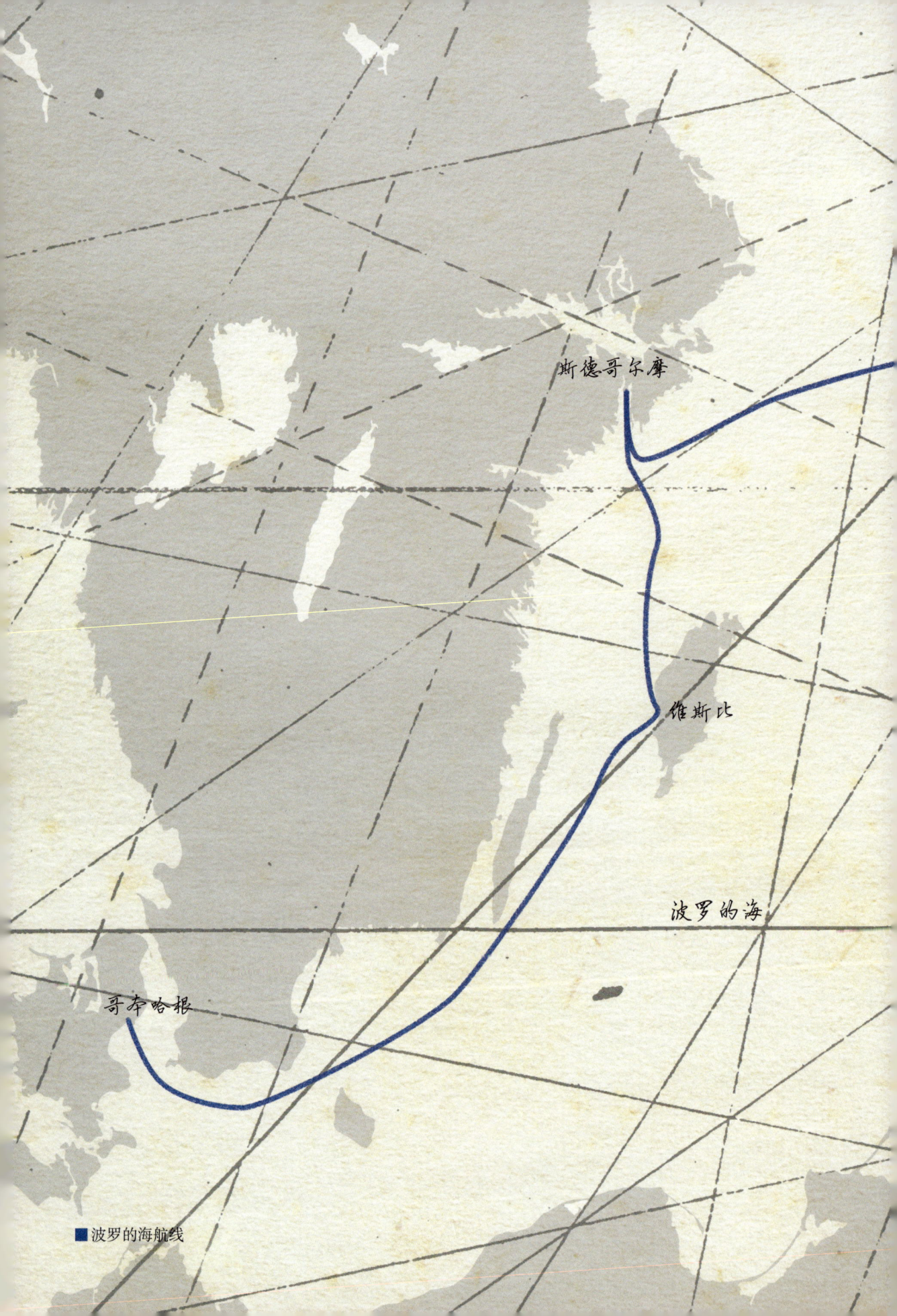

波罗的海航线

连接着大西洋的波罗的海历来是兵家必争之地,争夺其控制权的战火纷争持续超过千年。自古以来,沿海国家无不秣马厉兵,为控制穿过丹麦海峡通往大西洋及世界其他地方的航线而战。德国商人组织的汉萨同盟曾一度垄断波罗的海的商业贸易,而瑞典与俄罗斯之间的争霸之战也在历史上留下了重要的一篇。

船只:飞星号
船长:克劳斯·穆勒
国家及地区:丹麦—瑞典—爱沙尼亚—俄罗斯

第一日
丹麦 哥本哈根
北纬 55°41′　东经 12°35′

波罗的海

　　哥本哈根积攒的财富一部分来自西印度群岛，即过去安的列斯群岛的贸易往来，更大的一部分来自来往船只交纳的过路费，因为波罗的海入口曾长期处于哥本哈根的控制下。我们只需顺着城市水道游览一番，便可知哥本哈根的命运与大海息息相关。教堂、宫殿、码头与仓库在水中的倒影与现代建筑简约的线条和谐相映。

　　我们在停泊着一些旧船的新港上喝了最后一杯酒，拍了几张静坐在岩石上的小美人鱼的照片，很快就回到船上往下一站出发了。

第二日
瑞典 哥得兰岛 维斯比
北纬 57°38′　东经 18°17′

波罗的海　/　航行里程：460 km

　　第二天一早，我们扬起了所有的船帆，朝着东北方向的哥得兰岛全速前进。维京人是历史上最早意识到波罗的海中心岛屿哥得兰岛的战略价值与商业价值的人。维斯比是哥得兰岛上唯一的一座城市。它的城墙固若金汤，彰显着当地的繁荣与昌盛。根据官方数据，岛屿上的教堂竟有92座。导游贝里特跟我们解释道："如果不是为了在天堂占有一席之地，那便是为了感谢万能的主将财富赐予这个岛屿。"

　　我们就这样在恋恋不舍中离开了哥得兰岛，继续我们的海上航行。

第三日
瑞典 斯德哥尔摩
北纬 59°21′　东经 18°04′

波罗的海　/　航行里程：195 km

　　我们来到了斯德哥尔摩王宫。瑞典王家卫队每日中午12：15在王宫前举行换岗仪式。1818年，拿破仑一世麾下元帅让-巴蒂斯特·贝尔纳多特在瑞典加冕为王，此后瑞典成为君主立宪制国家。除了小小的换岗仪式，瑞典王室家族行事非常低调，与大不列颠王室形成了鲜明的对比。

　　斯德哥尔摩王宫位于北部老城，老城至今保留着狭窄的街道小巷、文艺复兴时期的教堂，还有中世纪的广场。自建城之日起，斯德哥尔摩便向邻近岛屿延伸，凭借着船的维系，当地居民从未离开过大海。

　　我们登上了一艘船，船身骄傲地展示着它的建造年份：1931。它将带领我们前往瓦萨沉船博物馆，那儿陈列着一艘17世纪的古老沉船；它在首航时因遭遇强风而沉入海底。

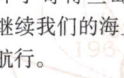

沉船瓦萨号的传奇

　　1628年10月，斯德哥尔摩码头上站着不少看热闹的人，他们将见证瑞典舰队司令舰瓦萨号的处女航。瓦萨号长69米，宽12米，是当时瑞典史上造价最昂贵、装潢最豪华的战舰。当日，瓦萨号航行了仅仅300米之后，船身便开始倾斜，然后慢慢往一边倒下，最后缓缓沉入海底。几个世纪过去了，瓦萨号渐渐被人们遗忘。1956年8月25日，历史学家安德斯·弗兰森找到了沉船的遗址，无缘于波罗的海航行的瓦萨号终于被打捞出来。沉船的原因至今仍是未解之谜。

第四日
爱沙尼亚 塔林
北纬 59°26′ 东经 24°43′

波罗的海 / 航行里程：380 km

继斯德哥尔摩之后，我们继续向东行驶。第二天早上，我们来到了爱沙尼亚共和国的首都塔林。码头上可见一排排汽车长队，它们在等待着登上渡轮以前往对岸的赫尔辛基。独立仅仅25年（1991年—2016年），便获得了巨大的发展，首都塔林充满了活力。穿过城门，越过城墙，我们便来到了塔林老城。老城充满了中世纪的风情，让人感觉恍如隔世，仿佛来到了塔林加入汉萨同盟的时代。汉萨同盟即当年德意志北部城市之间形成的商业联盟，牢牢地控制着整个波罗的海。沿着蜿蜒的小石板路前行，我们来到了市政厅广场（又称"拉科雅广场"）。时值老城节开幕式，广场上人头攒动，人们为精彩的表演频频鼓掌。杂技演员在表演手技、平衡术和口中喷火，艺术家在绘声绘色地讲故事，歌手在演唱中世纪歌谣，现场热闹非凡。

老城节活动的主办人安妮·韦尔向我们说道："老城节现在已是一个全民参与的节日。老城的面貌今非昔比，初办老城节时很多老房子都被废弃了。也许是因为民族意识的全面觉醒以及争取独立的运动愈演愈烈，人们越来越重视老城节。"

第五日
芬兰 赫尔辛基
北纬 60°10′ 东经 24°56′

波罗的海 / 航行里程：85 km

经过短暂的海上航行，穿过芬兰湾后，我们便来到了赫尔辛基。在城市的正中央，宏伟的赫尔辛基大教堂正俯视着整座城市。芬兰长期以来被瑞典或者俄国占领，直到1917年才迎来国家独立。在导游安雅的建议下，我们决定花几个小时的时间慢慢参观芬兰现代派建筑中著名的代表作。

赫尔辛基精神

1973至1975年，以结束长达25年的冷战为目标的欧洲安全与合作会议在芬兰赫尔辛基召开，苏联、美国、加拿大以及33个欧洲国家参与会议。1975年8月1日，参与会议的各个国家代表签署了无法律约束力的《最后文件》。尽管如此，该文件却具有很强的政治约束力。梵蒂冈将人权与信教自由等问题纳入《最后文件》。像安德烈·萨哈罗夫这样持不同政见的人可以通过《最后文件》的认可来发声，并让国际社会更好地倾听他们的声音。这就是人们常说的"赫尔辛基精神"。

汉萨同盟

在超过三个世纪的时间里，强大的寇科船[12]在波罗的海两岸大放光彩，运送着瑞典的金属、俄国的动物皮毛、佛兰德斯的羊毛与呢绒、丹麦的鲱鱼、挪威的鳕鱼、波罗的海沿岸国家的小麦等等，彰显着汉萨同盟的强盛力量。

12世纪至13世纪，波罗的海逐渐"日耳曼化"。部分来自威斯特伐利亚的日耳曼人的城市以及条顿骑士团掌控下的城市决定组成联盟共同保护对外商业贸易。城市主要有汉堡、罗斯托克、吕贝克等，这些城市迅速达成协议，成立以"汉萨"为名的商业联盟。"汉萨"（hanse）在古日耳曼语中指的是在国外从商的商人应付的税。[13]

该商业联盟的势力日益增长，引得芬兰和挪威侧目。联盟城市预感未来将有不可避免的冲突，决定实行政治化与军事化管理，于是在1356年汉萨同盟正式成立。在吕贝克的领导下，波罗的海沿岸所有的城市均加入了该组织。从1370年起，汉萨同盟的经济实力大增，于是强迫其他城市赋予他们的商品更多的特权。从伦敦、布鲁日、诺夫哥罗德和卑尔根到后来的昂韦尔，各个城市均设有贸易站，汉萨同盟在整个北欧打造了一个庞大的贸易网络。海上航线与偏港遍布波罗的海，在鼎盛时期甚至发展至西班牙、法国和格陵兰岛等地区。

从16世纪起，汉萨同盟开始逐渐衰落。尽管不复当年的辉煌与强盛，但是曾经属于汉萨同盟的城市凭借着巴洛克风格的教堂与华丽的宫殿，仍以独特的美打动着后人。

第六日和七日
俄罗斯 圣彼得堡
北纬 59°56′　东经 30°22′

波罗的海 / 航行里程：340 km

圣彼得堡！港口入口处的这些巨大的字让我们感觉来到了另一个时代。我们的船用了很久才缓缓地驶入了涅瓦河河口两岸间的港口。起重机在水中的倒影很快便让位于教堂的圆顶和宫殿的城墙。我们最后在圣彼得堡市中心停船靠岸。300年前，这个地方还覆盖着茂密的针叶林，一直蔓延至天际。如今，圣彼得堡早已成为名副其实的大都市，人口约500万，最有名的大道是涅瓦大街。沙皇彼得大帝的梦想与野心最终得以实现。

我们的小船穿梭在大小运河上。导游亚历山德拉与我们说起了城市的历史："在18世纪初，涅瓦河河口不过是块沼泽地，一片荒芜。当时雄踞波罗的海的瑞典占据着涅瓦河出口，而彼得大帝选建新都于此，无疑传递出俄罗斯正走向欧洲的战略信号。"

1703年，轰轰烈烈的城市兴建活动开始了。莫斯科贵族们纷纷抗议迁都，反对兴建宫殿，但新城仍渐渐地拔地而起。1725年，彼得大帝去世，部分宫廷贵族遂抛弃圣彼得堡，选择返回莫斯科。彼得大帝的女儿伊丽莎白一世则坚定地继承父亲的遗愿，开始兴建冬宫[14]。如今气势宏伟的冬宫在涅瓦河的映衬下更加不凡。18世纪，叶卡捷琳娜二世利用优待政策来吸引外来人口定居圣彼得堡。运河与桥梁使众多岛屿相连，新的宫殿与教堂如雨后春笋般出现并矗立其间。在整个19世纪，圣彼得堡都处于不断发展的阶段，直至1917年十月革命的到来。当时，俄罗斯当局选择放弃象征着沙皇权力的圣彼得堡，重返莫斯科。

我们到来时是6月份，正值圣彼得堡的白夜时期，日照时间约20多个小时。当地居民与游客漫步在涅瓦河两畔，观看着吊桥徐徐升起让路于从波罗的海归来的大型货轮。这些货轮离开圣彼得堡后，将通过河道到达俄罗斯的另一端，最终抵达里海或者黑海。

鲱鱼贸易

波罗的海属于半咸水海域，含盐量不高。因此当年德国的一支船队不得不前往法国的大西洋海岸采盐，以保障鲱鱼的存储与运输。在返回的途中，德国人将一部分盐拿来兑换小麦和木材。鲱鱼贸易曾为汉萨同盟的众多港口带来了巨大的财富。冬天到来时，波罗的海鱼群迁移至北海，为荷兰渔民带来大丰收。

圣彼得堡

彼得大帝，超凡脱俗的沙皇

　　1914 至 1924 年，第一次世界大战前夕，在"去日耳曼化"风潮的影响下，尼古拉斯二世将圣彼得堡改名为彼得格勒。1924 至 1991 年，为了向革命之父列宁致敬，圣彼得堡又被改名为列宁格勒。1991 年后，圣彼得堡终于恢复原名并重拾过去的辉煌。圣彼得堡是对其缔造者——彼得大帝的致敬。

　　如今，人们对于彼得大帝褒贬不一，或诋毁或过誉，但无论如何历史都无法忽略这位传奇人物。彼得大帝的肖像象征着俄国的伟大与强盛，如今成了营销的手段之一。埃尔米塔日博物馆前矗立着彼得大帝的塑像，纪念商店里也随处可见彼得大帝的肖像。罗曼诺夫王朝最伟大的沙皇（身高达2米）其实更值得人们远远地瞻仰。1682 年，仅10 岁的彼得·阿列克谢耶维奇即位，年幼的沙皇不得不面对诸多敌人。起初俄国波雅尔贵族意欲控制小沙皇，最终却发现他们面临的是一位性格刚毅的君主。东正教主教也时常谴责沙皇放浪形骸的生活方式。

　　小彼得被俄国人、德国人、法国人以及苏格兰人等组成的小圈子围着，对外面的世界心驰神往，对欧洲更是情有独钟。他立志学习先进的欧洲理念，改革当时落后的俄国。于是在1697 年，"庞大考察团"出发了。此次考察团将出访英国、德国以及当时海上军事力量最强大的荷兰。彼得大帝深知国家只有培育出强大的海军才能将瑞典人赶出芬兰湾，才能在欧洲打开自己梦寐以求的窗口。在外国朋友的安排下，彼得大帝化名为彼得·米哈伊洛夫，四处参观工厂。据说他还曾在荷兰东印度公司的造船厂当过木匠。

　　回国之后，彼得大帝立即大力推行改革举措。在国家大事上，向平民开放国家高级官员的岗位，推行俄语与大学的现代化改革，创建第一份俄语报纸。在社会风俗上，禁止蓄须，如要蓄须则必须缴纳胡子税；禁止穿中亚的长袍大衣，改穿欧式服装等。虽然彼得大帝对于风俗的改革令人颇感惊奇，但我们能从中看出他独特的性情。

　　彼得大帝还酗酒成瘾，成日大喝伏特加。为了嘲笑教会的明文规定——禁止喝酒，他还特意组织聚会强迫宾客醉酒。1725 年，彼得大帝因肝硬化病逝，给后人留下了富丽堂皇的圣彼得堡。

北美洲

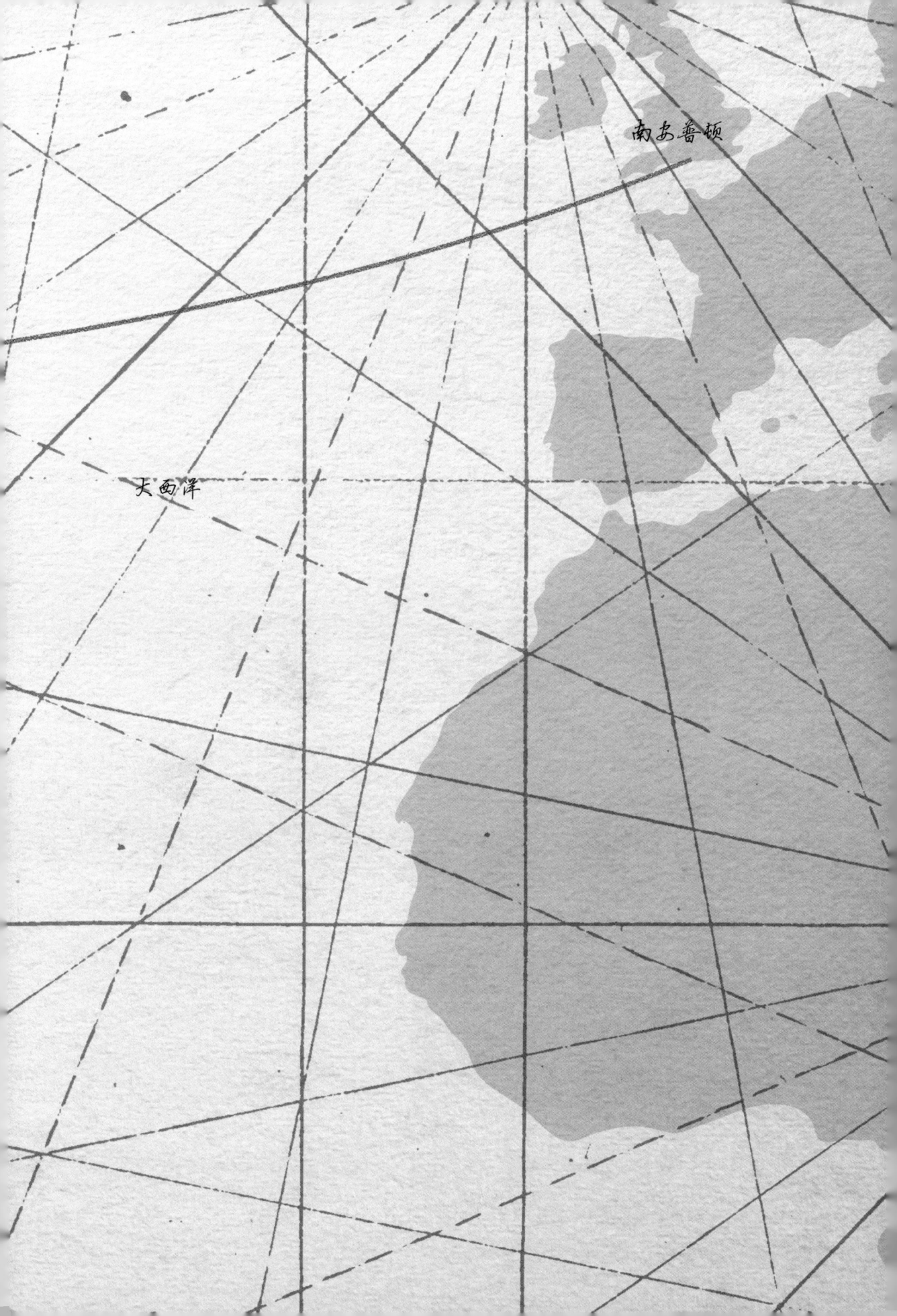

横跨北大西洋的
美洲航线

19世纪中期,北美洲航线上的蒸汽轮船逐渐淘汰帆船。横跨大西洋的豪华巨轮,在20世纪上半叶迎来了它的黄金时代,后期又逐渐因空运的发展而衰落。

船只:玛丽皇后二号
船长:伯纳德·沃纳
国家及地区:英国—美国

第一日
南安普敦

北纬 50°55′　西经 1°25′

英吉利海峡

凌晨5：30，庞大的远洋客轮玛丽皇后二号缓慢地驶入南安普敦港口。离开纽约已有6日，玛丽皇后二号像火车进站一样小心翼翼地停靠在码头边上。没过多久，大批的货车与叉车开始运作卸货。一场盛大的"芭蕾舞"将持续整个上午。约150吨的食物与饮料和2600名乘客的行李箱将一一从船上卸下。

午后，玛丽皇后二号将重新启程前往曼哈顿。我们觉得与其像其他乘客一样在码头等候，不如让出租车司机带我们去市中心转转。

一直以来，南安普敦的命运紧紧地与大海和船舶联系在一起。数以万计的船只从这里离开并前往美洲。历史上有两艘船深深地留在人们的记忆里，其中一艘是五月花号，另一艘则是泰坦尼克号。1620年，英国移民乘坐着五月花号离开南安普敦，之后来到北美并在此建立了第一个英国殖民地，即后来美国的雏形。1912年4月10日，当时世界上最大的巨轮——泰坦尼克号也于此地出海，共有889名船员在此沉船中遇难，其中539名来自南安普敦。

下午3：00，尖锐的雾笛声冲破云霄，玛丽皇后二号准时出发了。我们预感到，这将会是一段独特的新旅程。在几个小时后，巨轮离开了南安普敦附近的河口。英国乡间的山丘在我们身后越来越远，陆地一点一点地从地平线上消失，眼前一片汪洋大海。6天以后，我们将抵达另一片大陆。

巨轮与移民

移民美国的浪潮滚滚而来，与之相应的，客轮的载客量也越来越大。1860至1924年，超过3200万的贫民或是受压迫者前往美国。海运市场的空前庞大让海运公司之间的竞争变得十分激烈。德国人因承诺保障医疗服务而吸引了许多中欧人来到汉堡与不来梅坐船。而法国大西洋海运公司则提供特殊的火车班次：供斯拉夫人前往勒阿弗尔的，以及供意大利人前往马赛的。

19世纪末，因美国当局制定了每月的移民配额，一场速度竞赛在各大船运公司之间展开了，而数以万计的乘客则被迫在中转站下船。

横跨大西洋：从风帆时代到蒸汽时代

为了应对大西洋的洋流与飓风，欧洲航海家们选择了两个不同的方向，乘着帆船前往新大陆。17世纪初，法国人循着航海冒险先辈雅克·卡尔捷[15]与萨米埃尔·德·尚普兰[16]的足迹，沿着北航线来到了纽芬兰与圣劳伦斯；与此同时，英国人往偏南的方向航行。1620年，在这条航线上，英国的新教教徒"前辈新教徒移民"[17]为了寻找上帝应许之地，乘着五月花号来到了弗吉尼亚[18]。随后英国殖民者一路北上[19]，占领了荷属殖民地新阿姆斯特丹，并将其改名为纽约。纽约自此也成了横跨大西洋航线上的一处泊船地。

1819年，第一艘横跨大西洋的蒸汽轮船萨凡纳号用时28天抵达目的地，开启了跨洋航行的新纪元。1840年，冠达轮船公司的创始人塞缪尔·丘纳德将大不列颠号投入运营。大不列颠号这艘小船长63米，配备螺旋桨，往返于利物浦与哈利法克斯，单程仅仅用时12天10小时。大不列颠号是跨洋邮轮时代的第一艘豪华邮轮，而我们今天乘坐的玛丽皇后二号则是跨洋邮轮时代最后的代表。

一艘名为大东方号的巨轮创造了新的历史，该船由富有远见的船舶设计师伊桑巴德·金德姆·布鲁内尔设计并建造而成，被称作"利维坦"，于1857年下水。大东方号长207米，总吨位达18915吨，比同时代的轮船大6倍以上，直至1907年都是世界上体型最大的邮轮。

进入20世纪后，横跨大西洋的客轮不仅仅是一种豪华的交通工具——将乘客从大洋一端运载至彼岸，还是所属国实力的象征与形象的大使。对于某些人来说，豪华巨轮是艺术、科技与部分生活方式的橱窗；对于其他人而言，它是力量与霸权的徽章。

第二日和三日
北大西洋

此时夜已深,玛丽皇后二号驶入了北大西洋的中心地带。第二天早上,轮船距离南安普敦已达450海里(约830公里)我们正以超过24节(约43km/h)[20]的速度航行。势不可当的黑铁船壳在翻腾的白色浪花中快速前行,然而我们有种过着慢生活的奇怪感觉。虽然还未察觉,但6天的海上之旅已经悄无声息地改变我们对时间的概念与感受。我们在其他乘客(其中不少是跨洋长途旅行的常客)的陪同下,每天在绕着巨轮一圈的甲板上散步,每次走到船首都能强烈地感受到迎着风扑面而来的浪花。

正午,一名身穿制服的军官为了完成某种仪式来到大厅。每天同一时刻,他都要敲响大厅里的挂铃,以此种方式提醒乘客们将手表调快1小时,以便他们逐渐适应南安普敦与纽约之间6小时的时差。时光就在日出日落之间悄然逝去。船上有几项不可或缺的娱乐活动为我们助兴,如下午4:00去舞厅皇后酒廊喝杯下午茶,或者去恰特音乐酒吧一边喝着最后一杯饮料,一边观赏爵士乐队演奏科尔·波特以及艾灵顿公爵的经典曲目。不难看出,布置装潢与活动安排旨在营造一点20世纪30年代的氛围。

大不列颠号宽敞的餐厅让人想起了玛丽皇后号与诺曼底号,特别是轮船的舒适度也跟20世纪30年代尚未配备稳定器的邮轮一模一样。酒店管家告诉我们,在玛丽皇后号的餐厅里,地板上有很多小洞,它们方便人们在暴风雨来临时将椅子卡稳。著名的船舶史学家约翰·马克斯顿-格雷厄姆在跨洋旅途中给我们带来了精彩的讲座,他带着点怀旧的心情说道:"这两艘船我都坐过,但玛丽皇后号更朴实,它属于另一个时代。船上没有任何公众娱乐活动,一切自理,于是晚上我们就玩宾果游戏,白天玩十字戏,或者喝酒、跳舞。"

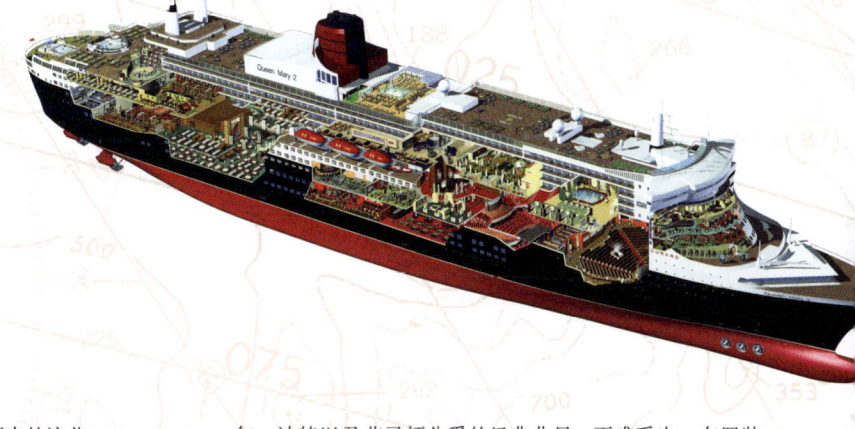

蓝带奖(RUBAN BLEU)

自蒸汽船驶入北大西洋以来,造船公司之间的竞争与日俱增。1838年,大西方号用15天12小时完成了跨洋航程。1892年,为跨大西洋航程中航速最快的船颁发蓝带奖的想法诞生。同一年,巴黎城号打破历史纪录,仅仅用时5天15小时。下一位冠军得主则是毛里塔尼亚号,它在接下来的20年间保持着4天10小时的纪录。20世纪30年代,诺曼底号和玛丽皇后号之间的激烈竞争开始上演。玛丽皇后号最终以3天21小时的纪录夺得蓝带奖。1952年,美国的合众国号凭借着3天12小时打破纪录,成为最后一艘荣获蓝带奖的邮轮。

北大西洋海难

自北大西洋航线开辟以来，海上交通从未如20世纪初这般繁忙。竞相提升邮轮的航运速度与规模成了海运公司的心头大事。横跨大西洋的路上凶险不断，大雾、冰山，以及出发地与终点站附近数百艘的渔船、近海船等都有可能对邮轮构成致命威胁。

泰坦尼克号的沉没

1912年4月10日，南安普敦正午时分，泰坦尼克号收缆起航，开启了前往纽约的处女航。爱德华·约翰·史密斯负责指挥这艘当时世界上最大的豪华邮轮。他是"大富豪们"的舰长，是白星航运公司经验最丰富的船长。他本想在返回南安普敦后便结束漫长的职业生涯，然后开始享受退休生活。在港口时，泰坦尼克号遭遇了一个不祥的前兆：一艘系泊装置坏掉的纽约邮轮迎面驶来，险些撞上这艘船只。当日下午6：00，泰坦尼克号停靠瑟堡，第二日来到爱尔兰昆斯敦（今科夫）载上最后一批乘客，跨洋之行由此正式开启。1912年的冬天，气候异常温和，超过20艘轮船曾就北大西洋沿途出现的冰山发出过预警。

4月14日晚上7：30，驾驶台接收到来自加州号的消息，被告知前方有冰山。

晚上10：30，拉帕汉诺克号与泰坦尼克号在海面上相遇，且通过聚光灯指示冰山的出现。

晚上11：40，泰坦尼克号右舷前侧与冰山猛烈相撞。

4月15日凌晨2：20，邮轮永远地消失在大西洋的滔滔巨浪中。

船难伤亡惨重：约1500位乘客和船员丧生，只有约700人幸存。下水时号称永不沉没的泰坦尼克号沉没了，该重大海难事件在很大程度上推动了船舶安全系统的升级。[21]

第四日和五日
北大西洋

来一场横跨大西洋的旅行,就像过上了退休生活。享受跨洋之旅的关键并不是待在装潢豪华的舱内,而是立于甲板之上,饱览瞬息万变的壮丽景色。第四日凌晨4:30,第一缕拂晓的阳光露出地平线,我们几个在宗教仪式般的沉默中等待着大自然的奇景。凌晨5:37,太阳跃入我们的视野。玛丽皇后二号像指示北方的磁针一样,始终朝着东方前进。碧海蓝天之间,色调变化万千,我们就这样静静地伫立着。随后,我们回到船舱享用丰盛的早餐,开始一天的生活。下午,船长将我们领入他度过一天之中大部分时间的驾驶舱。周围有值班的军官、掌舵的水手以及负责航行记录的海员。"我们很少会沿着同一条航线横跨大西洋。我们时时刻刻都关注着天气的变化,以尽量避恶劣天气。我们还研究洋流的走向,尽量选择最优路线航行。北大西洋海水自西向东流动。在回程中,我们会尽量利用墨西哥湾暖流的助力。另一个在航行过程中必须考虑的问题则是冰山,因为从2月到6月,纽芬兰大浅滩附近经常有冰山出现。"

晚上7:50,这一次我们站在驾驶舱里,欣赏着天际间变幻莫测的美景。太阳渐渐落下了,辽阔的天空中的火红的余晖依旧在燃烧着。

今晚是我们在船上度过的最后一夜,明天我们将抵达纽约。

"豪华的投递员"

1929年,法国大西洋海运公司建造的邮轮法兰西号首次航行,它在漫长的服役历程中获得了几个绰号——"大西洋和平街""海上圣伯纳犬"(圣伯纳犬是著名的雪山搜救犬)。这是因为在意大利邮轮安德里亚·多利亚号与斯德哥尔摩号相撞之后,法兰西号在邮轮沉没中拯救了约930名乘客的性命。另外,法兰西号还被戏剧性地称为"豪华的投递员"。1938年8月13日,法兰西号在距离美国海岸仍有720公里处便发射了水上邮务飞机,提前几个小时将邮件投递至纽约。

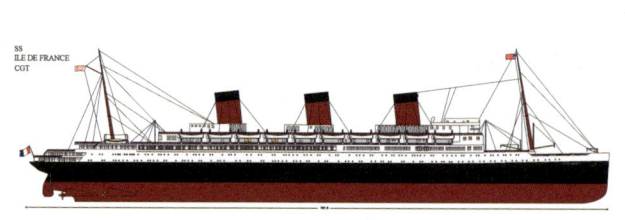

跨洋邮轮的黄金时代

横跨大西洋的邮轮随着20世纪的到来迎来了黄金时代,一直延续至第一次世界大战爆发的前夕。史上有几艘巨轮缔造过传奇。泰坦尼克号,1912年在处女航中遇难沉没;1915年,卢西塔尼亚号被德国潜水艇击沉;德国邮轮祖国号,是当时史上规模最大的邮轮,因德国战败被美国作为战争赔偿收入囊中,并被改名为利维坦号,此后往返于南安普敦与纽约。

邮轮真正的黄金时代其实以1930年为开端,虽持续不过数十载,但仍在历史上留下了浓墨重彩的一笔。法国大西洋海运公司的诺曼底号与冠达-白星航运公司的玛丽皇后号在历史上占据着重要的地位。10年间,两艘巨轮在纽约港口、瑟堡港口或汪洋大海上相遇了无数次。影视巨星、运动员、政治人物、作家以及银行家皆成了跨洋奢侈之旅的忠实爱好者。1935年5月29日,诺曼底号开启了首次航行,从勒阿弗尔驶往纽约。它长达313米,大不列颠的部分竞争对手也不得不赞同这是世界上速度最快、装潢最美、设计最精良的邮轮。邮轮上有轮船史上最宽敞的餐厅,长91米。它还是一座法式珍馐与装潢艺术的殿堂。玛丽皇后号则于1936年5月27日首次下水,从南安普敦出发驶向纽约。凭借着经典的船首与烟囱设计,该系列邮轮成了冠达巨型经典邮轮。该轮船设计者拒绝装饰艺术[22]的美学规则,采用具有异域风情的木板覆盖邮轮所有的金属墙面,营造典型的英式舒适氛围。玛丽皇后号长达310米,在其庞大的身影下藏着令人难以置信的强动力机械设备。玛丽皇后号与诺曼底号永远象征着跨洋邮轮时代的精神与风貌。

第六日
纽约
北纬 40°42′　西经 74°00′

大西洋—美国　/　航行里程：5689 km

凌晨 4：30，纽约还不过是地平线上一缕闪耀的亮光。凌晨 5：15，当船经过韦拉扎诺桥时，因视角错位，在一瞬间我们眼看着邮轮高耸的红色烟囱就要与桥面相撞了。纽约著名的城市天际线在地平线上出现。邮轮在船长的操纵下开始减速。我们慢慢经过自由女神像，前方闪光灯在不停地闪烁着。邮轮右舷朝着曼哈顿岛，沿着哈得孙河继续前进。纽约在逐渐苏醒，我们感受着城市心脏的跳动。邮轮被左右两条拖轮包围着，船长沃纳在两艘拖轮的监控下开始操纵邮轮，渐渐停靠在冠达泊船的老地方——54号码头上。几米之外的57号码头正接纳着法国大西洋海运公司的邮轮。我们船舶上的历史学家约翰·马克斯顿-格雷厄姆手倚船栏，观赏着纽约的景色。他回想起邮轮的黄金时代，说道："纽约是前往美洲的终点站之一，所有的邮轮似乎都驶向同一个地方。以前人们曾将整整齐齐排列的轮船戏称为'奢侈邮轮大秀'，就个人而言，我并不喜欢这个称谓。我们可以看到沿着西边的码头一字排开、颜色各异的烟囱正冒着烟，那儿有英国冠达公司的邮轮，还有意大利、法国、美国等国的邮轮正排队前行。如此壮观的景色，我永远都看不腻。"

上午 8：00，邮轮成功地停靠在纽约港口。对于邮轮工作人员而言，这将是漫长的一天。他们等2600名乘客一一下船之后将整理所有的舱房。下午 3：00，玛丽皇后二号将准时返航驶回南安普敦。在等待巨轮出发时，我们在威廉·米勒的陪同下漫步于下曼哈顿区的街道。我们的历史学家米勒先生在回忆跨大西洋邮轮的黄金时代时，总是满怀激情地说道："在20世纪20年代，所有人都铆足了劲造更大的船，认为未来一片光明，但谁也不曾料到1929年华尔街股市的崩盘以及接踵而至的经济大萧条。在纽约，高楼大厦如雨后春笋般拔地而起，一幢高过一幢，正如邮轮一艘比一艘大一样。大楼从60层盖到了70层，1929年克莱斯勒大厦高75层，而1931年帝国大厦更是高达102层。整座城市就像是一艘船，而船就是这座城市的象征。"

到达美洲的最后中转站

埃利斯岛

纽约是跨大西洋邮轮的终点站，自然而然地成了欧洲移民进入美国的主要大门之一。

但纽约并不是唯一的大门，邮轮还可以通过另一条路以更快的方式从圣劳伦斯河三角洲进入美国五大湖以及底特律（世界汽车之都，劳动密集型城市）。

1914年5月28日，在移民浪潮中，一艘名为爱尔兰皇后号的跨洋邮轮被一艘挪威运煤货轮斯多尔思塔德号撞击，在短短14分钟内沉入海中，1057人遇难。但是如此悲剧却几乎无人关注，当时各大新闻头条都被几周后就要爆发的第一次世界大战的消息占据着。直到19世纪末，已有几百万欧洲人来到纽约，打造了这个民族、文化与宗教的大熔炉，至今多元化仍是这座都市的标志。对于移民来说，眼前日思夜想的自由女神像意味着漫长而颠沛的跨洋旅程的结束，象征着新生活的希望。1892年，面对移民浪潮，美国当局决定在距离曼哈顿不到2公里的埃利斯岛上设立检查站。头等舱与二等舱的乘客抵达纽约后只需经过快速的检查便可下船。而三等舱的大批移民则需要登上渡轮前往埃利斯岛。在穿过主楼大厅时，他们必须丢弃行李。此后，一系列漫长的检查与询问便开始了。工作人员会询问移民随身携带的金钱数量（因为当时的法律规定，每位移民在进入美国之前必须携带25美金以上的现金），以及是否拥有多位配偶、有无政府主义倾向等。明面上的查询其实不过是第二道程序，第一道体检程序在移民踏入大门时便已悄悄地展开了。医生们会仔细观察他们的走路方式以及上楼梯的情况。从观察结果出发，医生会给出相应的诊断，用一小段粉笔标记出第一批筛选情况：上楼梯后气喘吁吁的移民被标记为 H；那些跛脚的被标记为 L；走进大厅后，目光呆滞，嘴巴大张的则被标记为 X，意为精神疾病患者。检查通常不超过半天，之后大概有2%的移民会被拒绝入境。史上共有1200万移民通过埃利斯岛的移民检查站入境。1952年11月12日，检查中心关闭，被改建成移民博物馆。[23]

独木舟与卡拉维尔
帆船之路

安的列斯群岛南北之间唯一的航线是美洲印第安人从亚马孙河流域和奥里诺科河流域迁移至安的列斯群岛时开辟的。1492 年,哥伦布到达美洲,同时也为这条古老的航线画上了句号。殖民活动在安的列斯群岛大规模展开,一大批岛屿从此沦为欧洲诸国的殖民地。这段沉痛的历史带来的后果便是如今无任何直达航线将特立尼达岛和古巴岛连接起来。于是在从古巴到达特立尼达的旅程中,我们大概换了六艘轮船。

船只:黎凡特号	船长:埃尔韦·罗谢
船只:MSC 歌剧号	船长:贾科莫·罗马诺
船只:星飞剪号	船长:布鲁诺·博罗卡
船只:地中海俱乐部 2 号	船长:贝努瓦·多姆
船只:双体帆船	船长:德克斯特·奥利维耶
船只:阿德拉德号	船长:威尔克森·贝瑟尔

第一日
古巴　哈瓦那
北纬 23°05′　西经 82°22′

墨西哥湾

1492 年 10 月 28 日，哥伦布停靠的第一站是巴哈马群岛，随后来到古巴南部深湾处。在这次历史性的航行之后的短短几年，哈瓦那迅速成了从安的列斯群岛扩张至整个美洲的新大陆的首都。

因此古巴首都必然成了我们北美之旅的出发地，我们将从这儿前往安的列斯群岛的另一端——特立尼达岛。由于古巴岛与特立尼达岛之间没有任何直达的航线，我们不得不换乘六艘轮船。第一艘船黎凡特号已经停在哈瓦那港口，我们利用上船前的几个小时漫步于大街小巷。古巴美不可言，在历史性与现代性中保持特有的平衡，且复古气息浓厚：50 年代的雪佛兰 Bel Air、福特汽车公司的"雷鸟"，欧内斯特·海明威和五分钱酒馆里他挚爱的莫吉托，歌颂英雄切·格瓦拉的革命歌曲，等等。离开的时刻到了，我们沿着哈瓦那海滨大道回到了港口。大道两旁房屋一字排开，迎风而立，色彩柔和的柱子让人赏心悦目。夜晚来临，我们的船即将离开哈瓦那，驶往东南方向的巴里亚门。24

第二日
持续航行在大西洋海面上

第三日
古巴　巴里亚门
北纬 21°00′　西经 75°57′

大西洋　/　航行里程：640 km

我们的船由于吃水浅，得以靠近海岸行驶。岸边立着一座纪念哥伦布登岸历史的简朴石碑。大概迫于游客的压力，几公里外还立着一座匪夷所思的纪念碑，以象征欧洲人与美洲印第安人之间的文化交流。我们正是在那儿遇到了三名小学生，阿德里安娜、豪尔赫和奥尔巴尼。他们对历史了如指掌，豪尔赫说："哥伦布带着 90 名水手，乘着圣玛利亚号、平塔号和尼雅号三艘卡拉维尔帆船，最终到达了新大陆，但却始终以为自己到了印度。"

第四日
古巴　圣地亚哥
北纬 20°01′　西经 75°49′

安的列斯群岛所在海域　/　航行里程：400 km

黎凡特号再次回归大海的怀抱，驶往古巴第二大城市圣地亚哥。船长在一早就登上船的当地领港员的协助下操纵着船舵。圣地亚哥距离哈瓦那 1000 多公里，具有别样的风土人情，而且此地的美洲印第安人文化与外来的西班牙文化、非洲文化，甚至少为人所知的法国文化和谐地融汇在一起。1791 年，约 3 万殖民者来到此地，以躲避法属圣多明各奴隶的反殖民统治革命25。文化融合产物之最——古巴音乐也诞生于圣地亚哥。在一栋装潢豪华的前殖民者的房子里，伴随着波莱罗舞和萨尔萨舞"恰恰恰"的节奏，我们度过了一个美好的夜晚。第二天一大早，我们刚好赶上了即将收缆起航的黎凡特号。

源自美洲原住民的雪茄

雪茄起源于古巴，可以追溯至前殖民时代，以前大部分的美洲印第安人都抽烟草。玛雅人便用棕榈叶或玉米叶卷烟草。当时的雪茄主要用于典礼或是治疗用的药物。雪茄一词起源于玛雅文 "sik'ar"，意为"抽烟"。哥伦布将雪茄带回西班牙宫廷，整个欧洲为之倾倒，雪茄迅速成为身份和财富的象征。

第五日
持续航行在大西洋海面上

第六日
多米尼加共和国　萨马纳
北纬 19°03′　西经 69°35′

大西洋　/　航行里程：700 km

循着哥伦布的足迹，我们离开了古巴，来到多米尼加共和国。清晨，船长在萨马纳湾抛锚靠岸。

1493年1月，哥伦布在第二次前往新大陆[26]的航行中发现了这片海岸，并将其称为"天堂之外最美之地"。哥伦布在登岸时，迎面而来的是岛上原住民阿拉瓦克人[27]的弓箭，于是不得不弃岛离开。

萨马纳在较长的时间内免于现代化发展，不过最终仍与多米尼加共和国其他沿海城市一样成了旅游都市。我们不久便前往当地著名的多洛斯海提斯国家公园。乘着小舟，沿着浮出海面的奇异岩石群绕行，我们缓慢地来到了红树林的深处。这里到处是层层叠叠的气生根，景色十分壮观。最后一批泰诺人[28]（Taïno）正是藏身于此以躲避殖民者的。岩洞石壁上的画默默地见证着他们的存在：在失落的世界里，人类与自然和谐共处。

第七日
多米尼加共和国　圣多明各
北纬 18°29′　西经 69°53′

安的列斯群岛所在海域　/　航行里程：130 km

我们离开了下一站前往英属维尔京群岛的黎凡特号，选择陆路去往位于加勒比海岸的圣多明各。在岛屿总督哥伦布长子迭戈的推动下，"西印度"之都遍布宗教建筑、医院、修道院以及宫殿，其中最著名的宫殿——总督府哥伦布宫在历史上成了欧洲征服新大陆的权力中心。圣多明各也随之成为殖民者埃尔南·科尔特斯征伐墨西哥与弗朗西斯科·皮萨罗[29]征服秘鲁路上的必要歇脚处。我们离开了平静安宁的老城街道，前往圣多明各的心脏之地——商业气息浓厚的集市中心。18世纪，圣多明各产糖总量占全世界的70%，这片繁华的景象下却是50万被压迫的非洲奴隶在夜以继日地劳作。

第八日
圣胡安省　波多黎各
北纬 18°15′　西经 66°30′

大西洋　/　航行里程：400 km

在华盛顿和哈瓦那之间的关系恢复正常之前，所有从佛罗里达出发的班轮都被迫绕过古巴到达多米尼加共和国。MSC歌剧院号就是这种情况，我们将继续前往波多黎各的首府圣胡安。波多黎各是一个独立国家，自1952年以来就与美国保持联系。我们在这座城堡城市仅待了几个小时，就感受到西班牙人的传统正在慢慢融入美国的生活方式。

征服者以前认为波多黎各是阻止外方势力进入大安的列斯群岛的锁，现在它开通了通往小安的列斯群岛的路线。

Indian Family of the Carribbee Nation.

London, Published Dec.r 1.st 1791, by J. Johnson, St Pauls Church Yard.

安的列斯群岛的印第安人

自约公元前5000年起，大安的列斯群岛便有人类定居。印第安人顺着奥里诺科河或亚马孙河来到了大陆海岸，然后从委内瑞拉附近的特立尼达岛出发，从一个岛漂到下一个岛，最终到达伊斯帕尼奥拉岛以及古巴岛。约公元前1000年，阿拉瓦克人（Arawaks）循着同一条道路抵达并定居大安的列斯群岛。

9世纪，与阿拉瓦克人一样来自奥里诺科河流域的加勒比人[30]转而殖民了小安的列斯群岛的大小岛屿。在殖民统治时期，卡利内戈斯人——加勒比人本来的名字——毫无疑问是因为举行某种献祭仪式而被西班牙人误会为食人族，族名也因此被改为"Caniba"，然后"Canibal"[31]——食人族的传说就此诞生。阿拉瓦克人和加勒比人两个民族共根同源，但时而兵戈相见，时而和平共处。欧洲人抵达古巴时，两个民族的人口总数约有12万。而哥伦布在首次前往美洲途中遇见的"漂亮的裸身男人"，很有可能是泰诺人[32]。我们在圣多明各时，遇到了人类学家马尔西奥·贝洛兹·马焦洛，他说："泰诺人在小渔村与采集村的附近形成社会团体。"他们是万物有灵论者，最敬仰的神是木薯神尤卡。据多明我会传教士、印第安人的守护者巴托洛梅·德·拉斯卡萨斯[33]所说，1508年约有6万泰诺人居住在伊斯帕尼奥拉岛。1531年，随着战争的爆发及金矿的开发、自杀人数的激增与疫病的蔓延，其人口锐减至600左右。尽管泰诺人几近消失，但不少古巴人以及多米尼加人仍自认为是泰诺人的后代。

黑三角贸易

1494年,西班牙与葡萄牙签署了旨在瓜分世界的《托德西利亚斯条约》[34]。从那时起到16世纪,大西洋上几乎只有西班牙与葡萄牙的船队,它们满载着秘鲁的黄金和巴西的木材从安的列斯群岛返回欧洲。

由于制糖工业在新大陆的迅猛发展,一条新的海上航线诞生了。在种植园里的美洲印第安人只要尚有一丝力气,就坚决拒绝强制劳作。于是他们逐渐被第一批从非洲运入美洲的黑人奴隶替代[35]。至17世纪中叶,已有大批黑人被送往巴西甘蔗种植园。因此如今安的列斯群岛的印第安人十分稀少。1674年[36],法国人与英国人决定打破荷兰的海上垄断地位,试图在将黑人从非洲贩卖到安的列斯群岛的贸易中分一杯羹。英国未来的国王查理二世[37]为此成立了非洲皇家公司[38]。而法国国王路易十四则成立了塞内加尔公司[39]。黑三角贸易就此诞生了,基本流程十分简单:船只装载着布料、火枪、铁条以及白兰地离开利物浦、布里斯托尔或南特,朝着非洲西部驶去,到达加纳、科特迪瓦、尼日利亚等地,他们与非洲的奴隶贩子议价,用商品兑换奴隶。船只随后去往安的列斯群岛、巴西或英属北美殖民地,非洲男人、女人和小孩被兑换成糖、木材、棉花以及可可,这些商品将在欧洲以高价售出。根据航线的差异,一趟黑三角贸易可能持续2到3个月。黑人们被两两绑在一起,堆在贩奴船的船舱里,很多人因顶不住沿途的颠簸而悲惨地死去。从1699年至1807年英国奴隶制度废除,共有140万的奴隶从利物浦上船,36万奴隶从南特上船,共计1100万非洲人被迫背井离乡。[40]

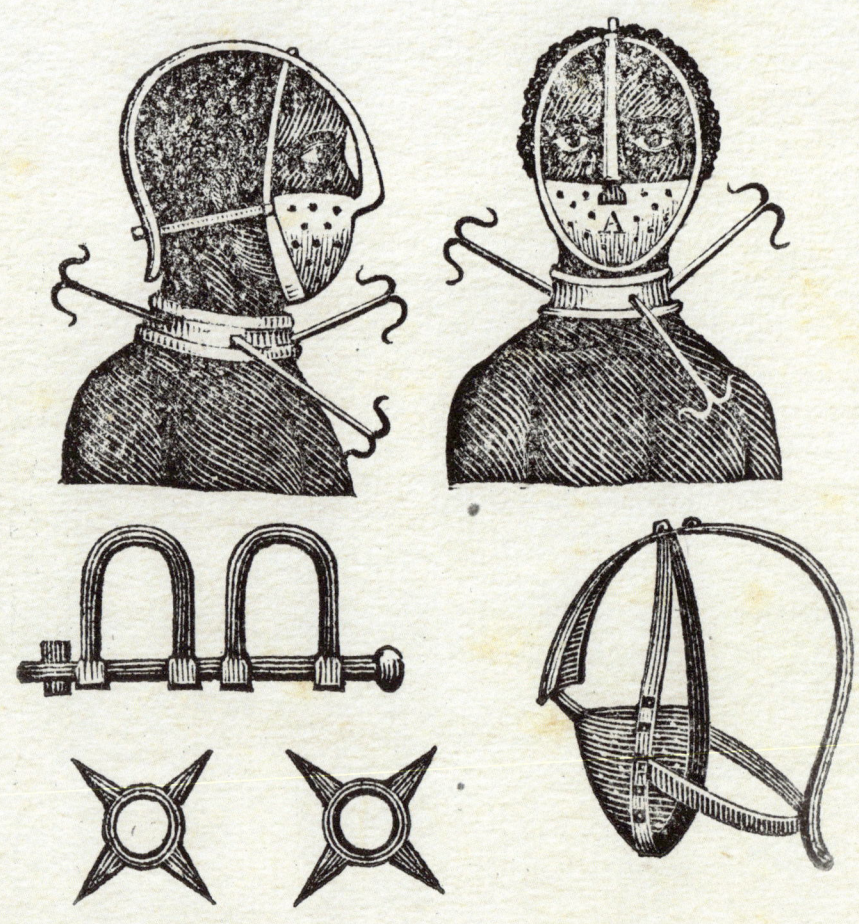

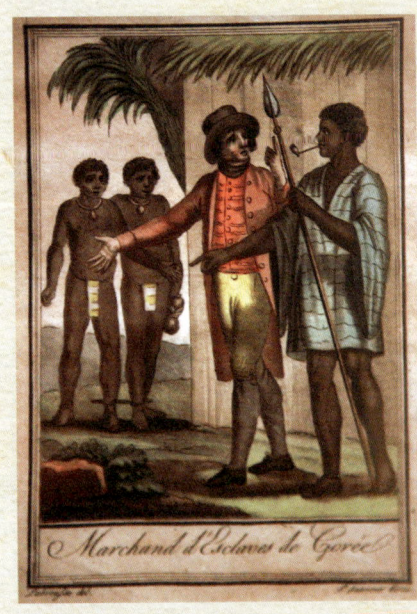

第九日
圣马丁岛　菲利普斯堡
北纬 18°01′　西经 63°02′

安的列斯群岛所在海域　/　航行里程：328 km

夜晚时分，我们的大型邮轮经过英属与美属维尔京群岛。整个17世纪，维尔京群岛藏匿着大量的海盗，他们窥视着为了返回塞维利亚寻找有利航线而路经此地的西班牙船队。早上，我们逐渐靠近哥伦布发现的又一岛屿——圣马丁岛。1493年11月11日（圣马丁节）哥伦布到此，故名。17世纪中叶起，荷兰和法国共同统治圣马丁岛。但在1960年以后，岛上的游客才是"真正的主人"。在菲利普斯堡港口，源源不断的游客从几艘大型邮轮上下来，时刻准备进军纪念商店。"哥伦布，快醒过来看这群疯狂的人啊！"

很快，我们就来到另一个码头乘坐星飞剪号离去。

第十日
尼维斯　查尔斯敦
北纬 17°20′　西经 62°45′

安的列斯群岛所在海域　/　航行里程：135 km

扬帆起航，我们的四桅帆船朝着尼维斯出发了。星飞剪号是现代帆船，但仍保留着过去快船的外形。这种典雅的快船曾经在19世纪载满锡兰红茶或者澳大利亚的羊毛之后来回穿梭于各大洋。

1493年，哥伦布抵达尼维斯，看见山顶上飘着白色的云朵。"Las Nieves！"（白雪！），这个火山小岛从此就被称为"尼维斯"。船长在查尔斯敦抛锚靠岸。17世纪，被称为"加勒比女王"的尼维斯，其上面遍布种植园，古老的磨坊一点点消失，火山缓坡上逐渐被种上热带植物。城市里的证券交易所、海关办事处、法院和中转站等历史建筑都见证着岛屿往昔的繁荣。从很久以前起，岛上的年轻人就离开了小岛，前往邻岛圣基茨、波多黎各或者伦敦找工作谋生。

第十一日
安提瓜和巴布达　圣约翰
北纬 17°07′　西经 61°51′

安的列斯群岛所在海域　/　航行里程：95 km

我们离开了尼维斯，改变了航向后，朝着西边的安提瓜和巴布达前进。太阳还没升起，我们就被投入水中的铁锚声惊醒了。我们并没有在安提瓜和巴布达的首都圣约翰靠岸，而是来到了英吉利港——大不列颠帝国在小安的列斯群岛强盛殖民统治的标志之一。我们乘坐着橡皮艇靠岸了，眼见一条狭窄的通道直达这座天然的深水港口。岛屿山丘不仅能抵御海风，还能抵挡外敌入侵，战略性的地理优势让英国人得以在面对法国、荷兰以及西班牙的军队时胜券在握。我们花了一天的时间参观历史建筑，当年的海军基地如今有一部分被改建成了博物馆。该海军基地当时由大不列颠大名鼎鼎的海军将领霍雷肖·纳尔逊[42]驻守。

特拉法尔加战役

在特拉法尔加战役中牺牲后，霍雷肖·纳尔逊被尊为国民英雄。但在殖民地安提瓜和巴布达，他给当地人留下的却是恶劣的印象。他当时奉命执行《航海条例》，该法案是在美国独立战争之后颁布的[41]，规定只有英国的船只可以运装英国殖民地的货物。纳尔逊将军盲目地严格执行法案，使殖民地陷入孤立和经济衰退的局面，最终引发大饥荒。

加勒比海盗

　　加勒比海盗缔造了加勒比海的传奇。

　　海上劫掠的行为并非源自热带地区,自古希腊罗马时代以来的地中海沿岸或维京时代的欧洲北部,法网之外的水手们便肆意攻击过往船只、掠夺船货,或是洗劫沿海城市。不论名称如何变换,flibustier[43]、"海岸兄弟"[44]或是corsaire[45],他们从本质上来说均属于加勒比海盗。他们将船头调转至新大陆,虎视眈眈地盯着前殖民时代的那些帝国的财富、传说中的黄金国以及西班牙船队满载的黄金。草木葱茏的岛屿与蔚蓝的大海构成了他们海上冒险与掠夺的传奇背景。

　　三个世纪前,海盗在加勒比海部分海域上占据着统治地位。海地附近的托尔蒂岛以及牙买加成了他们理想的猎场。岛屿的选择并非出于偶然,它们所在的区域是满载阿兹特克文明[46]与印加帝国[47]黄金的西班牙船队在返回塞维利亚时的必经之路。另外,起初被西班牙与葡萄牙远远甩在身后的法国人与英国人开始奋起直追,意欲夺得小安的列斯群岛的殖民统治权。为此,英法两国开始袭击西班牙船只,支持甚至资助海盗袭击西班牙船只。海盗弗朗西斯·德雷克于1581年因功勋卓越而被英国女王伊丽莎白一世封为勋爵。17世纪末,加勒比海盗迎来了黄金时代。在40多年间,加勒比海几位大海盗的名字如雷贯耳:威尔士人亨利·摩根,袭击了属于西班牙的卡塔赫纳港;爱德华·蒂奇,又称"黑胡子",扣留并检查在公海上行驶的船只;威廉·基德,又称"基德船长";杰克·拉克姆,又称"印花棉布杰克",因为总是身穿花哨的衣服。这些大海盗共同书写了加勒比海的传奇故事。但随着殖民统治的逐渐稳固,加勒比海上海盗的活动空间越来越小。在数次战斗中幸存下来的海盗大多数选择了依附当局,比如亨利·摩根最后成了牙买加的总督。有一些海盗,如"秃鹰"奥利维尔·勒瓦瑟,则选择在印度洋上继续冒险生活,袭击载满印度黄金的英国船只。

劫掠者与海盗

劫掠者曾是由国家授权,即获得袭击、掠夺别国货船许可的人。罗伯特·絮库夫与弗朗西斯·德雷克均是劫掠者。而海盗则是法外之徒,掠夺船只时不分国籍。安的列斯群岛的劫掠者基本上是英国人,主要袭击西班牙的船只。

第十三日
法属瓜德罗普岛　德赛小镇
北纬 16°18′　西经 61°48′

安的列斯群岛所在海域　/　航行里程：103 km

我们从安提瓜和巴布达出发，一路海风渐强鼓满了船帆，船身倾斜地行驶在波浪滔滔的海上。我们在甲板上踉跄地走着，欣赏着眼前美不胜收的景色。船长最后决定在瓜德罗普海岸线下风的德赛小镇抛锚靠岸。在海滩上，我们看见曾经当过水手的伊桑贝尔先生正训练镇上的年轻人，以延续旧式帆船的传统。在过去，帆船航行可不是一项娱乐活动！"以前，我的帆船长23米，宽4米，我们曾运载着乘客以及木炭往返于巴斯特尔岛和德赛。帆船名为努力号。"虽然我们在德赛还能感受到过去的气息，但是在瓜德罗普岛最大的城市皮特尔角城，纵帆船已经让位给了动力更强的双体船，过去的那种气息几乎已经不存在了。双体船的速度更快，连接着瓜德罗普与桑特群岛、玛丽-加朗特岛以及拉代西拉德岛。

我们在皮特尔角城港登上了地中海俱乐部2号，一艘最新式的五桅帆船。这是我们自哈瓦那出发以来乘坐的第四艘船。

第十四日
桑特群岛　上岛
北纬 15°51′　西经 61°36′

安的列斯群岛所在海域　/　航行里程：30 km

身后瓜德罗普岛的巍巍群山正远去，我们朝着天际尽头的桑特群岛出发了。该群岛就像是镶嵌在地平线上的一串小石头。经过卡布里岛后，我们缓慢地靠近上岛。

我们乘着帆船上的小快艇靠岸了。我们所在的地方是市镇里热闹的地点之一，当地人聚集在此闲聊或者接待从瓜德罗普岛乘船过来的家人。我们在熙熙攘攘的人群中找到了导游伯纳德·塔奎。他对于岛屿的历史了如指掌："桑特群岛位于安的列斯群岛中央，无论是英国人还是法国人都想抢占安的列斯群岛的'直布罗陀海峡'。岛屿当年主要被来自法国南特的殖民者占领。由于他们签了3年的合同，我们称这些人为'入伍者'。当地农业不太受重视，所以以前奴隶并不多，但是有不少军人、海员以及士兵。"

第十五日
马提尼克岛　法兰西堡
北纬 14°36′　西经 61°05′

安的列斯群岛所在海域　/　航行里程：190 km

晚上，我们一路向南穿过多米尼加海域，第二天早上便来到了法兰西堡湾。周日的街头空荡荡的，而钻石沙滩却热闹非凡，节日气氛浓烈，人们正在举办一场帆船比赛。当初美洲印第安人正是乘着用斧头挖空的树干做成的独木舟，从亚马孙流域来到了安的列斯群岛。所有的参赛者无论输赢，都会举着一杯朗姆酒畅所欲言。

朗姆酒

我们需要等上几个世纪才能看到马提尼克人将朗姆酒列入文化遗产之中。欧洲人在朗姆酒的倒影中看到的是海盗、劫掠者、海匪、海岛以及加勒比的海水；而当时的非洲人，作为奴隶的后代，看到的则是痛苦与绝望。在去殖民化的浪潮下，马提尼克人才开始重新肯定朗姆酒的文化。

第十六日
圣文森特和格林纳丁斯　金斯敦
北纬 13°12′　西经 61°13′

安的列斯群岛所在海域　/　航行里程：280 公里

我们来到了圣文森特和格林纳丁斯[48]的首都金斯敦。直到18世纪中叶，印第安人仍在圣文森特岛安居乐业。伴随着奴隶贸易，大批的黑人逃到这里，被当地的加勒比人收留。新的民族在黑人与加勒比人的交融中诞生了：加里富纳人。

1783年，圣文森特沦为英国的殖民地，当地的加里富纳人被运往洪都拉斯湾的罗阿坦岛[49]。据说部分加里富纳人的后代至今仍生活在圣文森特森林某个不为人知的地方。但是我们遇到的这位老人对他们的祖先并不了解。

第十七日
贝基亚岛　伊丽莎白港
北纬 13°00′　西经 61°13′

安的列斯群岛所在海域　/　航行里程：20 km

我们在圣文森特岛登上了德克斯特船长的双体帆船，前往圣文森特岛与格林纳丁斯岛之间的贝基亚岛。岛屿人种混合了黑人和苏格兰移民，以及19世纪移居小岛的美国渔夫的血统。美国渔夫将捕杀鲸鱼的传统引入小岛，就像导游尤斯塔斯跟我们说的一样："我的曾祖父来自楠塔基特岛，活了103岁，曾经是捕鲸船的捕手。我的祖父和我的父亲也捕杀鲸鱼，我流淌着捕鲸者的血。"

第十八日
持续航行在安的列斯群岛所在海域

第十九日
格林纳丁斯群岛　卡里亚库岛
北纬 12°28′　西经 61°27′

航行里程：70 km

我们在卡里亚库岛离开了德克斯特船长的双体帆船，换乘每周两趟载着货物前往格林纳达的纵帆木船阿德拉德号。它是最后一批曾穿梭在加勒比海上无所不能的货船中的一艘。

第二十日
格林纳达　圣乔治
北纬 12°03′　西经 61°45′

安的列斯群岛所在海域　/　航行里程：60 km

在半日的航行之后，我们到了格林纳达首都圣乔治。阿德拉德号深入加勒比海美丽的港口之一——卡伦那吉港后开始减速。在过去，数十艘帆船沿着码头一字排开，载满即将运往欧洲的稀有香料——肉豆蔻。

第二十一日
特立尼达和多巴哥　西班牙港
北纬 10°40′　西经 61°31′

安的列斯群岛所在海域　/　航行里程：160 km

我们在航行3周[50]之后终于抵达了最后一站——特立尼达岛。岛屿距离南美洲不过数公里，曾是印第安人进入安的列斯群岛的通道。

加勒比海航道

哥伦布

有史以来最伟大的航海家

1451年，哥伦布出生于热那亚，一生望向地平线尽头，以完成一项神圣的使命。

早在1477年，就有人提到哥伦布现身于冰岛境外。1479年，他娶了圣港岛总督的女儿。这座邻近马德拉群岛的小岛屿激发了哥伦布对于大海的向往与好奇，丰富了他对"不可跨越"的大海的认识。1488年起，哥伦布准备往西航行前往日本和中国。在数次争取葡萄牙、英国以及法国君主的资助失败后，他最终获得了西班牙天主教国王的大力支持。西班牙国王赐予他可承袭的头衔"海洋舰队司令"，还承诺他若发现并成功占领新土地，就任命其为新岛屿的总督。

1492年8月3日，圣玛利亚号、平塔号和尼雅号组成的船队从安达卢西亚地区帕洛斯港出发了。船队到达加那利群岛后休整了1个月，之后哥伦布下令朝西继续行驶，但船上气氛开始变得凝重，水手们逐渐失去耐心。直到10月11日星期四那个夜晚……巴托洛梅·德·拉斯卡萨斯曾亲眼看过哥伦布的航海日记，他给我们再现了旅程的最后一段的情况："第一个发现陆地的人名叫罗德里戈·特里亚纳。晚上10：00左右，舰队司令哥伦布站在船尾楼看到了远处的灯光。不过由于四周一片漆黑，他也不能确定其是不是陆地。除了一艘没有补给帆的大船以外，其他船都将帆布收起来了。整个夜晚他们静静地等待着。第二天上午，他们来到卢卡亚群岛的一个小岛，在印第安语中小岛被称为'瓜纳哈尼'。他们很快便发现了裸露着身体的人。哥伦布从全副武装的独木舟上跳了下来，扬着国王的旗帜，而另外两位船长则手持代表不同船只的绿色十字旗。一上岸，他们便看到了郁郁葱葱的大树、欢腾的河流以及各种各样的水果。哥伦布叫来两位船长以及其他上岸的水手，包括公证人罗德里戈·德·埃斯科维多以及罗德里戈·桑切斯。他要求公证人在所有人面前认证他占领岛屿的合法性，并通过复杂的仪式证明他以西班牙国王与王后的名义最先占领了此岛屿。"

哥伦布在1506年5月20日去世前，曾三度重返美洲，却始终没有意识到自己发现了新大陆。[51]

中美洲—加勒比海

玛雅之路

公元前 1500 年，玛雅文明诞生于中美洲，16 世纪随着继承者阿兹特克帝国被西班牙帝国灭亡而消失。加勒比海上的航线将相隔甚远的洪都拉斯、萨尔瓦多等城市与尤卡坦岛各个港口连接起来。1518 年，西班牙殖民者埃尔南·科尔特斯从古巴出发，在航线上一座重要的城市——科苏梅尔靠岸，入侵墨西哥之战就此展开。

船只：斯特拉·索拉里斯号
船长：亚尼斯·帕诺里奥斯
国家及地区：墨西哥—洪都拉斯—伯利兹—危地马拉

第一日　美国　加尔维斯顿

北纬 29°18′　西经 94°52′

墨西哥湾

我们在得克萨斯州的小城加尔维斯顿登上了斯特拉·索拉里斯号。

夜幕降临，斯特拉·索拉里斯号在拖轮的协助下收缆起航，缓缓驶出港口。随后，幽灵似的金属巨兽进入我们的视线，它们正在卖力地勘测墨西哥湾的石油储量。

第二日和三日

持续航行在墨西哥湾上

第四日　墨西哥　科苏梅尔

北纬 20°26′　西经 86°54′

安的列斯群岛所在海域　／　航行里程：1900 km

早上，我们来到了位于加勒比海入口处的一座繁华小岛——科苏梅尔。码头停靠着几艘豪华邮轮。这座岛屿伫立在绿松石般的大海中，作为玛雅文明时期中美洲繁荣的城市之一，如今短短几年内又成了墨西哥现代化的旅游城市之一。我们迫不及待地上岸了，乘着沿着海岸行驶的汽车，时不时穿过几个十字路口。几百米外便是玛雅文明的传统古镇，一户户家徒四壁：黏土的地板、古朴的吊床，炉子摆在单间的正中央。为了改善家庭经济条件，女人们会编织五彩斑斓的披肩——塞拉普披肩，拿去集市售卖。如今，现存约600万玛雅人的后代。饱受异己文化冲击的美洲原住民，至今仍跟主流社会格格不入，被认为是下等公民。他们固执地说着玛雅语，忠诚地维系着古老的传统，执着地纪念着逝去文明的辉煌。我们来到了图卢姆——玛雅文化后期的重要遗址，它坐落于尤卡坦半岛东北部。1518年，西班牙殖民者胡安·格里哈尔瓦在路经此地时，发现了蔚为壮观的神庙以及异彩纷呈的壁画，还有一些头戴羽毛的战士正站岗巡守。格里哈尔瓦将眼前的图卢姆比作西班牙的塞维利亚。这座筑有防御工事的玛雅古城俯察着整片加勒比海。夺人眼球的卡斯蒂略金字塔，曾被用作瞭望台以及指引过往船只的灯塔。迷人的大海，蓝得像波斯猫的眼眸，但平静的波浪背后却掩藏着致命的危险。玛雅神话中，海神胡拉坎暴怒之时，正是狂风巨浪袭来之际。胡拉坎正是 "飓风"（hurricane）的词源。

埃尔南·科尔特斯以及羽蛇神的预言

西班牙人埃尔南·科尔特斯是一位雄心勃勃的殖民者。他违抗古巴总督迭戈·贝拉斯克斯之命，在采购船舰并募集军队之后，便朝着墨西哥尤卡坦半岛进发了。他在东部小岛科苏梅尔短暂停留之后，沿着墨西哥海岸继续航行，直到塔瓦斯科，随后改走陆路来到墨西哥城。而根据羽蛇神的预言，一位来自东方、长满胡子的白肤之人将摧毁阿兹特克帝国。眼看预言之人来到眼前，阿兹特克帝国国王先是拖延时间，但最终明白逃不过命运，被迫让位于神圣罗马帝国皇帝查理五世。

第五日
持续航行在加勒比海上

第六日
洪都拉斯 科尔特斯港
北纬 15°51′ 西经 87°57′

安的列斯群岛所在海域 / 航行里程：710 km

我们到达洪都拉斯的科尔特斯港时，天正下着蒙蒙细雨。我们找到了一位司机，他愿意载我们前往科潘玛雅遗址。3小时后，我们看到了一座躺在山谷里的古城，一间间传统的老房子和刷着石灰的教堂。除了偶尔几辆经过的旅游车，时间的脚步在这里似乎停滞了。吸引我们远途而来的是此地遗留下来的著名纪念碑，它们镌刻着玛雅文明历代君主的荣耀。导游亨利·索里索跟我们说："科潘历代君王借用星辰以及森林动物之名定称号。'十八兔王'算得上是著名的君主之一。眼前这座纪念碑之主正是第六任君王'烟豹王'，他身着球手服，胸膛、膝盖以及胯部绑着护具。"在一直延伸至城市中心的长方形空地上，那些球手们玩的应该是一种颇沉的实心橡胶球，按照游戏规则，球手只能用臀部和手肘击球。

第七日
伯利兹 伯利兹城
北纬 17°29′ 西经 88°11′

安的列斯群岛所在海域 / 航行里程：170 km

我们来到了伯利兹最大的城市伯利兹城。由于沿岸珊瑚暗礁诸多，大船无法靠近海岸，所以我们另乘快艇上了岸。伯利兹城里，从非洲被贩运至此且作为奴隶的黑人的后代加里富纳人，在人口总数中占了很大的比例，远远超过克里奥尔人[56]与混血民族梅提斯人[57]，而玛雅人仅仅占10%左右。在过去，玛雅人相继被殖民者、海盗驱赶至内陆，只能藏身于森林深处。为了寻找神秘的玛雅文明，我们驱车穿过森林，来到失落于危地马拉茂密丛林中的文明遗址。

第八日
危地马拉 蒂卡尔
北纬 17°13′ 西经 89°24′

航行里程：155 km

凌晨5：00，我们站在失落世界的金字塔塔顶，森林正在苏醒，鹦鹉与巨嘴鸟婉转的啼叫声在不断地回荡着，大自然原始又神秘的气息笼罩着整片丛林。1000年前，作为圣地的守护者，唯独玛雅祭司有特权饱览此景。太阳开始攀升，细碎的阳光温柔地抚摸着主广场。这儿是"玛雅世界的纽约城"，也是王公贵族出席祭司典礼之地。想象一下这样的场景：大祭司头戴羽毛，身上也戴着装饰品，如项链、手环、腰带以及豹皮制作的斗篷，庄严肃穆地登上神庙。

前哥伦布时期中美洲文明

奥尔梅克文明（公元前1200年—500年[52]）：
奥尔梅克人先于玛雅人建起了庞大的石像群，并制定了日历。
玛雅文明（公元前1000年—1500年[53]）：
玛雅人创造了一种象形文字，发展了城邦国家并兴建起了金字塔式台庙。
托尔特克文明（900年—1200年[54]）：
图拉镇（Tula）是他们的首都。托尔特克人信仰一位新的神灵——羽蛇神。
阿兹特克文明（1200年—1500年[55]）：
阿兹特克人的社会高度军事化，宗教信仰在他们的生活中占有重要地位。为了平息众神的愤怒，他们会举行活人献祭仪式。

森林深处的金字塔

玛雅文明

从蒂卡尔到图卢姆

根据学术界盛行的观点,玛雅人的祖先与美洲的其他民族一样,是2万至3万年前来自西伯利亚的人种[58]。当年并没有马和游牧业,所以他们的迁徙之路十分漫长。约公元前2000年,他们定居于中美洲,孕育了中美洲文明,拥有共同的农业模式、贸易模式以及宗教信仰,艺术品也一脉相承。

玛雅文明继承了发达的奥尔梅克文明,因此得以在这片从尤卡坦半岛绵延至萨尔瓦多的广袤土地上统治1000多年。

玛雅人创造了一种象形文字,这是前哥伦布时代的美洲唯一的文字。从这个时代开始,玛雅文字就出现在长条的树皮纸、壁画,以及装饰神庙的雕塑上。他们的国家建立在国王至高无上的权力之上,并以艺术作品来展示皇家的威严。玛雅社会由不同阶层与职业构成,一并臣服于政府的权威之下。600至1000年,帕伦克、科潘、蒂卡尔以及乌斯马尔等城市兴建起了一种集世俗与宗教于一体的宏伟建筑——金字塔式台庙。位于城市正中的金字塔式台庙高高在上,象征着天、地、人息息相关。金字塔式台庙四周环绕着皇家宫殿、平民百姓的房屋以及纪念碑。它们与科潘玛雅遗址的纪念碑一样,镌刻着某位君主的伟大功绩。其一旁设有祭坛,用于供奉贡品以及祭品。玛雅文明的祭祀中常常伴有献祭活人的仪式,其继承者阿兹特克文明更是将活祭仪式推到了一个新的高度。他们认为活人是献给无所不能的大自然以及太阳的祭品,为了获得丰收、取得战争的胜利,这是必不可少的代价。

现在人们认为,当时接连不断的歉收导致了饥荒的爆发,同时与邻近的玛雅城市间的竞争不断激化,引起了一系列的连锁反应。从1000年起,玛雅文明开始了无可避免的衰退。但是,玛雅文明并没有完全消失在历史的长河中,玛雅文明重镇奇琴伊察在此后的几个世纪里繁华依旧,之后玛雅潘、沿海城市科苏梅尔与图卢姆等玛雅城市取代了它的地位。在1518年,当西班牙人到达南美洲的时候,这些城市的居民是第一批看见他们的人。

美洲航行的十字路口

在过去的几千年里,哥斯达黎加以及巴拿马的美洲印第安人与自然和谐共处,他们乘着独木舟,在大西洋或者太平洋海岸南北方向的航线上捕猎或贸易。16世纪初,西班牙航海家开始致力于寻找一条连接美洲海岸东西方向的航线。太平洋与大西洋之间的巴拿马地峡因此成了通往新大陆的十字路口。

船只:约克快船号、地中海俱乐部2号
船长:乔治·科格林、伊冯·拉洛热
国家及地区:哥斯达黎加—巴拿马—哥伦比亚

第一日
哥斯达黎加　圣何塞
北纬 9°56′　西经 84°05′

圣何塞是哥斯达黎加的首都，虽然不及南美殖民大都市的繁华与富饶，却独有一份安宁。其四周皆是青翠的山峦，让人联想到古老的欧洲。这是有原因的，跟大部分邻国（如危地马拉、巴拿马以及哥伦比亚）相比，哥斯达黎加的印第安人群体占总人口的比例较小，仅有 1% 左右。

我们乘着汽车，穿过遍地的咖啡种植园，来到了哥斯达黎加太平洋沿岸最大的港口蓬塔雷纳斯。我们将要在此登上小型探险船——约克快船号。

第二日
哥斯达黎加　蓬塔雷纳斯
北纬 9°58′　西经 84°49′

太平洋　／　航行里程：96 km

蓬塔雷纳斯位于太平洋沿岸，当初是哥斯达黎加出口咖啡与香蕉的重要港口。如今它的这一地位已被位于大西洋海岸靠近北美洲与欧洲市场的利蒙港取而代之。当地的生态观光船也随之替代了大型货船。一方面是出于经济转型的考虑，另一方面则是由于地方生态意识的加强，哥斯达黎加政府正在落实一系列保护环境的国家大计。如今，国家公园占有全国 25% 的土地，高居世界第一！塔尔科莱斯河距离市区不到 20 公里，其里面生活的鳄鱼是环境保护措施实施的第一受益者。在这片水域中，每公里有 200 多条鳄鱼。

第三日
哥斯达黎加　库鲁国家公园
北纬 9°47′　西经 84°55′

太平洋海域　／　航行里程：40 km

我们乘着约克快船号穿过蓬塔雷纳斯与尼科亚半岛之间的海湾，来到了库鲁国家公园。跟着随船的自然学家兼导游丹尼斯，我们穿过了茂密的丛林。天气炎热而潮湿，周围传来树枝断裂的咔嚓声与其他窸窸窣窣的声音，以及鸟叫声和躲在阴暗处动物的叫声。丹尼斯跟我们解释："很久以前，南北美洲之间隔着一道海峡。在一场强烈的火山活动过后，巴拿马地峡形成，将南北美洲连接了起来，两个次大陆的生物则开始了大迁徙。所以我们这里才有来自南美洲的僧帽猴，以及来自北美洲的浣熊。"我们就这样在绿色的迷宫中漫步了一天。以前生活在这里的美洲印第安人对于植物背后的神秘力量了如指掌。他们驯化了多少呢？几十种，还是几百种？但与编录了约 1 万种物种的哥斯达黎加的生物学家们比起来，他们似乎还相差甚远。

第四日
哥斯达黎加　科尔科瓦多国家公园
北纬 8°33′　西经 83°35′

太平洋　/　航行里程：225 km

　　我们的船继续沿着太平洋海岸行驶，在科尔科瓦多国家公园所在地奥萨半岛靠岸了。直到19世纪中叶，岛屿原始森林仍旧归属于印第安人。太平洋海岸的部落并没有与世隔绝，各部落的人会划着独木舟沿着海岸线到达中美洲，然后与其他民族的人进行贸易。在奥萨半岛上，我们看到了大量用石头磨成的完美球体，当地人将它们称为"bolas"，其直径从几厘米到2米不等。这是一种星相日历，或是一种交流系统。可惜我们对此一无所知，这些印第安人造的奇异雕塑至今仍是未解之谜。

第五日
持续航行在太平洋上

　　约克快船号继续朝南航行，行至巴拿马时，尽管离巴拿马运河很近，但我们并没有遇上别的船只，只有几条海豚陪伴着我们，久久不愿离去。

第六日
巴拿马　达连国家公园
北纬 7°44′　西经 77°32′

太平洋　/　航行里程：650 km

　　第二天一早，约克快船号在达连湾靠岸了。我们来到的是巴拿马邻近哥伦比亚的偏僻地区，印第安人乘着装配引擎的独木舟前来引领我们的船只。我们在桑布尔河上航行，约几十公里以后，河道逐渐变窄，眼前很快出现一片密密麻麻的红树林树根。由于水流受到阻滞，独木舟为了继续前进不得不再次发动引擎。在到达拉春加小村后，部落酋长里卡多接待了我们。当地的妇女闻讯而来，纷纷热情地向我们兜售五彩斑斓的项链与迷你木雕工艺品。酋长对我们说道："正如你们所见，出售手工制品是我们重要的收入来源之一，虽然我们住在丛林里，但外面世界也在悄悄地改变着我们。当欧洲人还有美国人来到这里时，我们彼此学习。"朝世界展开双手并不意味着舍弃传统的部落习俗。在乔科省[60]，最引人注目的便是人们身上的文身。"我们利用文身欢庆节日、参与宗教典礼。妖神鬼怪是我们常谈的话题。神灵告知我们，照料病人需要绘有特别的图案，所以我们每个人都会去文身。"

横穿巴拿马地峡

1513—1914年,从瓦斯科·努涅斯·德·巴尔沃亚首次横穿美洲大陆到达太平洋东岸再到巴拿马在广大呼声下终于迎来航海运河的开凿,其间已有四个世纪。在这四个世纪中,从一个大洋跨到另一个大洋的贸易之行从未停歇过。

皇家大道

西班牙人立即意识到巴尔沃亚的发现将带来巨大的经济利益。通过征服哥伦比亚、秘鲁以及厄瓜多尔积累下的巨额财富,将由骡车队沿着皇家大道从波托贝洛港或迪奥斯港运送至太平洋沿岸的古巴拿马城。历史学家拉米罗·桑切斯说:"波托贝洛港能够容纳1000艘武装商船。港口筑有防御工事,因为船上装满了来自殖民地的巨额财富。这些殖民地甚至包括我们在跨过好望角之前经过的一些亚洲的地方。"

而从18世纪起,面对蜂拥而至的海盗,即使是西班牙人也无力全面保护商船。从1746年开始,西班牙商船选择绕过合恩角这条路途更长但更安全的航线返回欧洲。

咖啡、香蕉与铁路

19世纪,"黄金州"加利福尼亚的淘金热使哥斯达黎加每月都能迎来将近2000名淘金者。他们从美国东海岸前来,乘车穿越哥斯达黎加,到达太平洋东岸后登上另一艘前往"黄金州"的快船。

强盛的美国香蕉公司与当地的咖啡生产大户促使哥斯达黎加政府开始兴建铁路,以连通首都圣何塞与太平洋东岸港口蓬塔雷纳斯和大西洋西岸港口利蒙港的路线。1880年2月7日,第一批香蕉从利蒙港被运往纽约。

巴拿马运河，
一项艰苦卓绝的工程

从西班牙查理五世统治时期起，人们就幻想着能通过水路横穿巴拿马地峡。雷赛布在获得哥伦比亚政府许可的开凿资格后，开始组建巴拿马运河公司，于1881年开启工程。

当年在国际社会上，雷赛布拥有极高的声望，无疑是苏伊士运河的大功臣。历史学家奥蕾达·阿吉拉尔跟我们说："雷赛布凭借经验，盲目断定当年开凿苏伊士运河的工具设备同样适用于巴拿马运河工程。但是他忽略了巴拿马与埃及完全不同的山区地理条件、茂盛的植被、成群的蚊子以及漫长的雨季。"自1882年1月1日起，工程便遭遇各种各样的难题，再加上套用现有技术的失败，当9月地震来袭，查格雷斯河泛滥之时，巴拿马运河工程彻底陷入了泥潭中。1883年起，疑虑与不安笼罩着巴拿马运河公司，尽管古斯塔夫·埃菲尔鼎力相助，筑起了船闸体系，但整个工程还是到了难以推进的地步。另外，由于当年人们还不了解疟疾是通过蚊子传染的，所以工地上疟疾肆虐、死伤惨重，约有2万人因此丧命，其中包括欧洲人、非洲人以及安的列斯人。雷赛布无法承担相应费用，面对惨痛的事实，不得不于1889年宣布巴拿马运河公司破产。此事在国际上引起了轩然大波，数十万的储户损失惨重。法国对巴拿马运河的干预到此结束，接着美国人登上了舞台，在时任总统西奥多·罗斯福的推动下，1904年巴拿马运河工程重新启动。美国人深知工程的重要问题之一是如何将大量堆积的土方运走。于是，他们开始兴建铁路，通过运输车清走了约2.59亿立方米的土方。

关于工程得以竣工的原因，工程技术的更新只是一方面，另一方面则是古巴医生卡洛斯·芬莱对黄热病传播机制的发现。之后，该地区大面积地喷洒杀虫剂，使2.5万名在工地上劳作的人免受疟疾之苦。

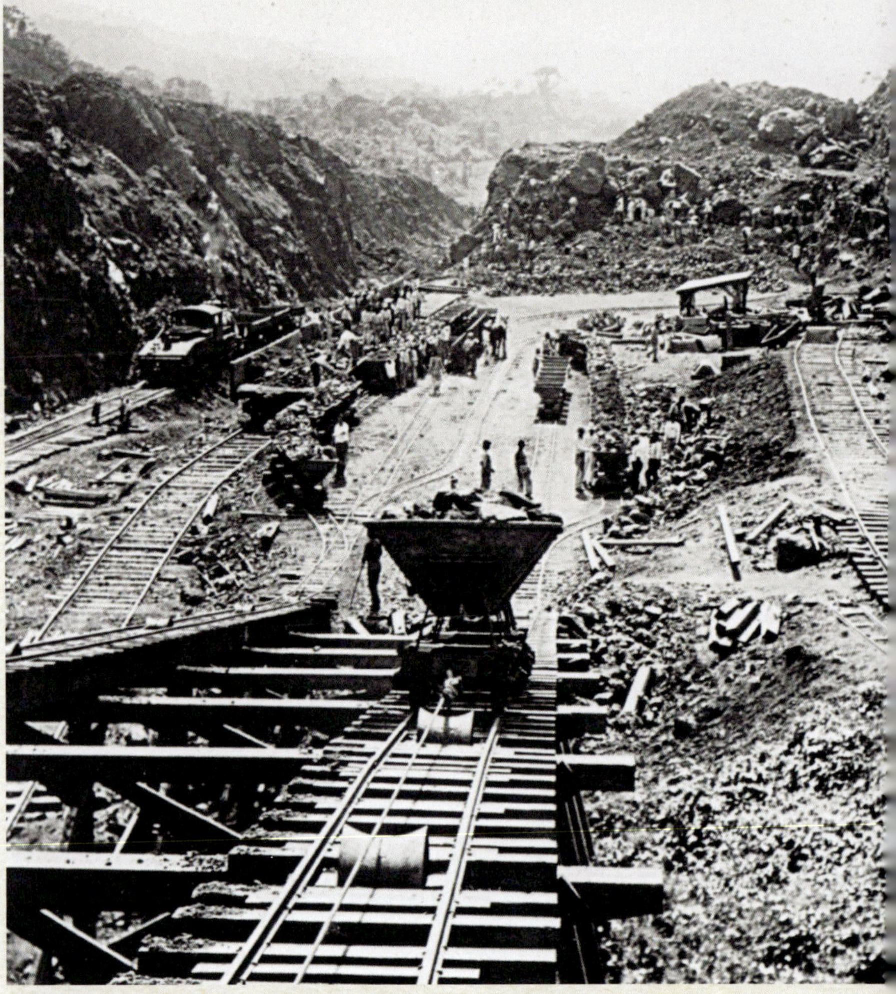

第七日
巴拿马运河

入口：巴拿马城　北纬 8°58′ 西经 79°32′　太平洋
出口：科隆　　北纬 9°20′ 西经 79°54′　大西洋

航行里程：85 km

清晨，我们在巴拿马首都巴拿马城停船靠岸了。鳞次栉比的摩天大楼展示了这座城市的现代化。约克快船号即将返回哥斯达黎加，而我们则登上了一艘专门用于穿过运河的小船。周围十几艘货船正等待获得前往第一个水闸的许可，巴拿马运河入口处高耸着横跨南北美洲大陆的唯一大桥——美洲大桥。我们的船缓慢地朝着米拉弗洛雷斯的两道水闸驶去。在升船机的帮助下，我们的船缓缓升起十几米，在几米外的另一个闸口上，我们看到了让人大开眼界的工程。运河的官方向导伊斯梅尔跟我们解释道："巴拿马运河专用大型船，长不超过292米，宽不超过32.2米。部分集装箱货船或油船由于船身过于庞大，距离岸边只有短短几厘米。"

运河的领航员需要登上每一艘船，而被称为"骡子司机"的升船机将直接遵循领航员的指示。通过升船机的运作，我们开始航行在一条穿过山体并高出太平洋海面26米的人工水渠——库莱布拉水道中，再往前便是世界上最大的人工湖之一加通湖，巴拿马所有的河流都将汇入此湖。当地丰富的降水量是维持巴拿马运河运行的重要因素，如果没有充沛的雨水，巴拿马运河就会面临干涸停运的窘境。由于长期浸泡在咸海水中，如今水闸的百年老门都面临着过早腐蚀的问题。在湖上，数十艘反方向行驶前往太平洋的货船与我们擦肩而过。巴拿马运河的交通十分繁忙，经过漫长的等待之后，我们终于得以通过加通湖水闸，然后被降到大西洋的海面高度。自巴拿马运河成功开凿以来，一天的时间便能从美洲大陆的一端到达另一端。而在百年前，船只要从纽约到美国西岸的旧金山，就必须绕过整个美洲大陆，花费上百天的时间。

第八日
巴拿马　圣布拉斯群岛

北纬 9°34′　西经 78°47′

加勒比海　/　航行里程：250 km

我们在中转站科隆乘坐着地中海俱乐部2号前往圣布拉斯群岛。在巴拿马海岸的几公里外，拥有数百座岛屿的圣布拉斯群岛，微微浮出海面。岛屿就像漂浮在海面上的木筏，密布的乌云和倾盆而下的大雨为群岛笼罩上了雾霭，更添了一份神秘。这儿是印第安库纳人的净土。越来越多的游客远途而来，而租一艘当地的独木舟或者单桅平底货船俨然成了一件难事。我们幸运地遇到了一位年轻的船家，他将我们带到了群岛中游客最少的马米土普。登岸之后，我们在孩子们戏谑的眼神中等待着船家获得当地精神首领的入村许可。弗兰基·史密斯·查韦伊说着夹杂库纳语的西班牙语，我们跟听天书一样！"以前库纳人均生活在大陆上。我的祖父买下了这座岛屿。我是这儿的首领，对岛上所有的人负责。如果没有领袖，那么我们在岛上将无法生存……"

像弗兰基这样的年轻人会穿西式服装，而岛上的女人仍旧身着传统服饰，上面编织着带几何图案的彩色织布莫拉斯。莫拉斯现已成为库纳族重要的文化标志之一。一

第九日
哥伦比亚　卡塔赫纳

北纬 1°24′　西经 74°50′

加勒比海　/　航行里程：390 km

一听到卡塔赫纳这富有传奇色彩的城市名，人们便想到海盗乘着海盗船劫掠西班牙商船的情景。海岸边的几座小堡垒见证着这座已现代化的城市的悠久历史，港口气势宏伟的圣费利佩·德·巴拉哈斯城堡俯瞰着整座城市。

跟着导游爱德华多，我们在老城的大街小巷漫步。目之所及，到处是教堂、修道院与豪华的宫殿。卡塔赫纳曾是西班牙在殖民地哥伦比亚的重要据点，通过三角贸易，积攒下了巨额的财富。我们来到了为纪念解放南美洲的英雄人物玻利瓦尔修建的玻利瓦尔广场。广场上，当地的风土人情一目了然。"卡塔赫纳是哥伦比亚一座与众不同的城市，哥伦比亚的文化本就十分多样，而卡塔赫纳更胜一筹。三个种族共处于此，分别是来自西班牙的白肤欧洲人、非洲的黑人与南美洲原住民印第安人。"

"南海"的发现

瓦斯科·努涅斯·德·巴尔沃亚

冒险家兼殖民地官吏

1492年哥伦布在发现"印度"后，又三次重返美洲，希望找到通往中国与日本的航路。1498年，哥伦布误以为寻到通道，结果发现是奥里诺科河三角洲。1502年，在第四次也是最后一次回到美洲时，从洪都拉斯到巴拿马，他一路沿着中美洲海岸前行，丝毫不曾想到太平洋就在西边100公里以外。1506年5月20日，哥伦布抱着自己已达亚洲之信念离世。

新大陆的发现让幻想能过上好日子的穷人蜂拥而至，一个个不乏勇气与野心的殖民者前来碰运气，瓦斯科·努涅斯·德·巴尔沃亚便是其中的一员。在到过几次加勒比海以及巴拿马之后，他迅速敛下了一笔数目不菲的钱财，但很快便在圣多明各挥霍一空。一无所剩的巴尔沃亚迫于债主的压力，于1510年偷偷摸摸地登上了一艘前往巴拿马殖民地的船。他通过耍弄阴谋，一举登上了达连临时最高行政长官的宝座，此后便在巴拿马地峡遍寻黄金与奴隶，时而动用武力征服印第安人部落，时而与之谈判结盟。有一次，在一座小村子里，部落酋长首次向他提起另一片海洋的存在，而酋长长子潘基亚托也谈及南方的国土："当地人很有钱，用金碗吃饭、金杯喝酒。"西班牙宫廷听闻消息，立刻命他前去探寻。巴尔沃亚带领人马，深入丛林，必要时就与印第安人大战一场。1513年9月25日，他登顶远眺，激动万分地发现一片未知海域就在眼前，所有随行的人都开始高歌《赞美颂》。他们随后用剑在树皮上刻下十字架和自己姓名的首字母，以标记发现大海的地方。9月29日，他们来到了海边，将其命名为"南海"[61]。巴尔沃亚重新找到了殖民者的自豪，一路奔向大海，直至海水淹没膝盖。他一手挥着西班牙卡斯提尔王朝的旗帜，一手高举自己的佩剑。根据传统仪式，此举象征着他将个人的第五件战利品献给西班牙王室。返航时，他被任命为南海总督。可惜好景不长，1519年1月，他因遭人暗算而被逮捕、审判，最终被处死。次年1月20日，麦哲伦发现了通往南海的航海之路，"南海"此后便被称为"太平洋"。[62]

南美洲

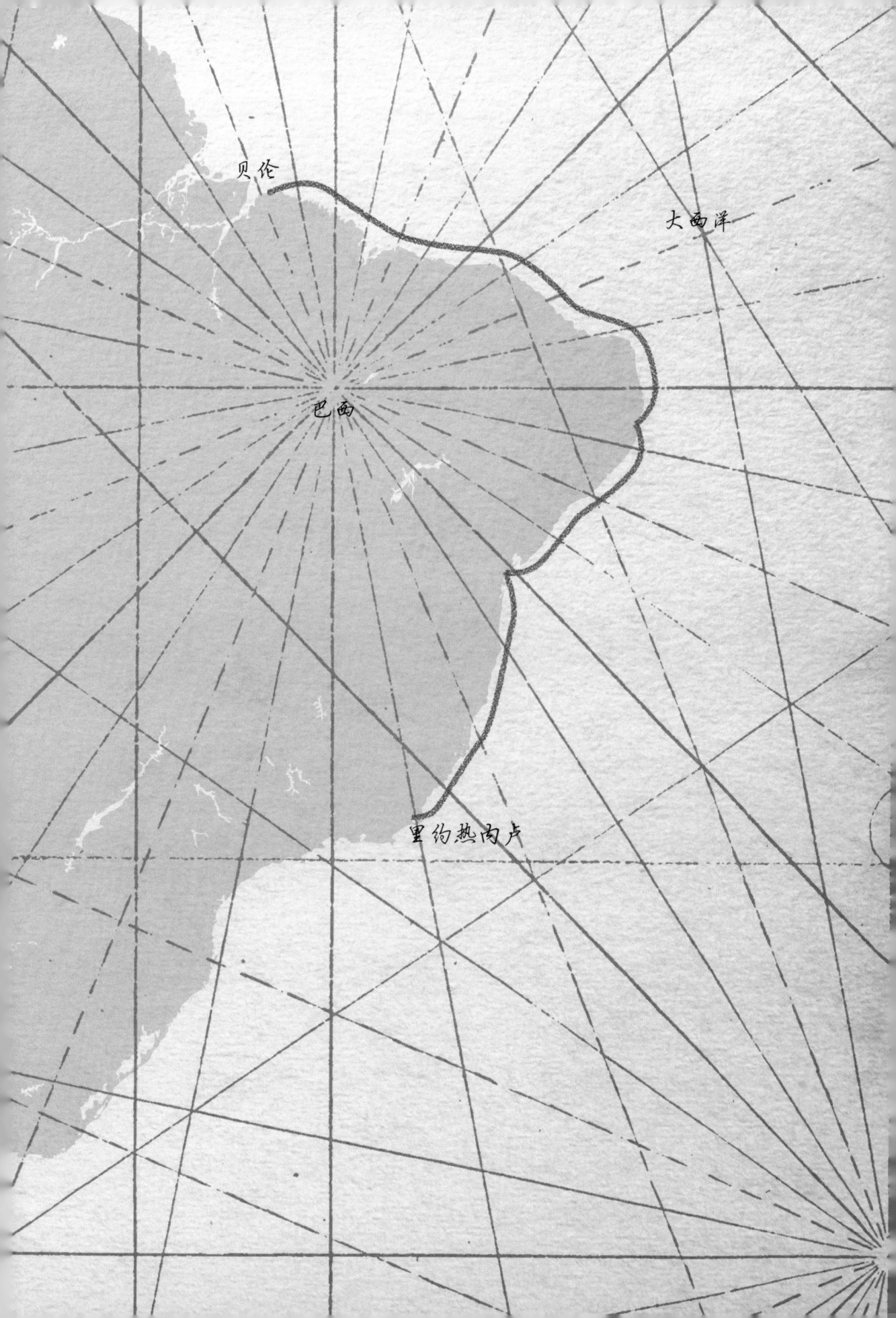

巴西之路

　　哥伦布发现新大陆,为西班牙在新大陆的霸权地位提供了必要的基础。1500年,葡萄牙人佩德罗·阿尔瓦雷斯·卡布拉尔发现了巴西,因此巴西例外地成了葡萄牙的殖民地。无论好坏,巴西从此与世界联系了起来。葡萄牙的卡拉维尔帆船返回里斯本时满载着异域的红木。贩卖黑人的船只在葡萄牙驻非商行与新殖民地甘蔗种植园之间往返。随后,大型的帆船和商船调转船头前往欧洲或者美洲,货舱里装满了咖啡和橡胶。

船只:狂想曲号
船长:乔瓦尼·马萨
国家及地区:巴西

第一日
巴西 贝伦

南纬 1°27′ 西经 48°30′

大西洋

我们在贝伦开启了巴西之旅。贝伦地理位置独特，是一座背靠森林、有河流穿过并面朝海洋的城市。为了感受城市心脏的跳动，最佳游览胜地莫过于维拉佩索市场，"Ver-o-Peso"的字面意思为"过秤"。19世纪，在维拉佩索市场中由英国建造的金属棚顶下，陈列着来自大西洋的鲜鱼与来自亚马孙流域的水果，如古布阿苏、阿萨伊果、瓜拉那以及其他只有印第安人才认识的水果品种。当西班牙航海家文森特·亚涅斯·平松于1500年到达巴西时[63]，该地居住着印第安人的一个分支——图皮人。他们自认为生活在"海边"，因为亚马孙河在该地区十分宽阔，所以被称为"大海"。1616年，为了防范法国与荷兰的殖民者对亚马孙地区的入侵和占领，同时也为了控制亚马孙河与大西洋，葡萄牙人决定建立贝伦城。几个世纪以来，贝伦城更多地着眼于河流而非海洋，因此来自欧洲的船只非常罕见。亚马孙流域是卡博克洛人的领地，他们是印第安人与白人的混血后裔，靠捕捉野生动物与采集草药为生。与累西腓、萨尔瓦多或里约热内卢这些产糖大都市不同，贝伦的经济一直发展不起来，直到1870年才因橡胶贸易爆发迎来经济发展的春天。人们用上了电与电话，电车也开始在商业中心出现。过去的冒险家成了"橡胶贸易巨头"，建起了美轮美奂的宫殿，备受数万名来自热带远西地区寻找财富的

移民的关注与忌妒。

19世纪末的贝伦，一切都如此美好，如此繁华，如此疯狂。老佛爷百货公司作为大型商场的建筑典范，让人能够在美洲回忆起巴黎。随着汽车的诞生，世界对于橡胶的需求呈爆炸式上升，满载着宝贵橡胶的船只从贝伦的港口出发前往欧洲与美国。

1910年，英国人和荷兰人在东南亚三叶橡胶树种植园生产的橡胶大量涌入世界贸易市场，橡胶价格因此一落千丈。贸易船只再次绕贝伦而行。

一些纪念商店以及餐厅在旧时金属货舱的原址上建了起来。他们希望可以接待被橡胶的神秘冒险故事与毗邻的亚马孙雨林吸引的游客们。

黄金筏

继哥伦布、科尔特斯与皮萨罗的探险成功之后，黄金国的传说慢慢地占据了殖民者们的头脑，他们试图在奥里诺科河流域找到黄金国。然而一切皆为徒劳。1856年，人们在哥伦比亚首都波哥大南部的一个山洞里找到了穆伊斯卡金筏，此事再次掀起了寻找黄金国的热潮。该献祭金筏属于穆伊斯卡文化，根据编年史家们的说法，当时正值穆伊斯卡一族的酋长逝世，他的侄子乘坐黄金筏，并将船上的黄金与玛瑙制品扔进瓜达维达湖以完成加冕仪式。此前，为了寻找黄金国，在1580年，波哥大富商安东尼奥·塞普尔韦达启动了放干湖水的工程，最终以失败告终。甚至德国著名的科学家亚历山大·冯·洪堡也曾被黄金国传说深深吸引，于1801年前往该湖。时光流逝，黄金国的神话至今仍流传不止。

《托德西利亚斯条约》

瓜分世界的条约

佩德罗·阿尔瓦雷斯·卡布拉尔发现巴西

从15世纪初开始，葡萄牙人便已经开拓并殖民大西洋以及非洲沿海地区。从1419年起，他们便将马德拉岛、亚速尔群岛以及博哈多尔角等收入囊中。

1488年，葡萄牙航海家迪亚士经过好望角，旨在绕过非洲进入富饶的印度以及中国。1492年，就在历史即将被葡萄牙书写之际，哥伦布代表西班牙抢先一步发现了美洲。地图的重新划分引起了西班牙和葡萄牙两大国之间的重要争端。1493年5月，罗马教皇亚历山大六世规定以佛得角以西100里格（即482公里）[64]处划界，线东新发现的土地属于葡萄牙，线西划归西班牙。葡萄牙国王拒绝接受该条约，并于1494年6月7日争取了新条约，条约规定以佛得角以西370里格（即1783公里）[65]处划界。

在前往非洲的远征中，葡萄牙人有众多发现，特别是南北半球风向相反的情况。历史学家泰嫩特·贡萨尔维斯·内维斯说道："大西洋航线的特点之一便是风况与洋流十分不稳定。于是葡萄牙人发明了一种三角形帆船——拉丁帆，船只能切风行驶，即以'之'字形前进。如此一来，即使在逆风的情况下，船仍可继续行驶。卡拉维尔帆船就这样诞生了。它是葡萄牙成功征服新大陆的关键。"

1500年3月9日，佩德罗·阿尔瓦雷斯·卡布拉尔率领着13艘船舰朝南非前进。根据可靠的航海技术，他中途将船头调至西向。

"我们继续在这片海上行驶，直到复活节八日庆期星期三，才发现了大陆存在的迹象。1500年4月23日星期四早上，我们乘着卡拉维尔帆船来到了某条河流，并在河口处抛下锚。我们看到了在河岸边来回走动的人——古铜色的皮肤、全裸（隐私部位也一丝不挂），手上拿着弓箭。"当时在船上的佩罗·瓦斯德·卡米尼亚这样记载下此次发现。

在明确该大陆位于《托德西利亚斯条约》规定的分界线以东后，卡布拉尔以葡王的名义占领了该地区。随后，他重新上路前往非洲南部。广阔的巴西就这样成了葡萄牙的殖民地。一些历史学家提出一种推论，即葡萄牙人也许在1500年前就发现了巴西，但是为了给君王协商《托德西利亚斯条约》争取时间，所以一直保守着秘密。

第二日和三日
持续航行在大西洋上

第四日
累西腓

南纬 8°03′　西经 34°52′

大西洋　/　航行里程：1050 km

我们离开贝伦两天了，天地之间空荡荡的，连一艘帆船或一处小小的暗礁都看不见。我们享受着独处大洋中心的微妙心情。我们放飞思绪，幻想着未知的海岸长满了巴西红木和腰果。但是出现在船头的高楼大厦将我们拉回了现实。累西腓是美洲最早一批的殖民大城市中的一座，现在成了拥有约200万人口的现代都市。

因靠近里斯本以及葡萄牙的在非商行，船只来往十分频繁，累西腓因此迅速发展壮大。从先驱船只卡拉维尔帆船到19世纪末的大型快船，连接欧洲与巴西的海路始终以累西腓为终点站。我们刚踏进这座城市，当地音乐之一——弗雷沃便传入耳中。累西腓与19世纪装潢精美的府邸完美地融合在一起了，这些荷兰时期色彩多样的房屋与众多横跨河流的桥梁为累西腓带来了"巴西威尼斯"的美称。该地区真正的建筑瑰宝位于奥林达。

1533年，奥林达由杜阿尔特·科埃略建成，曾是伯南布哥州的首府。该地区拥有众多的巴洛克教堂，其周围环绕着棕榈树，蜿蜒的青砖小巷在山坡上爬行，色彩鲜艳的房屋饰有铁阳台。奥林达拥有说不尽的殖民城市的魅力。关于这座城市的名字，有一个动听的传说。据说第一位葡萄牙总督来到该城市时，忍不住惊呼道："太美了！（Oh superbe！）"于是这座城便被称为"奥林达"。

我们离开海岸，来到了伯南布哥州的一座小村庄——阿利安萨。在路上，随同导游马尔塞洛跟我们提起，这个曾经住着图皮瓜拉尼人的地区，是最早开始种植甘蔗的地区，也是第一批非洲黑人到达的地区。马尔塞洛希望我们看到该地区独特的民族融合传统，于是说道："乡村马拉卡图舞蹈与音乐因混血民族梅提斯人（印第安人与白人的混血后裔）与生活在种植园的黑人的文化融合而诞生。这种舞蹈来自刚果国王加冕仪式。美洲印第安世界的梅提斯人保卫着皇家车队，手执枪棍，摇动着挂在服饰上的铃铛，驱除拦路魔。而头戴着孔雀羽毛的巫师们则是国王与王后的近卫兵，占据中心地位。"

伴随着乐队以及即兴演唱的演员，队伍穿过了村庄，整个行程持续了好几个小时。

第五日
巴伊亚州　萨尔瓦多

南纬 12°58′　西经 38°30′

大西洋　/　航行里程：380 km

穿过保护着港口的堤坝，我们靠近了码头。砖块与混凝土像拼图一样覆盖着山丘，几座教堂从中凸现出来。我们的船停靠在两艘正在装货的船之间。

一踏上陆地，我们就跳上了一辆破旧的的士。司机问也不问便将收音机调至最大音量，脚踩油门朝着山上的城市猛开过去，拐了几次弯后，将我们放在了佩洛乌里尼奥广场。令人震惊！这里是当年非洲的黑人公开接受柱刑的地方。

这条街道两旁房屋色彩鲜艳，教堂众多，所有游客的活动皆在此汇集。但是在这些表面与假象背后，萨尔瓦多作为巴西殖民地美丽的城市之一，却丝毫未失去非洲之根。从非洲而来的文化深入到了巴伊亚州人社会生活的方方面面，从最烦琐的事情到最神圣的事情。词汇本身就是文化融合的结晶！因此，位于城市中心的热苏斯广场，就是"耶稣"与"特雷罗"的结合。特雷罗指的是非裔巴西人的康得布雷教[66]举行宗教活动的场所。在巴伊亚州，宗教混合思想在我们呼吸的空气里，在震撼着巴洛克教堂的非洲的打击乐中。约瑟瓦尔·莱莫斯·巴博萨神父跟我们说道："康得布雷教的弥撒属于天主教，宗教仪式使用的物品却来自非洲传统，如乐器蒂姆巴尔鼓与阿哥哥铃（agogô）。所有非洲文化的标志性乐器都被用于康得布雷教的宗教仪式中，希望全心全意表达宗教虔诚的人们在朝拜天主教的诸位圣人的同时，也敬仰康得布雷教诸神。"

一天的行程仍在继续，我们乘着一种被称为"萨威罗"的传统木船航行在万圣湾中。风帆高涨，船只优雅地朝着邦菲姆主教堂行驶。随后，我们来到一处沙滩，在落日的余晖中，某个卡波耶拉[67]武术学校正在训练。如仪式般的格斗是非洲奴隶贸易的遗产，伴随着歌声、节奏分明的鼓声与拨铃波琴声，卡波耶拉成了一项艺术以及民族文化的象征。

第六日
持续航行

第七日
里约热内卢
南纬 22°54′   西经 43°10′

大西洋 / **航行里程：715 km**

长久以来，每天早上阳光都洒向迷人的瓜纳巴拉湾。里约热内卢介于蜿蜒的山脉与大西洋之间，城市外形呈波浪般，风景宜人的伊帕内马海滩与科帕卡瓦纳海滩在海浪的轻抚中安睡。高耸的岩石与面包山拔地而起，但却有着比波萨诺伐舞曲更温柔的轮廓。我们终于得以一见里约热内卢在科尔科瓦多山山顶上的基督像——双臂大展，寓意欢迎。

港口的现代化建设经常导致它们远离市中心，但在里约热内卢却不是这样。尽管交通堵塞，我们还是跟着导游古斯特来到了全世界最大的城市森林公园——蒂茹卡国家公园，并乘着缆车登上了面包山之顶。无论从何处观赏，眼前的风光都无限美好。在乘着直升飞机俯瞰一遍城市后，我们更加笃信，瓜纳巴拉湾是世界上最美丽的海湾。不管我们是在高空中俯瞰还是在最有名的街道散步，里约热内卢的生活都让人感受到一种令人惊叹的愉悦感。里约热内卢宜人的风景养育了许多著名的建筑师，如奥斯卡·尼迈耶[69]。城市还拥有大规模的极具现代化的建筑群，但最为独特以及最令人震惊的建筑杰作还是在山上野蛮发展的贫民窟，约有 2.5 万人生活在维迪加尔贫民窟。我们的导游马尔塞洛在那儿还有一些朋友。为了在贫民窟山上找到他们，最便捷的方式便是乘坐摩的。在贫民窟不需要准备证，你如果在那儿生活了 5 年，那就一辈子都能待在那儿。这条规则促使许多里约热内卢人，如马尔塞洛的朋友之一——若热来此定居。"这里吸引我的首先是迷人的视野，接着是该地区的安宁，以及住在这里的人。许多人从未离开过贫民窟，他们出生于此，工作于此，生活于此，逝世于此，一生从未下山。对于生活，巴西人有着一种天生的愉悦感。我们睡觉的时候想着明天会更好。这种希望意味着人们能够与不同社会阶层的人和睦相处。"

当夜晚来临时，海湾蒙上了一层面纱，然而城市并未陷入沉睡，为了举行宗教仪式而点燃的桑巴舞之火几乎随处可见，其中的秘密只有城市自己知晓。在港口附近的某条街深处，如著名的佩德罗萨尔，人们口口相传来到此地，加入巴伊亚州的桑巴之舞，围着音乐家唱着跳着。

"法国南极地区"

由于被《托德西利亚斯条约》排除在新大陆之外，法国国王法兰西斯一世派遣航海家韦拉扎诺[68]勘测巴西海岸。1554年，舰队司令尼古拉·迪朗·德维盖尼翁前往巴西建立"法国南极地区"。1555年11月10日，他带着600名殖民者来到瓜纳巴拉湾，但是殖民统治最终成了一场灾难。德维盖尼翁的不知妥协将手下推向了反叛。部分随从被斩首，还有一部分逃到当地的图皮南巴人的家中。约翰·加尔文派遣的新教殖民者则引起了一场热带地区的宗教战争。"法国南极地区"，殖民地的乌托邦在鲜血中流产了。1567年1月20日，葡萄牙人摧毁了法国在瓜纳巴拉湾的最后一片种植园，瓜纳巴拉此后一度成为巴西的首都：里约热内卢。

奴隶制与制糖产业

甘蔗原产于东南亚,葡萄牙人将其引进马德拉岛,随后引进其非洲殖民地圣多美、几内亚,最后于16世纪中叶引入巴西。由于甘蔗种植园需要大量的劳动力,葡萄牙殖民者们首先使用印第安人奴隶。不过由于被称为"土地黑人"的印第安人体质弱,大量死于疾病,且部分躲于南部地区受耶稣会教士保护,于是慢慢地非洲黑人被引进了巴西,从17世纪起则形成了大规模的黑人贸易。17世纪初,制糖工业也到达了顶峰。光是伯南布哥州和巴伊亚州就有350处制糖产业。黑人贸易成了大规模的成熟买卖。贩卖黑人的船从里斯本出发,在几内亚湾装满黑人,随后调转方向前往累西腓、萨尔瓦多以及后来的里约热内卢。

经过危险且致命的航行之后存活下来的黑人将被迫与家人和社群分离,被带往种植园,成为种植园主的私人财产。种植园里有几处建筑。首先是教堂,在那儿,人们前来祈祷,接受精神的向导。但教堂同时也是秩序的象征。坐落在它旁边的大房子便是主人的房子,那儿住着种植园主。随后是奴隶们居住的地方。这就是社会的三角形结构:宗教阶层、公民阶层和劳工阶层。当然了,我们还能看到棚厂下的磨坊以及所有的制糖设备。

"黑人奴隶能否生存下来大部取决于其在异国他乡的适应能力。与印第安人奴隶不同,他们无依无靠,失去了根。在这片土地上,有梦想也有痛苦。所有人都有梦想,但只有种植园主才能实现梦想,承受痛苦的皆是奴隶。巴西便是一些人的梦想和另一些人的劳作与苦难相撞之地。"

印加帝国
与殖民者

安第斯帝国疆域辽阔,从智利延伸至厄瓜多尔,于 12 世纪被印加帝国统一。从 16 世纪初开始,西班牙在南美洲的殖民便持续地改变着该地区种族与文化的平衡。当时安第斯人的活动仅限于沿海的一些航海活动,而欧洲人将沿着太平洋开辟新的航线。西班牙武装商船满载着印加帝国的黄金来到了巴拿马。随后,绕过合恩角的远洋帆船以及欧洲最早的汽轮在智利港口抛锚靠岸,用其他的珍宝填满货舱:鸟粪肥与硝石。

船只:钻石号
船长:艾蒂安·加西亚
国家及地区:智利—秘鲁—厄瓜多尔

第一日
智利　瓦尔帕莱索
南纬 33°02′　西经 71°37′

太平洋

离开智利圣地亚哥，我们来到了太平洋海岸的瓦尔帕莱索。对于航海家而言，瓦尔帕莱索是一座传奇城市，它的名字与大型帆船紧密地联系在一起。当年绕过合恩角的大型帆船在经过惊心动魄的航行之后，前来此城抛锚靠岸。随着1914年巴拿马运河的完工，货船很少再经过"天堂谷"，瓦尔帕莱索缓慢地沉睡在了历史的记忆里。

一天结束了，钻石号船长发起指令扬帆起航。我们离开了瓦尔帕莱索，沿着安第斯山前进，开启了一场更远的旅程。

第二日和三日
持续航行在太平洋上

第四日
智利　伊基克
南纬 20°14′　西经 70°08′

太平洋

伊基克拥有狭长的沙滩，看起来与普通的海水浴场一样，并无独特之处。一旦越过海滩，我们便能看到街道两边布满了漂亮的格鲁吉亚式房子，其颜色异彩纷呈，让人感觉置身于另一个时代。与"黄金州"加利福尼亚的淘金热一样，伊基克阿塔卡马沙漠也曾迎来硝石热。

为了了解硝石热，我们需要前往位于40公里之外沙漠中的亨伯斯通。这片土地是世界上硝石资源储量丰富的地区之一。印加人当年都知晓硝酸钾（它为人熟知的名字是"硝石"）的化肥属性。硝酸钾同样可用于制造爆炸物。

第一次世界大战的爆发导致硝石资源需求量的激增，约有30万来自整个南美洲甚至中国的人拥到矿场，他们来此工作以期寻找财富。数百艘船只在伊基克海岸候着宝贵的货物。对于硝石贸易的冒险家和巨头而言，一切是如此美好。他们身着来自伦敦的衣服，畅饮着来自法国的香槟，享受着奢华的摩尔式府邸。最后，作为成功与荣誉的最高标志，伊基克凭借着繁荣的橡胶贸易，像巴西城市马瑙斯一样，邀请了法国当时著名的女演员莎拉·伯恩哈特前往当地剧院。但是世界产业的重新调整摧毁了该地的矿产业。1960年，最后一处矿场被关停。亨伯斯通至今仍是一座"鬼城"。

第五日和六日
持续航行在太平洋上

我们离开瓦尔帕莱索快一个星期了。我们一直处于南半球，沿着安第斯山脉前行，很快就要接近赤道了。位于约南纬14度的皮斯科是我们的下一站。

第七日
秘鲁　皮斯科
南纬 13°42′　西经 76°12′

太平洋

很快，在船只靠岸，进入秘鲁的海关手续办妥之后，我们迫不及待地上岸了。一想到即将看到地球上神秘的地方之——纳斯卡线条，我们便激动不已。

神秘的纳斯卡线条

1939年，美国人保罗·科佐克博士乘飞机经过该地区上空时，意外地发现了纳斯卡线条。据他统计，地上共有18幅巨型画作，有一些长达300米，如被称为"外星人"的人形猫头鹰。神秘的纳斯卡文明就此得以出现在世人眼中。画作内容包括猴子、蜘蛛、鸟类与蜥蜴等等，共逾350幅。到底是谁创作了只能从空中看到的巨型画作？这些画作是献给谁的，又是如何完成的？众多科学家、数学家、天文学家以及考古学家都试图寻找答案。

一些人认为，这些线条可能是仪式之路，画作间连接着圣地，也许画作只供神灵观看。也有人认为纳斯卡线条可能是天文日历，每一条线对应着月亮、太阳，以及星星在一年中不同时刻的位置。但是目前还没有任何理论可以阐释纳斯卡线条之谜，我们甚至能听到一些疯狂的流言：也许这个地方是外星人宇宙飞船降落时的跑道！不管它们是何含义，所有人都肯定的一点是，这些画作花费了很长的时间。人们需要将覆盖着土地的石块一块一块地去除，这样才能挖出一条沟，同时褐色的石头和浅色的还需要被仔细地分开。纳斯卡文明出现在秘鲁南部，约有800年的历史，在9世纪初消失。人们推测，大旱降临该地区导致了纳斯卡文明的消亡。

在这几百年间，纳斯卡人制作了大量陶瓷。通过陶瓷上的画作，我们解析出纳斯卡人的生活方式。也许纳斯卡画作是受神话或自然的启发。我们发现在众多动物之中，除了一些陆地生物，还有海洋生物，如龙虾和虎鲸。

康提基号的远航

托尔·海尔达尔是挪威著名的人类学家，且进行康提基号远航的灵感来自两个民间传说。第一个是波利尼西亚民间传说，讲述的是提基（Tiki），即太阳神的儿子，来自东方一个很远的地方。第二个传说提到康提基，即太阳王，为了躲避敌人逃往西方。

托尔·海尔达尔认为关于这两位神灵的传说属于安第斯文化，同时其也见证了安第斯人征服太平洋的历史。1947年4月28日，他乘坐着康提基号离开了秘鲁卡亚俄。这是一艘用秘鲁当地特产的轻木制成的木筏，用缆绳捆着，跟前哥伦布时代的船只一样。

8月7日，他在一座无人居住的小岛靠岸，该小岛属于法属波利尼西亚的土阿莫土群岛。于他而言，这次远航证明了波利尼西亚人的祖先并不像人们普遍认为的那样全部来自亚洲，可能有一部分来自美洲大陆。

第八日和九日
秘鲁 卡亚俄
南纬12°03′ 西经77°08′

太平洋

浓雾侵入了卡亚俄港口,船长小心翼翼地沿着码头停靠船只。我们跳上了一辆的士前往机场。我们将乘坐飞机到达库斯科,在克丘亚语中,"达库斯科"意为"世界的肚脐",它曾是印加帝国的首都。尽管历经长达五个世纪的西班牙殖民统治,但达库斯科的居民从未忘记他们的祖先。在教堂的穹顶以及钟楼下,我们总能感受到不可言说的印加帝国皇帝图帕克·阿马鲁与瓦伊纳·卡帕克的存在。我们取道圣谷,来到了奥扬泰坦博车站。穿着克丘亚传统服饰的女人向我们兜售一些手工物件。其中一个女人向我们解释道:"这里的居民们都是农民,以种植玉米以及土豆为生。很多人也在印加古道上当脚夫。除了旅游业和农业,这里没有别的工作。"

火车开动了。每朝着安第斯山脉中心前进1米,我们便离印加帝国最神秘的风景更近一点。在火车的摇晃中,我们闭上了眼睛。在夜晚和旅行者的梦将尽时,我们将与古城马丘比丘相遇。

第十日
秘鲁 特鲁希略
南纬8°07′ 西经70°01′

太平洋

到达特鲁希略港口萨拉韦里时,我们在秘鲁国歌的声音中感受到了当地人的热情。两个年轻的舞者向我们展示了致敬秘鲁水兵的马利内勒舞。我们这一天中剩下的时间都将在万查科度过。一些独木舟笔直地插在沙滩上,与的的喀喀湖的独木舟颇为相似。维克多将其称为"寿命不长的小船",他解释道:"我们砍好芦苇,用1个月的时间晒干它们,然后用它们做成出海捕鱼的芦苇束船。一艘芦苇束船的寿命只有1个月,每一位渔夫都备有2到3艘。"

天黑时,我们离开了萨拉韦里。上百条海豚在海面上跃动,伴随我们前行。真是令人难以置信的景象!

第十一日
厄瓜多尔 曼塔
南纬0°57′ 西经80°42′

太平洋

我们来到了厄瓜多尔重要的渔港曼塔。曼塔人自古以来便是伟大的旅行者,在西班牙到来之前便乘着特产于当地的一种名为"轻木"的极轻的木头造的小船,在星星的指引下到了智利、中美洲甚至是科隆群岛。他们也许是最早到达科隆群岛的人类。

第十二日
厄瓜多尔 埃斯梅拉达斯
北纬0°59′ 西经79°24′

太平洋

我们到达了旅行的最后一站——埃斯梅拉达斯。在离开太平洋以及这座以宝石祖母绿为名的城市后,我们行走在通往安第斯山脉的路上,朝着基多前进。尽管基多没有留存下任何作为印加帝国北部首都时期的建筑遗迹,但仍是新大陆美丽的城市之一。受到好奇心的驱使,我们放弃了美丽的教堂和修道院,直奔"世界中心"。这座城市的历史始于1736年,随着以夏尔·玛丽·德·拉孔达明为首的法国考察队的到来拉开序幕。考察队的任务是测量接近赤道的子午线的角度,以验证牛顿的假设。根据牛顿的说法,地球赤道地区鼓起,南北两极扁平。就像我们在"世界中心"的导游保罗·萨拉萨尔说的:"为了测量,这些博学的法国人在世界三个不同的地区——新几内亚、刚果和现在这个在当时还没有名字的地区中选择了此地。直到1830年获得独立之时,此地才被命名为厄瓜多尔,国名的西班牙语意为'赤道',以纪念法国科学家考察队。"我们穿过南半球几千公里,终于完成了旅行,此时只需要跨一步就可以到达北半球。

巴拿马草帽逸事

蒙特克里斯蒂是厄瓜多尔的一座小城,作为巴拿马草帽的"朝圣地",已经有一个世纪的历史了。巴拿马草帽是一款于1900年风靡一时的男性帽子,经传统手法编织而成,使用的是一种名为"托奎拉"的状如油棕的叶子,整个制作过程用时4到5个月。在蒙特克里斯蒂,人们说是因为时任厄瓜多尔总统乔斯·埃洛伊·阿尔法罗·德尔加多在出访巴拿马时戴了这顶帽子,所以将其称为"巴拿马草帽"。另一个更令人信服的说法是,因厄瓜多尔工人在开凿巴拿马运河时戴了这种由托奎拉编织而成的宽檐帽,故获名。而根据官方说法,在1906年美国总统西奥多·罗斯福参观完工地之后,这种草帽被命名为"巴拿马草帽"。

皮萨罗征服印加帝国

印加帝国末代君王阿塔瓦尔帕

帝国的终结

印加人起初不过是秘鲁众多部落中的一个分支，而他们从12世纪起占领了从智利到厄瓜多尔的一大片土地，并建立起一个帝国，包括美洲安第斯山脉的全部区域。

因蒂是印加人的太阳神与守护神。在库斯科著名的太阳神庙中，一尊头顶金盘的金制人形雕像正显示了因蒂神的形象。印加人对太阳神的崇拜与对印加帝国君王的崇拜混在一起。

印加帝国君王被称为"活着的神明"，印加帝国所有阶层的人都臣服在他颁布的法令和决定下。印加帝国实行独裁统治，农民为国家的繁荣做出了贡献。在一个既没有车轮又缺乏成套铁具的文明中，在山脉中开辟出农田简直就是一个奇迹。1527年[70]，弗朗西斯科·皮萨罗第一次坐船来到秘鲁时，印加帝国君王瓦伊纳·卡帕克刚刚去世。一场继承权的争夺之战在瓦斯卡尔与阿塔瓦尔帕之间展开。

4年后，皮萨罗离开巴拿马，率领着由3艘舰船组成的舰队，包括180名士兵和37名骑兵，在厄瓜多尔通贝斯上岸了。他发现一处被毁的村庄，其正是两位继承人为了争夺王位而发动战争的结果。尽管装备差、盔甲沉重，但西班牙军队仍成功地穿过安第斯山脉，到达卡哈马卡，迎上了阿塔瓦尔帕和他30万人的军队。1532年11月15日，阿塔瓦尔帕接受皮萨罗的和平邀请，却反被囚禁。阿塔瓦尔帕为了换取自由交付了大笔赎金：一座长7米、宽6米的小房子，里面堆了半米高的黄金。在散布了印加帝国士兵准备夺回权力的流言之后，一场装模作样的审判开始了。被审判者阿塔瓦尔帕被控告拥有多位妻子、实行偶像崇拜，最终被判处死刑。传说他为了避免被火烧，可能接受了天主教的洗礼。1533年8月29日，印加帝国君王被处以绞刑。1533年11月30日，皮萨罗进入库斯科，短短几个月的时间，印加帝国便像纸屋一样轰然倒下。

印度—阿拉伯—远东

波斯湾

阿拉伯世界位于通往地中海、印度与非洲的十字路口,是穿越沙漠的商队、穿梭于印度洋的帆船的故乡。

20 世纪 50 年代,石油矿层的发现彻底颠覆了自古以来的经济贸易体系。贝都因人[71]放弃了帐篷与游牧生活,移居奢华的大城市。在几年的时间内,乳香之路成了石油之路。

船只:歌诗达经典号
船长:弗朗切斯科·塞拉
国家及地区:迪拜—阿布扎比酋长国—巴林—阿曼

第一日

阿拉伯联合酋长国 迪拜

北纬 25°16′ 东经 55°20′

波斯湾

数百座高楼大厦在沙漠黄土中拔地而起，直指苍穹。我们眼前的城市绝不是一座海市蜃楼。迪拜与上海或者卡塔尔首都多哈一样，全球化这一炼金术士将石油炼为这些具体的存在。庞大的工地不满足于建造高达800米的"巴别塔"，更是在波斯湾用沙石填造了人工岛屿。迪拜坚定地朝着未来发展。

我们只需前往阿拉伯国家的集市便可感受到东方城市的热闹气氛。曾经勤勉地以畜牧和捕鱼为生的贝都因人如今都成了富商。但是城市最热闹的地方还当属迪拜河。迪拜河将城市一分为二，大家均将其视为"小海湾"。

一天将尽，几十艘木质小渡船像小虫子一样在水上飞来飞去。迪拜河同时也是单桅帆船的必经之地，在数个世纪里，这些货船运送着来自印度洋彼岸的商品。无论是建筑业、渔业还是交通运输业，均是由占据阿联酋人口总数达85%的移民推动着经济的发展。阿拉伯帆船属于迪拜船东和商人；至于水手，他们来自穆斯林世界的四面八方，其中印度人和巴基斯坦人所占的比重最大。艾格便是其中的一名水手，他匆忙地跟我们说了几句话："我们在老家找不到工作，所以才背井离乡来到这里。我们在迪拜和索马里之间来回辗转。在航行中我们面临着两种危险，其一是无法避免的风暴和海浪，其二便是海盗的袭击。总的来说，我们几乎不可能毫无阻拦地到达目的地。"

第二日

阿拉伯联合酋长国 阿布扎比酋长国

北纬 24°27′ 东经 54°22′

波斯湾

一大早，我们就来到了阿联酋七大酋长国之一——阿布扎比酋长国。入港之时，看着鳞次栉比的摩天大楼，我们有一种似曾相识的感觉。阿布扎比对迪拜都市的复制堪称完美，不过少了些许疯狂。

阿布扎比拥有全国60%的石油储量，是阿联酋最富有的国家。曾经阿拉伯帆船来回穿梭的波斯湾，如今成了运油船以及集装箱货船的高速公路。在这儿，石油通过海路被运输出国，而水果、蔬菜则从科威特、叙利亚、黎巴嫩或者约旦等国通过陆路供应至此。也许生长于绿洲的椰枣是个例外。

第三日
巴林　麦纳麦
北纬 26°13′　东经 50°35′

波斯湾

早上，我们来到巴林的首都麦纳麦。在海边时可能感觉不到，但巴林确实是一个岛国，一座被拴住的岛屿：一座长26公里的法赫德国王大桥连接着巴林与强盛的邻国沙特阿拉伯。

这儿也到处是高楼大厦和起重机，但麦纳麦更像是一座真实的城市，而非建筑图样。在数个世纪里，这座城市曾是通往伊拉克、伊朗、科威特和阿曼苏丹国的中转站。停靠此地的阿拉伯帆船曾运载着各式各样的商品：山羊、骆驼、水果、蔬菜，自然还有为麦纳麦集市货摊增色的香料。在发现天然气和石油之前，珍珠是该地区真正的财富之源。

从古希腊罗马时代开始，人们便知道海下河流的淡水与繁育着大量牡蛎的咸水交汇，为色泽上乘的珍珠的诞生创造了独一无二的优越条件。如今不再有专业的采珠人，采珠的时代已经过去。只有几位年长者还经常潜入水中，如加西亚，一则出于怀旧之情，二则希望觅到稀世珍珠。

"我父亲经历的采珠时代和我现在所处的时代有所不同。我这么做是因为我想这么做，没有人强迫我。我的父亲当年则是为生活所迫，为了养家糊口不得不出海捕捞牡蛎。当时哪里有石油？我们什么都没有，所以他为了挣口饭吃不得不出海捕捞。"

20世纪30年代是珍珠产业的辉煌时期，当时每天从巴林港口出发的波斯湾传统船只——阿拉伯帆船就有2500余艘。那么迷信在大海上是否靠得住呢？当年，每一位船长都会将船开到人迹罕至的地方。但对于其他人来说，不管在哪儿，最后要做的都是潜入鲨鱼横行的水中。加西亚接着说："有一次我潜入4到5米深的水中，大家都不说话，我就在这边采一点，那边捞一下。其实这是错的，我们全部都要捡起来！你永远不知道在哪一个牡蛎里能找到珍珠。一切取决于上帝！也许珍珠就在你漏捡的那一个牡蛎中！所以你需要捡起你眼前的所有牡蛎。一颗珍珠可以给你带来5000第纳尔（约合1.1万欧元）。一切都在一个牡蛎中！"

第四日
霍尔木兹海峡
北纬 26°43′　东经 56°35′

船长在驾驶台上度过了半夜。我们即将穿过全球具有战略价值的地方之——霍尔木兹海峡，然后从波斯湾进入阿曼湾。这个宽差不多40公里的航道将阿拉伯半岛与伊朗分开，并输送着大部分运往欧洲、亚洲以及美国的石油。这里的交通十分繁忙，长官们密切地监听着收音机里传来的信息，眼睛盯着雷达屏幕。"100到120艘油船停靠在霍尔木兹海峡南部。它们停留于此是为了将石油搬运到更小的船上……是的，这是一个交通非常繁忙的区域。"我们在阿联酋最小的国家——富查伊拉停留片刻后便接着往南航行，之后来到马斯喀特。

第五日
阿曼苏丹国　马斯喀特
北纬 23°36′　东经 58°35′

阿曼湾

我们在天亮时到达马斯喀特,与传奇的东方之国相遇。我们在阅读蒙弗雷小说与《一千零一夜》的故事时想象的东方就在眼前:刷着白石灰的简朴房屋背靠着赭石色的山峦,挨着几座中世纪的墙角塔,接着便是一座清真寺,绿色的穹顶与尖塔在这散发着沙漠与太阳气息的棕色画里成了唯一的色彩。

1507年,葡萄牙殖民者阿方索·德·阿尔布克尔克来到此地,做出如下描述:"马斯喀特是一座大城市,人口稠密,到处是漂亮雅致的住宅,还有一些菜园、花园和棕榈园。"显而易见,这座城市历经几百年也未发生太大的变化。

1970年,在阿曼苏丹国的独立到来之前,处于英国殖民统治下的阿曼和马斯喀特仍是两个截然不同的地区。阿

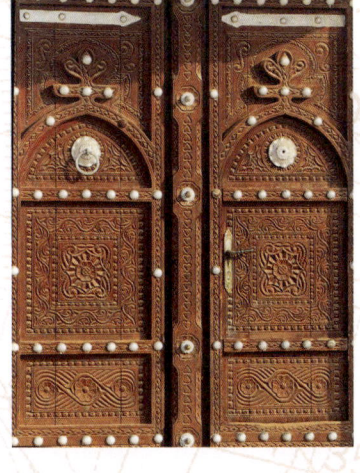

曼是贝都因人之国,代表"内部";马斯喀特是水手之国,代表"外部"。马斯喀特港口的马托拉滨海大道两旁是印度风格的房屋,它们与我们去买印度丝织品和来自阿曼佐法尔省的乳香的集市街道一样。这让人想起曾穿梭于印度洋的阿曼水手,他们将马斯喀特变成了世界上多姿多彩的文化之城和十分富有的十字路口之一。印度的丝绸、马拉巴尔地区的胡椒、马鲁古群岛的肉豆蔻以及大部分通过阿拉伯半岛转口的珍宝,均来自遥远的地区。除了一样东西!那便是来源于阿拉伯半岛南部省份的乳香[72]。阿拉伯乳香自古埃及最初的王朝开始便是神圣仪式的必备之物。

贝都因渔夫

阿曼东海岸有一条深沟,每年数百万沙丁鱼迁徙至此,成为贝都因人一大幸福之事。贝都因人变成了渔夫。该现象在数个世纪前便广为人知。马可·波罗在他的游记中写道:"要知道阿曼人吃的鱼非常小,它们每年3—5月的时候聚集于此,数量十分庞大,令人惊奇。"6月初,随着季风的到来,贝都因人便收起渔网,转向内陆绿洲采集椰枣。

阿曼航海家

航海家辛巴达的孩子

从印度到阿拉伯

离开马斯喀特,我们沿着海岸往黎巴嫩苏尔出发了。这个沉睡在潟湖旁的港口曾经因造船厂而闻名,人们曾在这里生产了大量的阿拉伯帆船。拉希德·本·穆巴拉克·本·萨利姆在他家接待了我们。他出生于苏尔,与1498年为达·伽马指明了通往印度道路的阿拉伯航海家艾哈迈德·本·马吉德[73]一样。拉希德如今已有80岁,在海上度过了他之前的人生,且不断来往于印度、非洲与阿曼。坐在一杯茶前,我们聆听着他追忆过往的日子:"我在海上航行的时候,大家都运送椰枣。我们将椰枣运到印度、亚丁(Aden)或是也门的其他地方。有时候,我们调转船头往东行驶至卡拉奇、孟买或卡利卡特。航行的时长取决于风况,我们永远不知道要在海上待多久。"

夜晚慢慢降临,潟湖的海水退潮了,船只像受伤的小鸟被抛弃在海岸上。拉希德的孙子们特别喜欢听爷爷讲他亲历的航行故事,但是最喜欢的还是爷爷给他们讲的《一千零一夜》。该书讲述的是维齐尔的女儿,即山鲁佐德,每天晚上会给苏丹即她的丈夫讲述一个故事,故事的结局总是拖到第二天晚上才揭晓。孩子们尤其偏爱航海家辛巴达的故事:"于是我来到巴士拉,与几位商人平摊船费后一道上了船。我们扬起了船帆,穿过右邻阿拉伯半岛、左靠波斯(伊朗的古称)的波斯湾,往印度驶去。……我一开始觉得不舒服,就是人们说的晕船,但很快就恢复过来了。从那以后,我再也没有晕过船。……一天,我们乘着船,在一片宁静的海面中看到了一座小岛,它微微浮出水面,绿油油的,像一片草原。……船长收起了船帆,允许有意下船的人登陆。我属于下船水手中的一员。在我们吃吃喝喝缓解航海疲乏之时,小岛突然一震,我们随之猛烈晃动。"因为天开始亮了,所以山鲁佐德不说话了,她将在第二天夜晚来临的时候继续讲她的故事。

航海家辛巴达是位传奇人物,但是他的冒险故事取材于8世纪阿曼航海家的真实经历。尽管阿拉伯国家市场里的商人守候着过往游客,但接待的主要客户还是当地人。

追随达·伽马的足迹

　　1498年7月8日[74],达·伽马离开里斯本,朝着非洲南部航行。他要寻找的不再是非洲的黄金和象牙,或者是中国的丝绸与瓷器,而是去往香料之国——印度的航线。从葡萄牙到南非,最后到印度,我们将追随达·伽马的足迹,重走该历史意义重大的航行途经的重要地点。

船只:达·伽马印度之行经过的地方的当地船只
国家及地区:葡萄牙—南非—印度

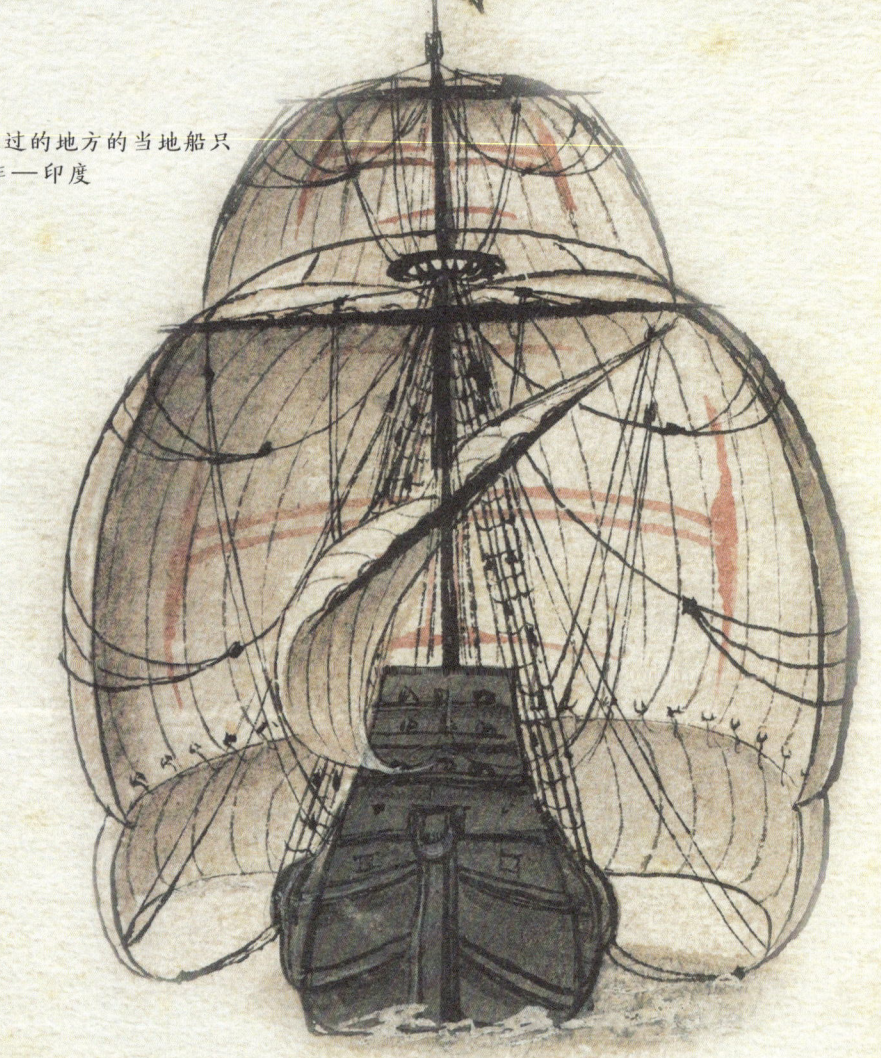

第一日
葡萄牙　锡尼什港
北纬 35°57'　西经 8°52'

大西洋

锡尼什港是葡萄牙阿连特茹省的一个小渔港。达·伽马出生于此，从最温馨的孩童时期起，海洋的风浪便将船帆发出的猎猎的声响与渔民回港的说话声带入他的耳中。锡尼什港小巷里总是回荡着水手之歌，传颂着从亚速尔群岛、马德拉群岛以及摩洛哥回来的航海家的故事。

第二日
葡萄牙　萨格里什
北纬 37°00'　西经 8°56'

大西洋

我们来到了欧洲的最西南端——圣文森特角。据说，住在萨格里什的堡垒里的亨利王子即著名的航海家亨利，建立过一所航海学校。星象学家、地图绘制者、数学家以及航海家们统统围在亨利王子身边，测绘着航线并设计船舶，葡萄牙由此得以在海洋上大展宏图。1415年，发动摩洛哥休达战役是葡萄牙往非洲扩张的第一次远征，后续的远征也将陆续登上历史舞台。

第三日和四日
葡萄牙　里斯本
北纬 38°43'　西经 9°08'

塔古斯河河口　/　大西洋

圣乔治城堡为里斯本的制高点，里斯本以此为起点，沿着缓坡慢慢下落至塔古斯河河口。

现在是早上，街道的小乐曲响起来了，乐声传入我们耳中，眼前的是在阿尔法玛坡上的街道玩耍的孩子们、在山丘蜿蜒行驶的电车。除此之外，我们还能听到进入港口的货船的雾笛声。典雅的达·伽马大桥彰显着城市的现代化，但只需在某些街区的街道转一下便可洞察它的过去：街上随处可见佛得角人、巴西人、莫桑比克人、安哥拉人，以及来自果阿的印度人或者来自澳门的中国人。在塔古斯河岸歇脚的男男女女，让人回想起里斯本曾是世界之都。

葡萄牙辉煌航海史的标志，并不是1960年由葡萄牙统治者萨拉查下令建造的发现者纪念碑，而是贝伦塔。卡拉维尔帆船和中世纪大帆船正是在贝伦塔卸下了来自印度的财富。城市遍布着宫殿与教堂。热罗尼莫斯修道院是该时期的又一建筑杰作，象征船舶缆绳的扭转型圆柱与卡拉维尔帆船圆形浮雕是它的特色。人们说该修道院是用"胡椒银钱"建造的，院内有达·伽马的墓室。

马拉巴尔海岸的黑色黄金

胡椒是香料之王，埃及人从很早以前便开始使用，它还曾被亚历山大大帝称赞，它的颜色与味道被老普林尼记载在《自然史》中。胡椒原产于印度喀拉拉邦（Kerala），被当地人采收后由阿拉伯贝都因人组成的沙漠商队运送至地中海。威尼斯商人采购之后再以高价于欧洲出售。一直到16世纪初，胡椒因售价奇高，以至于被当作交换货币使用。也许正因如此，人们用"香料"（法语为"**épices**"，英语为"**specie**"）的形似词表示银币（法语为"**espèces**"，英语为"**spice**"）。随着葡萄牙成功开辟胡椒之路，胡椒的价格大大降低。1513年，里斯本的胡椒售价只有威尼斯的六分之一。

第五日
南非 开普敦
南纬 33°55′　东经 18°25′

大西洋

只有一艘集装箱货船可以将我们带到开普敦，但是由于时间不合适，我们最终乘坐飞机来到了南非以重寻达·伽马的足迹。这是我们第一次来到开普敦，但以桌山为背景的海湾却给我们带来似曾相识的感觉。与合恩角或瓜纳巴拉湾一样，开普敦是水手与冒险旅行家心目中重要的地点之一。在几通电话之后，我们在帆船上找到了船长让-雅克。在他的操纵下，帆船收缆起航。对这位曾航行在各大海域的资深船长而言，开普敦的航行也不是小菜一碟的。我们乘着鼓满风帆的船来到了海湾中央。眼前景色实在美不胜收！

"开普敦地区的气候十分多变，因毗近海洋的最南部，所以变幻莫测。强风的速度有时候可达110~120 km/h。"因此，在靠近好望角的时候，天空总是布满云雾。当迪亚士于1488年登岸时，将该海峡命名为"风暴角"。在返航后，国王决定将其重新命名为"好望角"，以寄托寻找印度的希望。与众所周知的不同，非洲最南端并不是好望角，而是往东100多公里的厄加勒斯角。

贝。大部分来到此地的游客都是为了观赏鲸鱼与海狮。

自然学家克劳迪娅是我们的向导，我们乘着她的船，朝一个离海岸只有几公里的小岛出发了。"我认为迪亚士和达·伽马来到这里时，这里应该已有鲸鱼。在他们的航海日记中，他们谈到了一座当时还未被命名的海豹之岛。"

事实上，1488年，迪亚士成功经过好望角之后，在一个被他命名为"圣布莱斯湾"的小海湾靠岸了。他也许看上了岛上的某种资源，而该岛屿确实曾在数十年内被用作供给站，当地的科伊桑人给航海家们提供水和食物。人们甚至提到用一只鞋子充当邮筒，前往印度的水手们将邮件放入鞋中，而返航的水手则将它取出来并拿回葡萄牙。

第六日
南非 莫塞尔贝
南纬 34°10′　东经 22°08′

印度洋

我们通过陆路来到开普敦以东约350公里处的莫塞尔

第七日
卡利卡特（科泽科德的旧称）
北纬 9°58′—东经 75°46′

印度洋

我们尝试在印度喀拉拉邦寻找达·伽马的足迹。

根据当时随行历史学家阿尔瓦罗·维利乌的记载，卡拉维尔帆船小舰队在卡利卡特以北几公里处停船靠岸，那是一个名叫卡普阿的小镇。虽然找寻不易，但是我们还是找到了当年达·伽马到达的小渔村（如今被称为"卡帕特"）。

古老的科泽科德现约有200万人口，是一座人头攒动的大都市。就像印度著名的历史学家M.G.S.纳拉亚南跟我们说的一样，科泽科德曾经是印度洋香料中心，如今却找不到任何与此相关的痕迹。

"港口位于陆地内部且沿着河岸分布，这是为了让船只免于季风时期海浪与狂风的侵扰。季风每年持续3—4个月，在这期间，商人们可以将胡椒、檀木以及所有他们需要的香料装上船。以前阿拉伯人就是在这里采购胡椒并以平常价格的200倍在欧洲售出的，这就是为什么西班牙人和葡萄牙人迫切寻找通往印度的新航线。"

第八日
科钦
北纬 9°58′　东经 76°16′

印度洋

与无任何遗迹的卡利卡特不同，科钦堡的防御工事见证着葡萄牙的殖民时代。葡萄牙殖民史共达150年，直到1663年随着科钦（旧称"柯枝国"）转到荷兰殖民者手中才宣布终结。此后在整个亚洲范围内，荷兰人成了新的香料之主。然而葡萄牙人并不是第一批到达科钦的外国航海家。

从12世纪中叶起，中国的大帆船就停靠在了马拉巴尔海岸。15世纪初，当亨利王子只忙于穿过直布罗陀海峡时，明朝舰队司令郑和早已探索了从马六甲海峡一直到非洲沿岸邻近桑给巴尔岛的印度洋海域。

塞巴斯蒂安一直使用着中国的大渔网，但奇怪的是他却将中国渔网与葡萄牙殖民史联系起来。"我们一般将这种网称为中国渔网，但是柚木制造的不同部件却有其葡萄牙语名字，比如 armoso 或者 savayo。我们使用这些葡萄牙语的名字已经有500年左右了。"

1502年，在第二次去往印度的航行中，尽管暴风雨造成了很大的损失，但达·伽马回到里斯本时还是带回了28450英担（约1445.3吨）的香料，其中四分之三是来自马拉巴尔海岸的胡椒。

古老的科钦小巷中不再飘着肉桂、茴香、丁香与胡椒的香气，那些曾经充满异域风情的市场早已让位于国际香料交易所。

季风

印度和东南亚气候以季风为主要特征。季风期间，降水充沛，风力十足，并且风向在一年之内做两次逆转变化，整个冬季盛行东北风，夏季则盛行西南风。葡萄牙航海家将阿拉伯语中的季风"**mawsin**"改成"**mousson**"（英语为"**monsoon**"）。前来卡利卡特寻找香料的航海家们为了穿过阿拉伯海和孟加拉湾，需要在起航与返航时适应季风的变化。里斯本与卡利卡特之间往返航行大约需要18个月。

前往印度的新航线

达·伽马的印度之行

达·伽马在第一次前往印度的远征中率领着圣加布里埃尔号,他的兄弟保罗·达·伽马率领着圣拉斐尔号,尼古劳·科埃略则率领着贝里奥号。

历史学家若昂·德·巴罗斯见证了此次航行的出发。"航海家们满心欢喜地登上了船。但是当他们扬帆起航时,看着留在岸上的父母和朋友,自言自语道,'因时长不定、地点不定,这次航行只能靠天意了'。于是他们哭了起来,想到了在这种史无前例的情况下所有人都能想象得到的灾难。他们中的一些人望着对岸,一些人看向大海。他们担忧着未知的航行,所有人的脸上都满是泪水,就这样直到船只离开港口。"

在航行的前几周,达·伽马没有遇到任何危险。他走在几十年前就已被葡萄牙航海家开辟的航线上,沿着非洲海岸航行,绕过加那利群岛,几天后在佛得角停留了几天。在补充完水和新鲜粮食之后,小舰队重新起航。达·伽马此后便开始了一段危险重重又史无前例的冒险之旅。船只为了顺应与南半球相反的风向,背朝非洲,转个方向继续前行。某位名叫阿尔瓦罗·维利乌的人续写了游记:"11月4日星期六,在天亮之前,我们离陆地

正好还有110英寻（约201米）。上午9点，我们看到了陆地。11月7日星期二，我们又看到了陆地，这是一处形成大海湾的低海岸……我们将其命名为圣赫勒拿。此地住着皮肤黝黑的人，他们只靠食用海豹肉、鲸鱼肉、羚羊肉与草根为生。他们穿着动物皮毛，在隐私部位戴着某种套子。小舰队于1497年11月16日再次起航。我们顺着东南风继续前行。11月18日星期六晚上，我们看到了好望角。11月22日星期三，我们终于越过了好望角，沿着海岸走，一路顺风。"

达·伽马穿过大西洋，越过海湾，抵达了南非海岸。该航线此后成为前往印度的海上必经之路。

从好望角到卡利卡特

1497年12月7日，达·伽马航行在未知的海域，在他之前尚未有任何欧洲航海家涉足这片海域。他沿着非洲东海岸向北行驶，发现了赞比西河河口，以及莫桑比克岛。

1498年4月初，达·伽马抵达蒙巴萨与马林迪。他发现由扬着拉丁帆的阿拉伯帆船组成的舰队在印度洋上穿梭，满载着令人惊叹的种类繁多的货物，其中包括香料以及非洲奴隶。根据马林迪国王赐予阿拉伯航海家艾哈迈德·本·马吉德的建议，他等待着季风的到来以便再次出航。

1498年4月24日，万事俱备，达·伽马将船头调转至东边往印度驶去。"4月24日星期二，我们跟着国王派的领航员往一个名为卡利卡特的城市出发了。我们朝东行驶着。……下一周的周日，我们看到了很久之前便在我们视线中消失的北极星。第二天，也就是5月19日的早上，我们即将在距离卡利卡特两古里处一个名为卡普阿的市镇抛锚。"

当达·伽马经过10个月的航行到达印度时，他惊讶地发现摩尔人控制着绝大部分的香料贸易。关于该状况流传着不少说法，其中一个提及喀拉拉邦国王皈依了伊斯兰教。其实真相并非如此。在印度教地区，以须弥山为标志的大山是至纯的象征。海洋则恰恰相反，它是藏污纳垢之地。这就解释了为什么当地扎莫林君王们愿意在收取一定税费的前提下与阿拉伯航海家通商，允许他们出口当地香料。阿拉伯商人对于葡萄牙人的到来感到非常不满，两者之间剑拔弩张，逐渐彼此仇视。据说，达·伽马拜访扎莫林王室时，为国王呈上些许贡礼。但习惯于接受高贵贡礼的国王对此感到不满，于是大发雷霆。他的参事们甚至羞辱前来的葡萄牙人。

在几经曲折后，达·伽马于1498年8月29日返航，手持扎莫林国王给葡萄牙国王曼努埃尔一世的信函。"汝国侍从达·伽马亲临吾国，吾倍感欣喜。吾国盛产肉桂、丁香、生姜和胡椒，且珍宝无数。若以汝国黄金、白银与红宝石换之甚好。"

■ 日本之路
■ 印度尼西亚香料之路
■ 中国帆船与舢板之路

中国帆船和舢板之路

　　舢板（来自中国或者越南），载着大米与水果蔬菜，沿河漂流。中国帆船则在海上顺风而行，沿着中国海的海岸行驶。这些时常浮现在旅行者脑海中的版画场景，其实已经成为历史。巨大的货船和集装箱船早已成为主角。西贡（今称胡志明市）—上海：一场越南到中国的历史航行。

船只：CMA CGM 诺尔玛号 / 天堂豪华邮轮号
船长：雷蒙德·斯蒂德和陶文海
国家及地区：越南—中国

第一日
越南　胡志明市
北纬 10°46′　东经 106°40′

西贡河
"印度支那"消失在历史的长河里已有40年了，城市也早已换了新名字。但是对于旅行者来说，胡志明市始终是西贡。1975年，胡伯伯[75]控制西贡时也许没有想到，法国殖民时期的建筑作为社会主义革命的战利品，有朝一日会成为城市简单的装饰元素。如今的胡志明市正轰轰烈烈地推展着现代化进程。人们面对历史考验展现的能力让人叹服。这样的想法却让随同导游——一位退休的老教授笑了起来："14年的抗美之战和1个世纪的反法殖民统治，都无法与千年的封建统治相提并论。"我们想着老教授的话，来到了热热闹闹的华人街区——堤岸地区和槟榔市场。17世纪，来自广东的中国人来到这里并控制了城市的部分商业贸易。

我们乘着一艘舢板摆渡船沿着西贡河而行，然后来到了富美港。我们要在这里等候货船，以便前往越南北部城市海防市。

第二日和三日
持续航行

第四日和五日
越南　下龙湾
北纬 20°15′　东经 107°20′

中国海 / **航行里程：1520 km**

在海防市上岸后，我们往下龙湾走去。近年来，这个小小的港口成了去往下龙湾的重要地点。

许多现代中国帆船在下龙湾来回穿梭，我们登上了其中一艘天堂豪华邮轮号。刚刚出港，船长便下令扬起"蝙蝠之翼"，这是船帆的别称，展翼航行的帆船在水中投下庞大的影子。我们很快便航行在一片魅影之林中。这儿有一些传说，如曾经有一条想驯服海的龙，它与海浪相斗，用龙尾凿山，奇形异状的石头就此浮出水面。这便是神秘的下龙湾。眼前好几个村子漂浮在水上，船长在石头迷宫中找到停留之地。我们乘坐着一位渔村妇人的小舢板来到了万门渔村。在这个不太真实的脆弱世界里，人们的生活一切如旧。渔夫修补着渔网，奶奶在煮饭做菜，上学的孩子们则沿着学校操场边跑边叫，这是一条宽约几十厘米的木质人行道。就像小学老师武氏跟我们说的一样，在万门渔村的生活并不容易。"在这个渔村里，所有的学生都在帮家里干活，以补贴家用。他们有时候很难坐船出行，特别是在天气恶劣的时候，于是我不得不挨家挨户地鼓励孩子们去上学。"

水上木偶戏
水上木偶戏是一种历经千年的艺术。当年劳作的农民就是在越南北部的水稻田里进行表演的。稻田的水上是备受欢迎的木偶戏的表演舞台，表演者摆弄着几个用不会腐烂的无花果木雕刻而成的人偶，这些木偶代表着村里居民或像龙一样的神话动物。水上木偶戏如今成了一项真正的艺术，表演时有由打击乐、笛子和独弦琴组成的伴奏。

第六日和七日
持续航行在中国海上

第八日
中国　香港

北纬 22°16′　东经 114°09′

中国海　/　航行里程：1100 km

我们来到了中国香港的海湾，此刻海湾还笼罩在雾中。中国帆船、舢板、平底大驳船、货船以及大型轮船共同演绎着一场水上芭蕾舞，绿白相间的天星小轮不停歇地往返于九龙半岛和港岛。随同导游达尼跟我们说道："除了在台风天气时暂停运营，天星小轮始终忙碌着！"渡轮前可见香港的天际线，整个香港像一个巨大的花园，而摩天大楼像在其中生长的果树！商店、工作坊、饭馆和酒店，到处都熙熙攘攘！城市就像是拥有智力的生物，不停地适应着环境，攀附着山峦，朝着天空生长。离东华三院文武庙（Temple Man Mo）两步远的地方，我们碰到了严先生，他像古人一样用毛笔写字。"我在写新年好运字幅，新年就是春节。这些东西要是打印出来的话，缺少灵气，不会真的带来好运。"

我们乘坐着双层巴士来到了中环，街上商人总是一副行色匆匆的样子。1997年，英国将香港归还给中国，英国雄狮的吼叫自此消失在这座"热带城市"里。

我们继续在城中探索，从虫鸟市场走到花卉市场，从中药铺走到旺角街摊。我们乘着舢板来到了阿伯丁港口，其又称"香港仔港湾"。香港仔港湾上的舢板曾组成水上城市，上面住着来自广东的人。如今还有数百人拒绝离开他们的船只住进高楼里的公寓。

香港所有的历史都与大海和船舶联系在一起。在驶往欧洲和美国的巨大货船上，中国制造的制成品代替了曾经堆积在阿拉伯帆船和葡萄牙帆船货舱里的丝绸、陶瓷和茶叶。

19世纪，鸦片决定着香港的命运，历史学家高峻说道："清朝闭关锁国抵制外来商品，特别是英国人从印度或者缅甸运来的鸦片。当时英国历经工业革命，急需倾销产品，于是寻找借口发动了鸦片战争，以此强迫中国人购买他们的商品。"

一天结束后，我们回到港口登上了诺尔玛号。集装箱装载完毕，船长下令起航前往上海。

来自中国海及其他地方的鱼

香港人十分爱吃鱼。夜晚降临时，他们会沿着码头散步，而码头上可以看到捕鱼归来的渔夫，他们在偷偷售卖着鱼。码头的另一边，饭馆让客人从巨大的养鱼缸里选出他们想吃的鱼。在产自中国海的鱼的旁边，我们可以看到一些来自阿拉斯加、法国或者英国的鱼以及甲壳类动物。即便如此，香港仍是现代化、国际化的中心。

千舟之地

从几千年前起,船只便在东中国海来回穿梭,为该地区的国家之间搭起了商业与文化的桥梁,中国作为越南北部的强国,与越南保持着密切的关系。撇开地缘政治问题,中越两国研究学者与考古学家就"海上丝绸之路"将中国海沿岸的两个国家连接起来这一点达成统一意见。这也许解释了为什么数千公里长的中国海海岸线旁的地区共享着相同的船只和捕鱼技术。

中国和越南现在的造船技术水平大大提高了,但是来往于湄公河河口、长江河口、下龙湾或香港海湾的中国帆船与舢板,总让人回想起过去版画中的场景。

1. 中国双帆游船——下龙湾
2. 运米的舢板。画在船头的眼睛是用以驱散恶灵的——湄公河三角洲
3. 用脚划桨。利用这个技能,划桨者可以少费力气——下龙湾内
4. 带舱房的邮轮——下龙湾
5. 流动香料商贩——下龙湾
6. 以舢板为家——香港仔港湾
7. 簸箕船,制作船身的竹子慢慢地被塑料取代了——越南
8. "舒适"渔船——下龙湾

从中国海到好望角

郑和下西洋

中国帆船征服印度洋

几个世纪前,在上海港口和香港港口成为通商圣地之前,中国船只便已航行在世界各大洋上。

15世纪初,永乐年间,明朝的第三代皇帝明成祖朱棣在长城的庇护下秘密地筹备着现已知世上最大型的海上远征队。他将远航重任交付舰队司令郑和。在历经元朝几个世纪的统治之后,明朝皇帝希望再一次发扬国威。宦官郑和的远航被记载于《明史·郑和传》中。郑和幼时曾和他的父亲到过麦加(La Mecque),而当时印度洋为阿拉伯人所控制,因此郑和拥有了率领舰队到达印度洋的"一笔资产"。

郑和率领着由62艘(一作63艘)高约140米且宽约60米的中国帆船组成的庞大舰队,外加200艘规模较小的船只,船上士兵、工程师、商人、翻译者共计2.7万人。

1405至1433年,舰队司令郑和曾七下西洋,抵达爪哇、苏门答腊、锡兰、印度的卡利卡特、亚丁、阿拉伯半岛的霍尔木兹、摩加迪沙与东非国家马林迪等地。同一时期的葡萄牙航海家,虽然被称为"航海先驱者",但仍停留在大西洋的冒险中。郑和的远征是中国航海发展历经数个世纪后抵达的巅峰。1000年来取得的科学与技术的进步,天文学家、造船家、数学家与地图制造者的努力,于11世纪便被发明的指南针,这些都为中央帝国在印度洋航行的成功提供了必要条件。

然而郑和的远征既是中国航海事业发展的顶点,也是终点。来自大草原的游牧民族的入侵与海盗的袭击,致使明朝皇帝最终放弃对海洋的探索,中国开始封关禁海。

16世纪初,当第一批葡萄牙船只抵达中国时,人们根本想不到这个国家曾经拥有过当时世界上最先进的航海技术与最强盛的海上力量。郑和远航的功绩渐渐被历史长河淹没。面对海盗的侵扰,皇帝甚至不得不求助葡萄牙人,葡萄牙人因此获得了驻澳门港口的特权。

直到20世纪新中国崛起之后,郑和才重新获得历史的肯定,被列为伟大的航海家之一。

第八日和九日
持续航行

第十日
中国　上海

北纬 31°13′　东经 121°28′

中国海 / **航行里程：1530 km**

据船长说，因为上海港变小了很多，所以我们在世界上最大的港口——洋山港靠岸了，它在海上长约50公里。

上海是一座充满魅力的城市。一提起上海，旅行者们首先想到的仍是一座乌烟瘴气的腐败城市，想到的是传教士、冒险家和革命家混杂的地方以及红黑相间的装饰艺术派建筑。

尽管那座城市已经不复存在了，但是过去的上海仍扎根于人们的脑中。如今上海拥有2000多万人口以及世界第一大港口。但有几个街区仍保留着这座城市当年为西方和日本所掌控时沦为租界的历史风貌。1880至1930年，许多大公司都在上海外滩建起了总部。黄浦江江岸成排的装饰艺术派建筑成了西方势力的标志。

每天早上，陆女士都会来江岸，在练完太极后再回家，她家位于上海最后一批旧街区中的某个角落。

"我19岁时来到上海，现在已经73岁了！上海旧建筑几乎都被拆了。这座房子说不定哪一天也会被拆除。放眼望去，四周只剩下高楼了，上海在以令人眩晕的速度变幻着，一个月、一周，甚至一天的时间，一个街区或者一条街就可以消失。上海像一只凤凰，每天都在灰烬中重生。"

黄浦江的另一边浦东新区，位于上海外滩装饰艺术派建筑的对面，高约420米且色彩千变万化的金茂大厦是该区域的标志性建筑。

我们乘坐着一艘舢板沿着黄浦江而行，城市的其他面孔轮番展现在我们面前：上海郊区的宿舍、上海的工厂、上海的港口，货船与渡轮在其间来回忙碌。上海陶醉于热闹中，害怕沉睡，似乎担忧着醒来后会被遗忘。

三四十年前一座前途渺茫的城市，如今成了亚洲强盛且现代化的地区之一，能与东京、香港或者新加坡市比肩。租界的历史、鸦片的气息与黑社会团体的猖獗皆成了过去。但在南京路不停闪烁的霓虹灯下，上海的年轻人似乎毫不费力地重新过上了无忧无虑的轻快生活。

上海公共租界

1842年鸦片战争之后，租界的时代到来了。上海成为中国朝西方开放的门户。1863年，英、美殖民者共同组建了公共租界，与法租界分开。1895年，日本人加入占据势力。

上海的租界地区曾历经几次扩张，以至于1910年的时候在人口以及面积上超过了当地中国人人口和所占街区。赌博、鸦片与卖淫这类纸醉金迷的娱乐是上海当时最有利可图的生意。

日本之路

日本地处太平洋,一直以来依靠着地理优势防御外敌,远离海上诸条航线。从13世纪马可·波罗记载下日本的奇闻起,尽管日本于19世纪末被迫打开了国门,但始终是一个神秘的国度。仅就此而言,环绕日本之行便是一场真切的文化之旅。

船只:歌诗达经典号
船长:莫罗·缪拉多
国家及地区:日本

第一日和二日
持续航行在中国海上

第三日
冲绳岛　那霸

北纬 26°12′　东经 125°40′

东海　／　航行里程：1460 km

离开香港两天后，我们来到了冲绳岛。第二次世界大战结束之前，在此发生的那场激烈的战役给当地人留下了痛苦的回忆，他们自认为自己成了拯救东京的牺牲品。首里城是历经战争动乱后仍幸存的建筑之一，在这里人们为恢复如茶道、舞蹈艺术与竹板乐曲等传统文化而努力着。竹板乐曲是由艺术家们手持响板打出节奏的，这着实令人大开眼界。我们乘着船在壮观的暴风雨中往公海驶去。

第四日
持续航行在太平洋上

第五日和六日
日本　神户

北纬 34°41′　东经 135°11′

太平洋　／　航行里程：1515 km

经过一天两夜的航行后，我们来到了日本活跃的港口城市之一——神户。我们将船停靠在码头，过夜后便乘着火车前往日本帝国旧都——京都。直至1867年明治天皇登基，在整整十一个世纪里，人们在京都建起了许许多多的庙宇，共计约有2000座。建有大鸟居的平安神宫是日本人献给本土最古老的宗教——神道教的建筑。随同导游贵秀是一位虔诚的教徒，他对我们说道："在神社里，一切都神圣无比，每一条河、每一棵树都是神灵。宇宙是一个整体，而人类不过是其中的元素之一。"

清水寺是神户最大的佛教寺庙，寺内却有一座属于神道教的神社。大学生们挤在商店里争先恐后地购买能带来好运的护身符或者木板。他们在木板上写上自己的愿望，并将之挂在寺庙的柱廊上。

京都的天快黑了，人们开始点亮挂在茶室门前的纸灯笼。祇园是这座城市保留完好的古老的地方之一，我们在那儿找到了一名艺伎学徒，名叫牧野。为了接受完备的培训，她每周都会去某个街区小剧场跳几次舞。

她说道："我们是舞伎，舞伎年龄一般为15—20岁。20岁以后，我们可以改穿艺伎服饰。在过去的茶屋里，由于灯光非常昏暗，所以艺伎为了漂亮都将脸涂白。"

马可·波罗在日本

1298年，马可·波罗在被囚禁的时候口述了著名的游记——《东方见闻录》(《马可·波罗游记》)。书中的一个章节言及日本，提到当时中国元朝皇帝忽必烈意欲征服日本。马可·波罗也许是第一位涉足日本的西方人。

"日本是位于东方外洋上的一个岛国。日本人肤白，举止文雅。须知日本有一座庞大的宫殿，以精美的黄金铺就，就像我们的教堂铺铅一样，价值不可计数。人们在日本还发现了许多宝石以及美味的红色母鸡。"

第七日
持续航行在太平洋上

第八日和九日
日本 东京

北纬 35°40′　东经 139°46′

太平洋　/　航行里程：800 km

远处云雾缭绕，隐身其中许久的东京终于出现在我们眼中。我们入港时，受到了两艘消防艇的热烈欢迎，这是日本迎接跨洋船只的传统。

此前的京都之旅是平静安宁的，而东京之行则令人眩晕。我们来到拥有约1300万人口的东京时，瞬间淹没于这座欢腾的城市之中！面对城市澎湃的浪潮，我们毫无抵抗之力，只能任其推着往前走。我们来到了东京城市观景台的最顶层，在观赏着美景时终于得以舒一口气。随后，我们来到了这座城市最有名的十字路口——涩谷区的心脏地带。

早上5：30，当城市还在沉睡时，我们便往世界上最大的鱼市场——筑地市场走去。货棚下是上百条最受欢迎的鱼——蓝鳍金枪鱼，它们被整齐地放在地上。随着钟声的响起，拍卖开始了。一块上好的重200斤的金枪鱼鱼肉可以卖到3万欧元！

传统与现代的交融是日本社会重要的特点之一。在同一天，我们既看到了在雅致的明治神宫举办的一场传统的"神前式"婚礼，又目睹了原宿区附近街区的一场怪诞的洛丽塔风的服装展示游行。

托斯卡内利地图

托斯卡内利根据马可·波罗的《东方见闻录》与来到托斯卡纳的中国人和鞑靼人提供的相关信息，在1468年绘制了一张地图，以期帮助西方航海家向东航行。一封托斯卡内利写于1474年6月25日的信，证明了他与哥伦布曾有通信来往。我们可以想象热那亚航海家哥伦布出海时手拿一张标记日本和中国位置的地图的情景。在抵达安的列斯群岛时，哥伦布误以为自己到达了日本。

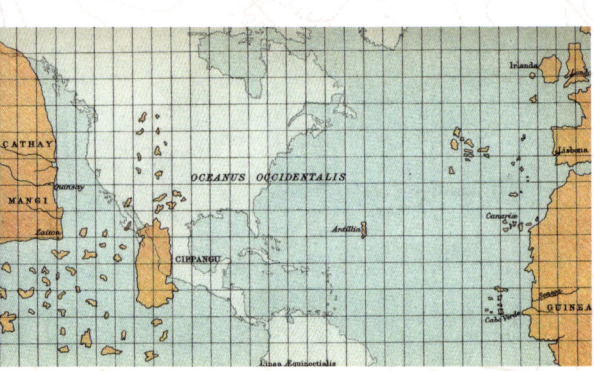

日本

与世隔绝的群岛

从忽必烈到马修·佩里

日本人自1.5万年前从西伯利亚迁到日本群岛以后,始终封闭于群岛上。对于一些国家如希腊以及之后发展起来的葡萄牙而言,大海是朝向世界的一扇大门,一种与外界沟通与通商的方式。但对于日本民族来说则恰恰相反,大海是保护他们免于危险的壁垒。只有佛教僧人在6世纪成功越过这一壁垒抵达日本。

1274与1281年,元代皇帝忽必烈曾几度遣兵进攻日本,但舰队每次出海都因台风阻挡而惨遭失败,所以日本人称台风为"神风"。第一批葡萄牙航海家在1543年抵达日本群岛。当时日本幕府将军被他们先进的枪械知识与船只的规模所吸引,于是接待了他们。日本与"南蛮"的通商(日本人称葡萄牙人为"南蛮")持续了一个世纪。但在圣方济各·沙勿略的推动下,基督教势力不断渗透到日本,日本人与葡萄牙人的贸易关系随之恶化。

随后,被日本人戏称为"红毛"的荷兰人于1600年来到日本。日本当局请求荷兰人为其抗击中国海盗,并与葡萄牙人在海战中对决,荷兰人因此最终成了唯一被允许通过长崎港进入日本的西方人。

但日本于1650年以基督教神父偷偷潜入日本为借口,颁布了关闭国门的相关法令,为一个世纪的对外开放画上了句号。当时在日本的外国人会被处以死刑,而皈依基督教的人则会受到迫害。建造大规模船只与乘船航行都是明文禁止的。日本闭关锁国时期随之到来,但这也保障了日本江户时代的和平与繁荣。

直至1854年,受到19世纪工业革命和海军准将马修·佩里指挥下的美国舰队到来的双重影响,日本接受对外开放,与世界通商。该决定与明治天皇的登基密切相关。

印度尼西亚的香料之路

　　印度尼西亚人称自己的国家为"我们的土地,我们的水域"。这一片土地,是生长着丁香与肉豆蔻的地方。这一方水域,指的则是印度洋。人们乘着简陋的帆船穿梭于印度洋上,跟随季风的风向变化将珍贵的香料运送到西方。乘坐着一艘当地的传统帆船——印尼皮尼西帆船,我们追寻历史,从巽他群岛航行至神秘的香料群岛——马鲁古群岛。

船只:欧巴克·普缇号
船长:易卜拉欣·阿吉
国家:印度尼西亚

第一日
巴厘岛　艾湄
南纬 8°30′　东经 115°50′

印度洋

沙滩上整齐地排列着巽他群岛特有的五颜六色的快船。风景美不胜收的海湾被笼罩在颇具威胁性的阿贡火山的阴影中。我们来到了位于巴厘岛东南部的小渔村——艾湄。我们在那儿登上了欧巴克·普缇号，这是一艘传统的印尼皮尼西帆船。

船长迪克·伯格斯曼在巴厘岛与雅加达旅行时爱上了这种传统帆船，于是决定买下欧巴克·普缇号（意为白色海浪），乘着它航行在印度尼西亚群岛间。

临近中午时，我们收锚起航将船头调转至东边，朝着龙目岛驶去。

第二日
龙目岛　凯央根
南纬 8°33′　东经 116°21′

印度洋　／　**航行里程：210 km**

在凯央根港口，本地的划桨船与印尼皮尼西帆船穿梭在几艘即将前往邻岛松巴哇岛的大型渡轮之间。

巽他群岛位于通往香料群岛的必经海路之上，几经易主，在数个世纪里受到诸多宗教与文化的影响。龙目在当地语言中意为"辣椒"，因为龙目岛的人们热情洋溢。岛上的文化多样，这是信仰伊斯兰教的萨萨克人与信仰印度教的少数民族巴厘人和平相处的结果。

第三日
松巴哇　萨托达岛
南纬 8°06′　东经 117°45′

印度洋　／　**航行里程：110 km**

我们在风景美不胜收的海湾处停船了，该海湾被笼罩在坦博拉火山的

巨大阴影之下。1815年坦博拉火山的爆发被认为是迄今有历史记录以来规模最大的火山喷发。很久以前，当地信仰印度教和万物有灵的居民认为位于岛中央的湖拥有神圣的力量（貌似与火山活动并无明显关系），于是经常来到湖边举行某些仪式或者典礼。其中一个仪式便是将一块石头挂在湖边的树上，然后许下愿望。比如，一些无法生育的女人或者生病的人就会前来许愿。

第四日
松巴哇　比马
南纬 8°32′　东经 118°41′

印度洋　／　**航行里程：70 km**

比马这座小港口曾是望加锡苏丹旧寝宫的所在地。17世纪，来自松巴哇岛北部的苏拉威西岛的望加锡王国苏丹们将伊斯兰教引进巽他群岛，但一些更为古老的万物有灵论者的传统仍被当地人保留着。我们在一个名为"哇窝"的小村子就发现了一种名为"阿杜帕拉"（adou pala）的传统。在这个部落仪式中，两个男人猛地一使劲，头碰头比拼。部落酋长骄傲地跟我们说道："印度尼西亚人喜欢砍刀对砍刀、长枪对长枪地比拼……但是真正的战斗是男人之间头对头的战斗。"

印尼皮尼西帆船

印尼皮尼西帆船如今仍保障着印度尼西亚1.7万个岛屿之间大部分商品的运输。印尼皮尼西帆船源于西里伯斯岛（苏拉威西岛的旧称）南部，兼具中国帆船与17世纪欧洲武装货船两者的特点。

传统的印尼皮尼西帆船十分坚固且实用，装配有7张帆：3张三角帆、2张主帆与2张中帆。其主要优势在于吃水浅，这无疑是航行于暗礁遍布的印度尼西亚群岛的王牌优势。

荷兰东印度公司，
曾经世界上最强盛的海上公司

在达·伽马完成印度航行的一个世纪后，葡萄牙帝国开始走下坡路，因帝国人口稀少，所以难以掌控从阿拉伯到日本，再到印度与中国的航路。这时候，荷兰登上了历史舞台，开始参与海上贸易并踏上香料之路。荷兰人在经过几次航行之后确定了中国与日本所在的位置，于1602年建立了荷兰东印度公司，其全称为"联合东印度公司"。该公司在两个世纪的时间里彻底垄断着印度尼西亚香料的出产与贸易。荷兰东印度公司拥有源源不断的巨额资金，依靠着当时最强大的舰队，在所有的岛屿建起了贸易站，保障了香料的采收与运输。当时荷兰人在香料的采收工作完成之后，将其运至公司总部。它位于爪哇岛的巴达维亚，即如今印尼首都雅加达，随后利用来往于印度的全副武装的贸易船将香料从巴达维亚运回阿姆斯特丹。虽然英国当时也建立了印度公司，但其资金不如荷兰东印度公司的雄厚。荷兰东印度公司很快成为一个拥有军队、司法部门、警察机构与无可比拟的贸易战船的真正的"国中之国"。东印度公司以主人的姿态统治着它控制的地区，对拒绝屈服于它绝对指令的当地统治者采取军事行动。在必要的情况下，东印度公司甚至可以向英国或法国等其他殖民力量宣战。1613年，荷兰东印度公司在亚总督兼巴达维亚的缔造者简·皮特斯佐恩·科恩就公司经营理念做了如下简述："用古吉拉特邦的纺织品换苏门答腊的胡椒和黄金；用印尼万丹的胡椒换纺织品与货币冠冕……用檀木、胡椒和王冠交换中国的商品和黄金。我们之后再用在日本找到的白银换中国的商品与科罗曼德尔海岸（又称"乌木海岸"）的纺织品，再用它们换香料和其他商品。一笔交易所需费用由下一笔交易填补，总之一切都通过我们的船舰来实现，荷兰人无须掏钱。"由于殖民帝国和商业帝国管理成本的提高，加上新的香料出产国带来的竞争与英国的资本主义力量的提升，当时世界上最强大的公司东印度公司迫于沉重的债务压力最终于1798年走向瓦解。

第五日
弗洛勒斯岛　拉布汉巴焦
南纬 8°30′　东经 119°53′

印度洋　/　航行里程：60 km

拉布汉巴焦港位于弗洛勒斯岛西部。旅游观光船与老旧的木质货船在码头上停泊着，不知从何时起，开始为旅客提供潜入长有珊瑚的深海的服务。

在欧巴克·普缇号一位水手的陪同下，我们乘坐着迷你巴士前往芒加赖的一个小村，在穿过状如蜘蛛网的纵横交错的水稻田后，来到了鲁滕。与苏门答腊岛、爪哇岛和巴厘岛不同，弗洛勒斯岛几乎未受印度教和佛教的影响，反而是阿拉伯商人带来的伊斯兰教始终占据着统治地位。一直到16世纪末，随着葡萄牙人的到来与多明我会神甫的传教活动的开展，弗洛勒斯岛上伊斯兰教占主导地位的局面被改变。在当地市场上，我们遇到了玛利亚·比亚修女，她说道："我们属于圣母玛利亚修女修道会。在弗洛勒斯岛，到处都是一片安宁和谐，信仰在这里是最崇高的。总的来说，尽管有很多人是穆斯林，但所有人都是天主教教徒。"

鲁滕的基督教教会在遍布着穆斯林团体的印度尼西亚中可谓是一座孤立的小岛。我们返回拉布汉巴焦时，船长正在收缆，打算前往一座名为林卡岛的小岛。

第六日
林卡岛
南纬 8°44′　东经 119°42′

印度洋　/　航行里程：35 km

林卡岛属于科莫多国家公园，此地游客较少，我们将在这片大自然中看到著名的科莫多巨蜥。科莫多巨蜥出现在这里是古老的地质活动的结果，正如尤诺跟我们说的一样："科莫多巨蜥生活在印度尼西亚已经有400万年了，它们之前占据着大陆的一大片区域，但5000—6000年前，随着海平面的上升与巽他群岛的诞生，科莫多巨蜥被隔绝于现在这些岛上。科莫多巨蜥又称为'科莫多龙'，长可达3米，拥有非常发达的嗅觉，可以嗅到5公里外的猎物气息。一头水牛在被科莫多巨蜥咬到后即使成功脱逃，也会于3—4周后死于伤口感染，科莫多巨蜥便可以利用灵敏的嗅觉重新找到它，最后将其吞入肚中。"

回到船上，我们离开弗洛勒斯岛继续向前航行。我们遇到一些造型奇特的渔船好几次了：因渔夫绕着船撒网，而船体两边又悬挂着木质的两翼，故渔船状似大蜻蜓。渔夫为了收渔网，像走钢丝的演员一样在狭窄的木板过道上来回走动，着实像一场杂技表演。

第七日和八日
持续航行在班达海上

巴瑶族，海上游牧民族

巴瑶人是一个生活在弗洛勒斯岛拉布汉巴焦附近的小群体，他们来自印度尼西亚的苏拉威西岛，当年为了寻找新的捕鱼区域而迁到了印度洋的其他岛屿。他们生活在靠近捕鱼区的地方，居住在独木舟或者吊脚楼上。传说他们会把耳朵贴近水面以细听鱼发出的声音。2004年他们也许正是靠这种方式才听到了海啸的声音，并将警报告知了离他们最近的游客。

第九日
马鲁古群岛　安汶
南纬 3°38′　东经 128°07′

班达海　/　航行里程：650 km

印度尼西亚是世界上最大的群岛，我们乘着印尼皮尼西帆船，扬起所有的帆并开动引擎，经过两天两夜的全速航行才得以抵达传奇的"香料之岛"——马鲁古群岛（旧称"摩鹿加群岛"）。

安汶跟印度尼西亚其他所有城市一样，是一个年轻、充满活力，朝着现代化发展的城市。荷兰东印度公司通过阿姆斯特丹以铁腕控制此地香料贸易的时代已经成为过去。

第十日
安汶岛　阿希鲁鲁
南纬 3°38′　东经 128°07′

班达海　/　航行里程：15 km

当清晨的第一缕阳光出现时，船长已经起好锚，准备驶往位于安汶岛南海岸的小村阿希鲁鲁。小村周围的树木郁郁葱葱，我们循着一条小径登上了一座俯瞰着大海的山丘，正是这儿生长着丁香树。阿卜杜勒加尼住在村子里，每天在小孙女的陪同下来此采收丁香。从孩童时代起，他便知晓花开之前是采收花芽的好时机。经过几个小时的采集后，袋子变得鼓鼓的。在回村的路上，阿卜杜勒加尼跟我们说起丁香的处理方法："我回到家后，会把袋子放在屋子中央，然后跟所有的孩子一起把丁香的茎挑出来并攒成堆，之后把丁香铺在太阳底下晒上三天半，直到干燥。待晒好后，我们便将丁香拿到安汶岛售卖。丁香可用于制烟或制药，但对我们而言，丁香则是烹饪肉类和做汤的上好香料。"

第十一日
班达群岛
南纬 54°32′　东经 128°52′

班达海　/　航行里程：160 km

工作人员收起了缆，升起了帆，我们的船顺着风朝着马鲁古群岛中最小但又最富裕的岛屿——班达群岛前行。因为班达群岛上生长着一种稀有的肉豆蔻树，阿拉伯人、葡萄牙人或荷兰人曾为了控制该群岛而大动干戈。如今，马鲁古群岛已不再是出产肉豆蔻的唯一地区，肉豆蔻随着殖民之路被传播至格林纳达、印度以及危地马拉。肉豆蔻始终是班达群岛的重要经济来源。但除了财富外，肉豆蔻还有很多其他象征，因跟岛屿的历史紧密相关，已经成为当地居民生活方式的一部分。我们在班达群岛采集肉豆蔻，就像在诺曼底摘苹果一样。

在安汶岛，每条路都像铺上了丁香地毯一样。班达群岛上房屋的颜色与肉豆蔻的深褐色及其假种皮——"肉豆蔻之花"的红色和谐相映。然而过去却并非如此。从17世纪初起，荷兰东印度公司在班达群岛实行着严苛的管理制度，群岛被迫将全部人力投入以肉豆蔻为主的香料生产中，因此当地居民不得不采购粮食或偷偷种植庄稼。如此种种导致当地原始居民、穆斯林群体与位于巴达维亚的荷兰东印度公司之间的关系越来越紧张。

香料之路

马鲁古群岛位于印度洋和太平洋的交界之处,明显不同于其他岛屿。大自然将几粒神奇的香料种子播撒在这一片土地上,人们为了抢夺香料不惜跨越大半个地球。

500年前,所有人都一心想找到香料群岛的所在位置,以哥伦布、达·伽马与麦哲伦的航行为主的地理大发现航行并不是以寻找黄金或者白银为目的,而是为了寻找稀有的香料。实际上,香料之路已活跃超过4000年,第一批来自中国的航海家将珍贵的香料通过海路运至印度。写于公元前3世纪的印度史诗《罗摩衍那》便记载了当时只生长在马鲁古群岛上的两种出类拔萃的香料——丁香与肉豆蔻。而之后阿拉伯商人则从印度购入香料,将其运至中东与地中海,香料最后从地中海被运送至整个欧洲。阿拉伯人将马鲁古群岛命名为"Jazirat al-Muluk",此乃马鲁古群岛名字的来源,意为"国王之岛"。香料曾相继为印度洋沿海居民、葡萄牙人与荷兰人带来了财富。具体来说便是阿拉伯人的船只乘着季风将香料运至亚丁或者霍尔木兹港口,随后他们沿着商队的路线穿过阿拉伯半岛,将香料运至亚历山大或贝鲁特等地中海港口,最后将这些珍贵稀有的香料装上威尼斯商人的船,再以高价被售往全欧洲。

1498年,达·伽马找到了前往印度的航海之路,并成功抵达卡利卡特,这是马拉巴尔海岸的香料贸易中心。而17世纪初,随着荷兰东印度公司介入香料贸易,印度洋的香料之路最终完全由欧洲人掌控。

太平洋

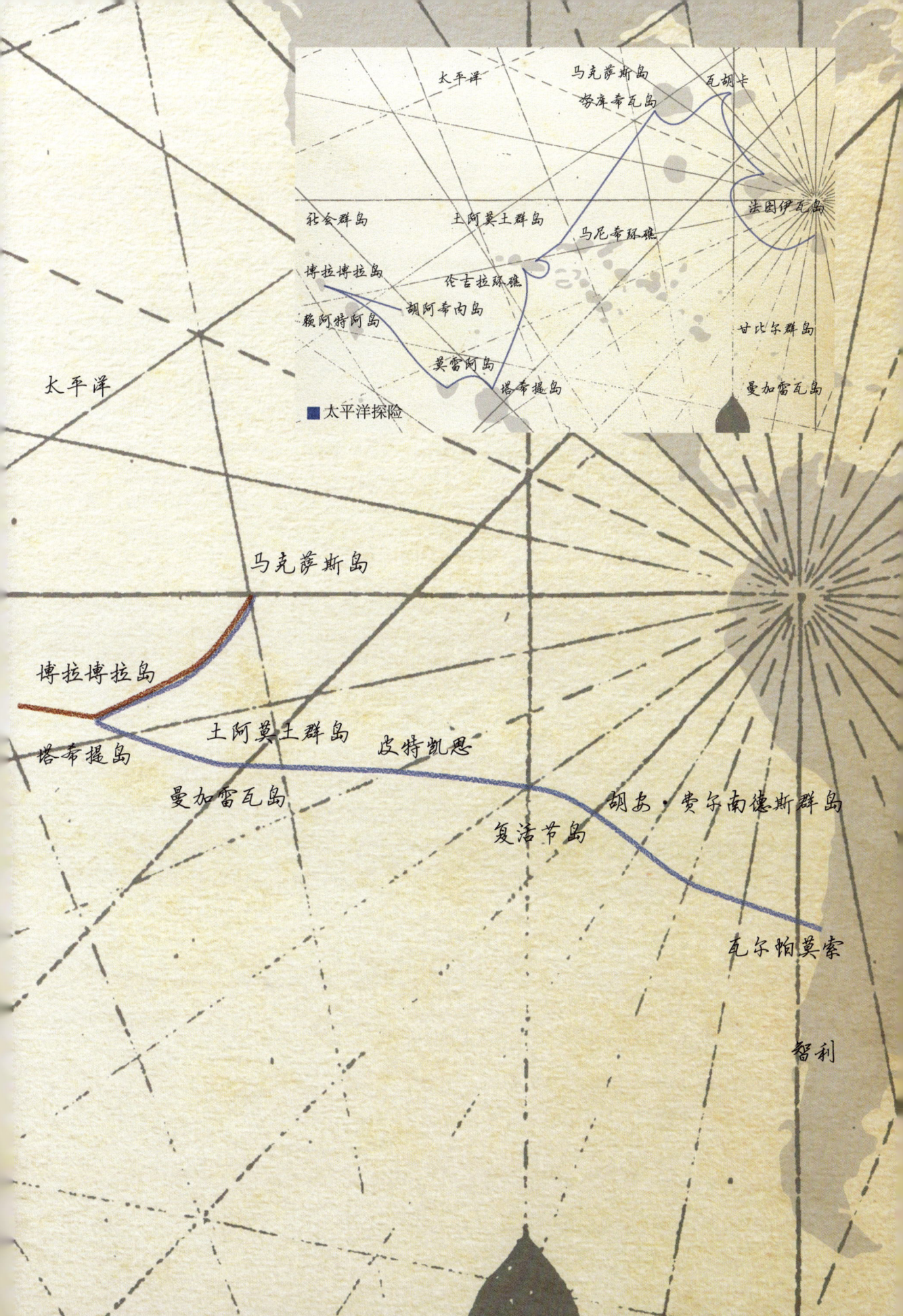

横跨"人间天堂"

直到启蒙时代末期,英国航海家塞缪尔·沃利斯、法国航海家路易·安托万·德·布干维尔与英国海军军官詹姆斯·库克才出发寻找神秘的"未知的南方大陆",并发现了塔希提岛与波利尼西亚群岛。

位于太平洋中心的波利尼西亚群岛与世隔绝,远离海上航线。尽管如此,居住在这些岛屿上的人群却是那些自有人类以来,从遥远的亚洲乘着独木舟而来的无畏的无数航海者们。

船只:瓦阿努号、奥拉瓦号、阿拉努伊号
船长:让·奥古斯特·提莫、伯纳德·波林、塔普图·马普希
国家及地区:法属波利尼西亚

第一日

社会群岛　塔希提岛　帕皮提

南纬 17°32′　西经 149°34′

太平洋

今天是星期日。塔希提岛上法属波利尼西亚的首府帕皮提的礼拜日弥撒和这里其他城市的一样，吸引着众多虔诚的教徒，尤其是女教徒，她们戴着华丽的白帽子前来。经过两个世纪的福音传教，当地古老的信仰和"异教徒"的仪式消失在了历史洪流中，但当地即使在今天仍使用波利尼西亚语主持弥撒。法属波利尼西亚拥有约25万的居民，其中约15万人居住在塔希提岛。帕皮提吸引着所有期待寻找美好生活，特别是想找工作的人。如今这座城市已然成为一个"大熔炉"，混杂着马克萨斯人、包莫图斯人以及来自中国和欧洲的移民后裔。

在中央市场，人们无法抗拒摊贩们热情的笑容和他们可爱的口音，尤其是如瀑布下冲的小舌音。"快来看一看，瞧一瞧，我们有香蕉，还有面包果。大胆过来，尝一尝我们的臭鱼水！我们用臭鱼水腌制鱼肉，你知道这个味道吗？就像卡芒贝尔奶酪[76]一样。"[77]

我们随后来到了维纳斯角。我们及时赶上了今年最大的独木舟比赛之一：3天内航行170公里的"塔希提之行"。比赛组织者巴尔迪·塔茹拉跟我们解释道："独木舟比赛是一场真正的信仰仪式，它释放着我们的激情。独木舟比赛是波利尼西亚人最钟爱的运动，它不仅仅是一项高水准的运动，更是一次超越我们自身且有灵魂的行动。它历史悠久，我们的祖先当初就是乘着独木舟来到这里的。该传统已延续了几千年。"

下午过后，我们朝着岛内山谷的方向前进，山谷蜿蜒盘旋在高耸的火山山脚下。塔希提岛仍散发着年轻岛屿的魅力。它那树木葱茏的山峦和淡水瀑布也许与当地美丽的土著女人一样，吸引着第一批航海家不顾南太平洋太阳的炙烤航行数月抵达这里。在港口码头上，我们一天的旅行以一顿便饭结束了。中国与布列塔尼的气息飘动在几十家小小的受欢迎的饭馆之中，向人们发出了出人意料的邀请。

第二日

社会群岛　莫雷阿岛

南纬 17°29′　西经 149°50′

太平洋　／　航行里程：15 km

一大早，我们就乘着渡轮前往莫雷阿岛——塔希提岛的姊妹岛。壮丽的群山和锯齿状的山峰倒映在大海里，构成了波利尼西亚美丽的风景之一。我们在俯瞰奥普诺胡湾的观景台之上待了许久，这里正是近250年前詹姆斯·库克和奋力号的水手们到达的地方。

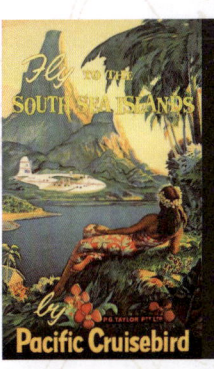

博拉博拉岛与美国大兵

在第二次世界大战的时候，博拉博拉岛登上了历史的舞台。面对日本在太平洋的进攻，美国人决定在博拉博拉岛建军事基地与机场跑道。

但是日本人最终没有涉足此岛。当美国大兵回国时，他们将此岛称为"人间天堂"。在1970年帕皮提机场建立之前，飞机一直使用着该军事跑道，当时的游客也是到了博拉博拉岛后再乘船前往塔希提岛。

第三日和四日
社会群岛　博拉博拉岛
南纬 16°29′　西经 151°44′

太平洋　/　航行里程：230 km

回到帕皮提后，我们登上了瓦阿努号，这是一艘陈旧的货船，往返于社会群岛的各个岛屿。在胡阿希内岛度过一夜后，我们一大早来到通往太平洋明珠——博拉博拉岛潟湖的航道。

我们的船长每周来这里两次，他本想当我们的向导，但是由于必须在离开塔希提港前尽快重新装船，只好作罢。他让我们联系他的朋友帕特里克。帕特里克有两艘带发动机的独木舟，并通过向游客介绍潟湖来谋生。

不久我们便在瓦伊塔佩港口找到了帕特里克。"来吧！上船！我们将去特纳纳木小岛，我家就在那里。"

岛屿被笼罩在奥特马努火山的阴影下，我们沿着海岸航行在潟湖绿松石般的水面上。我们本想扮演航行于南洋上的冒险家，但是遍布在潟湖四周的奢华酒店将我们拉回了现实。博拉博拉岛是受欢迎的目的地之一，因此也是世界上高消费的岛屿之一。帕特里克并没有抱怨，他挣的钱也不少，但我觉得他有点怀念昔日岛上的气氛。"人们以前的日子更安宁，大家靠独木舟出行，也没有时间的概念，慢悠悠地生活着。我们会去珊瑚礁那里钓龙虾，去小岛捕在晚上才出来活动的椰子蟹。"

第五日和六日
社会群岛　赖阿特阿岛
南纬 16°44′　西经 151°27′

太平洋　/　航行里程：45 km

在瓦伊塔佩港口，我们找到了年轻的船长皮埃尔-伊夫。经过4个小时的航行，我们在塔哈岛抛锚停船，并在那里过夜。早上，我们继续在一望无垠的潟湖内航行，塔哈岛和圣岛赖阿特阿岛就在潟湖中。据传说，岛屿第一代君王天神希若就是从赖阿特阿岛出发，乘坐独木舟以及其他大型独木舟相继前往复活节岛、夏威夷岛与新西兰定居的。因此赖阿特阿岛成为"波利尼西亚大三角"的中心区域。

诺琳娜出生于赖阿特阿岛，怀着对岛的热爱，她会向过往的游客介绍她的家乡。"我们在的这个地方是毛利会堂，这是我们毛利人的神庙。在波利尼西亚，毛利会堂经常被建在海边，但我们眼前这个塔普塔普阿泰毛利会堂则朝向神圣的特瓦莫阿拉航道。"

第七日
社会群岛　胡阿希内岛
南纬 16°44′　西经 151°00′

太平洋　/　航行里程：42 km

伴随着航行在潟湖上的帆船上的音乐，我们到达了背风群岛中最隐秘、最原始的胡阿希内岛。由于这座城市受旅游业影响不大，所以在我们眼前展示了它最真实的面貌。在凝望着被椰子树环绕着的海岸时，我们仿佛看到了在第一批航海家的冒险故事中述说的失落天堂。

第八日
持续航行

欣赏完胡阿希内岛的美景后，我们将船头调往土阿莫土群岛，这是一座位于塔希提岛以北350公里的群岛。

科学考察之行

1595年,西班牙航海家门达尼亚·德·内拉曾在马克萨斯群岛停靠,但波利尼西亚很快就被人们再次遗忘,直到两个世纪后英国人塞缪尔·沃利斯的到来。沃利斯乘着海豚号,于1767年6月抵达塔希提岛。据说在马塔维湾停留期间,水手们凭借当时波利尼西亚人不曾见过的铁钉获得了青睐。之后,其他欧洲帆船相继来到这个当时被认为是伊甸园的岛屿。

在塞缪尔·沃利斯之行后不到9个月,路易·安托万·德·布干维尔也来到了塔希提岛。他于1766年11月15日乘着布德斯号,在星辰号的护航下离开了南特[78]。对于这个诞生于启蒙运动时期且知识渊博的航海家而言,环绕世界的航行需要众多科学家的参与。在这次旅行中,博物学家菲利贝尔·肯默生发现了一朵花,并将其命名为"九重葛"。停泊在土阿莫土群岛后,布干维尔于1768年4月2日来到塔希提岛。虽然他只在岛上停留了一个星期,但他在1771年出版的《环球纪行》一书却促成了波利尼西亚"人间天堂"和"高贵的野蛮人"的神话的诞生。他从塔希提岛离开时带上了一位名为阿胡托如的塔希提岛年轻人,并让其面见法国国王路易十五。尽管这次世界航行对科学影响非常微弱,但阿胡托如的存在激起了人们的激情,并促进了17世纪末盛行的关于"自然人"的哲学思想的成熟化。正如布干维尔承诺的那样,年轻的塔希提岛人得以返回他的家乡,但他在当时被称为"法兰西岛"的毛里求斯岛上不幸死于天花。[79]

那个时代最伟大的航海家无疑是詹姆斯·库克。11年间,他走遍了世界各大海洋,完成了对太平洋的探索。1768年,为了观察金星在地球和太阳之间的运行,他以科学任务负责人的身份抵达塔希提岛。之后,他三次返回塔希提岛,并发现了博拉博拉岛和胡阿希内岛。

他很快便明白,欧洲文明将对波利尼西亚文化产生负面影响。科学考察之行其实为各怀己私的旅行者开辟了道路,其中包括捕鲸者、武器和酒精商人,以及天主教、新教的传教者。

第九日
土阿莫土群岛　朗伊罗阿环礁
南纬 15°07′　西经 147°38′

太平洋　/　航行里程：410 km

土阿莫土群岛中最大的环礁看起来像海洋中心失落的绿洲。只有两条航道穿过狭长的珊瑚带，连接着潟湖与公海。岛屿的活力集中在这两条航道上。提普塔是岛屿主要的村镇之一，正经历着一场深刻的变革。为了促进采珠业和旅游业的发展，椰干的生产和海产的捕捞正逐步被淘汰。传统与进步之间的冲突似乎并没有对特胡里产生太大的影响。他乘着摆渡船整日来往于航道两岸，骄傲地展示着他从头到脚象征着当地文化的文身。

第十日
土阿莫土群岛　朗伊罗阿环礁　礁岛
南纬 15°02′　西经 147°38′

太平洋　/　航行里程：30 km

几个小时后，我们在一艘双体船上受到了伯纳德和马伊娜热情的迎接。他们说道："我们要去艾依艾依岛，176号岬角，差不多需要一个半小时。"

朗伊罗阿环礁水域海产丰富，在帆船穿越水道的时候，我们将一根钓鱼线套在船尾，刚好钓上了几条鲹鱼当晚饭。艾依艾依岛更为人熟知的名字其实是"礁岛"。我们要想在这座岛登岸显然有些困难，伯纳德在离海岸几十米的地方就抛锚停船。我们走下船时小心翼翼地防范着绕船游动的小黑鲨鱼。远处是用树干架起的房子，屋顶由露兜树叶子编织而成。同一家庭的几个成员在族长的领导下办起了"民宿"，这种简单的经营模式遍布波利尼西亚。

第十一日
粉色沙滩　小岛瓦伊图里
南纬 15°00′　西经 147°40′

太平洋　/　航行里程：20 km

离开了"礁岛"，我们朝着朗伊罗阿环礁的东部驶去。

在环礁这片水域中，潟湖呈现出最美的颜色，各种不同色调的蓝色和绿色交织，蔓延至地平线，与太阳的光芒遥相呼应。

第十二日和十三日
持续航行

第十四日
土阿莫土群岛　马尼希
南纬 14°24′　西经 145°57′

太平洋　/　航行里程：180 km

我们抵达后不久，这个看上去昏昏欲睡的岛屿在听到孩子们从学校走出来的尖叫声后苏醒了。孩子们大多数住在分散于环礁周围的珍珠养殖场。登上校船，我们到达一个大约10公里外的珍珠养殖场。在位于潟湖边缘的小作坊里，亨利与他的妻子和女婿共同养殖着珍珠牡蛎。他每天要处理数百只牡蛎，很少有时间能抬头望一望屋子周围的美景。

第十五日和十六日
持续航行

我们乘飞机返回朗伊罗阿环礁，及时登上了前往马克萨斯群岛的客货轮阿拉努伊号。

第十七日
马克萨斯群岛　努库希瓦岛
南纬 8°52′　西经 140°06′

太平洋　/　航行里程：890 km

阿拉努伊号的码头工人开始卸4天前在帕皮提装上的集装箱。他们运送的货物对群岛的经济至关重要，正如船长所说的："船的作用是为大大小小的岛屿供应水泥、糖、大米，还有柴油等物资的。阿拉努伊号是连接塔希提岛和马克萨斯群岛的脐带。"

在码头上，一群马克萨斯群岛的年轻人用鼓声与歌声

迎接我们，这是一种欢迎旅行者的仪式。

近年来，马克萨斯群岛的文化重新焕发了活力。在殖民时期，该群岛特有的文化险些消失。当时传统社会结构被打破，人们被抓到捕鲸船或秘鲁矿山劳作，再加上酗酒和疾病，凡此种种，马克萨斯群岛人多次逃过种族灭绝的危险。下午早些时候，经过短暂的航行，我们抵达塔皮瓦伊——一个位于山谷深处的偏远村庄。

我们乘坐的捕鲸船——一艘装满各种货物的实木船，沿着通往村庄中心的河流航行。我们在那遇到了埃德蒙。近年来，他放弃了种植椰子，转而致力于雕塑艺术，跟所有马克萨斯群岛的艺术家一样，半神半人的提基神是他喜爱的主题之一。他说道："我尝试用他的大眼睛、鼻子、嘴巴和握着的双手来突显他睿智的目光。如果人们想要保留传统，保留马克萨斯群岛真正的工艺感，那么提基神的塑造是关键所在。"

第十八日
马克萨斯群岛　瓦胡卡岛

南纬 08°54′　西经 139°33′

太平洋　／　航行里程：60 km

早上 7:00，我们穿过了一条为航海家所熟知的航道——"隐形航道"。航道通往"马岛"——瓦胡卡岛。1842 年法国在吞并马克萨斯群岛时将马引入岛屿，而如今马成了岛屿景观必不可少的一部分。它们在海浪冲击而成的陡峭悬崖上自由奔跑。当我们驶向希瓦瓦岛时，夜已深，吉他和尤克里里的琴声仍回荡在货轮的走廊和甲板上。波利尼西亚人喜欢聚会狂欢，阿拉努伊号的水手们自然也不例外。

第十九日
马克萨斯群岛　希瓦瓦岛　阿图奥纳

南纬 9°47′　西经 139°00′

太平洋　／　航行里程：125 km

早上 8:00，我们来到阿图奥纳港口的码头。我们早上前往小型海滨十字架公墓朝圣，那是雅克·布雷尔[80]和保罗·高更[81]长眠之地。我们在那儿遇到了塞尔日。他曾是雅克·布雷尔的朋友，见过布雷尔一两次，但并没有因此扬扬得意。他欣赏艺术家的作品，但最让他动容的是布雷尔的质朴。布雷尔在留下来的 3 年里利用自己的名气和钱财无私地帮助着当地人。塞尔日正努力修复着乔尔号，这是布雷尔送给马克萨斯群岛人的飞机。

穿过岛屿，我们来到了希瓦瓦岛北海岸的普阿马岛。

距离海岸几公里的地方，是用于举行古老陪葬仪式的寺庙遗址，其上耸立着巨型提基神像，部分石像高约 3 米。与复活节岛上的摩艾巨石像不同，摩艾巨石像如今只能唤起人们对逝去世界的记忆，而普阿马岛提基神像则守护着马克萨斯群岛文化。

赫尔曼·梅尔维尔与马克萨斯群岛

因为著名小说《白鲸》的作者赫尔曼·梅尔维尔曾提及自己以前在努库希瓦岛的塔皮瓦伊村住过一段时间，所以这个地方才为人所知。梅尔维尔年轻时是一名水手，当捕鲸船高仕利号短暂停靠在塔皮瓦伊村的时候，他逃到岛上与当地居民生活了三个星期，而当地居民以食人闻名。如今塔皮瓦伊人性情平和，满足于制作椰子干和种植香草。

树皮剥下来，然后不停地拍打，直至得到一块非常光滑的面料。我们会把面料静置一段时间，然后再开始编织与装饰。"

第二十一日
下午 马克萨斯群岛 法图伊瓦岛 哈纳瓦瓦

南纬 10°28′ 西经 138°39′

第二十日
马克萨斯群岛 法图伊瓦岛 奥玛阿

南纬 10°29′ 西经 138°39′

太平洋 / 航行里程：70 km

离开希瓦瓦岛，我们朝着西南方向的法图伊瓦岛出发了。乘船是去往该岛屿的唯一途径，我们都对未知的彼岸充满了好奇。

滔滔海浪有时让船只靠近奥玛阿小村庄变得颇为困难，着陆需要强壮的体力和所有水手的团结一致。奥玛阿是"塔帕"之村，这是一种以马克萨斯群岛神话为主题的已经传承了千年的织物制作技术。制作"塔帕"的技艺在波利尼西亚其他所有岛上都失传了，现在只剩下奥玛阿的妇女还在编织着，朱莉安娜便是其中的一员。她说道："我们用榕树、面包果和桑树这三种树的树皮制作'塔帕'。我们把

太平洋 / 航行里程：20 km

在一艘捕鲸船上，我们经过绰号为哈纳瓦瓦且状似阴茎的玄武岩巨峰，哈纳瓦瓦意为"阴茎湾"。据说，人们在传教士神父的要求下把巨峰的名字改成了"处女湾"。因为坐落在令人头晕目眩的火山岩壁围绕的环境中，小渔村哈纳瓦瓦的居民一如既往地靠捕鱼和种植农作物生活。

对于年轻人来说，货轮的到来为他们提供了一次狂欢的机会。他们整日跳舞唱歌，享受着向外面世界开放的短暂时光。他们为前来参观的游客送上鲜花，不期待任何回报，仅仅是出于纯粹的欢乐。

潟湖的珍珠

很长一段时间里，潜水员都希望在潟湖湖底找到含稀有珍珠的牡蛎。在20世纪60年代，日本人开发了珍珠养殖业。这项技术涉及将取自密西西比蚌贝的珍珠质小圆核放入牡蛎中，这是牡蛎唯一不排斥的圆核。然后牡蛎被放回到潟湖，接下来只需等待牡蛎为圆核覆盖上珍珠质，这样一颗珍珠便形成了。

波利尼西亚文化

在19世纪,法国逐渐将塔希提岛纳入自己的保护领地,并于1880年吞并波利尼西亚最后一位君主——波马略五世的领土。塔希提岛像非洲和亚洲的殖民地一样,被迫遵循着以国庆节为标志的共和国传统。但军事阅兵和官方讲话几乎未对人们产生影响,法国国庆节正逐渐转变为持续数日的海瓦节。人们会在节日期间举行划独木舟、投掷标枪和举石等比赛,而这些备受欢迎的比赛项目又为歌舞比赛的展开提供了契机。每个协会都做好了充足的准备,以展现不忘波利尼西亚历史的初心。

来自法属波利尼西亚所有岛屿的歌手与舞者,不论是业余的还是专业的,都前来参加帕皮提的大型聚会,欲一决高下。塔希提岛大芭蕾舞团舞蹈家洛伦佐·施密特说道:"每个波利尼西亚人的基因里都带着对舞蹈的激情和热爱。在很长一段时间内,从布干维尔到高更,人们对土著女人始终保持着一种刻板印象,它甚至成了新基西拉岛[82]神话的一部分。而今天,我们希望展现本土舞蹈的另一面。它充满活力与动力,富有表现力和生机。"

在古老的马克萨斯社会中,文身作为一种战士的服装用来吓唬敌人,同时也用来吸引异性。文身随着人们年岁的增长会不断增多,从一个小点发展到覆盖全身。它首先是一种社会身份的标识。传教士认为文身是一种异教徒的仪式,曾将其禁止,但自20世纪80年代初以来,文身开始重新流行。通过回归文身传统,马克萨斯人向他人表明自己的身份认同。像所有年轻一代的文身艺术家一样,雷蒙德从占主导地位的传统的提基神图像中汲取灵感,创造了自己特有的图案。

从台湾岛到复活节岛

波利尼西亚人的迁徙

星辰下独木舟之行

当第一批欧洲航海家于18世纪末发现南太平洋岛屿时,波利尼西亚人已经在那里定居几千年了。波利尼西亚人对独木舟的热情源于祖先,他们的祖先就是乘着独木舟横跨无边无际的太平洋,且完成了漫长的迁徙之行的。大约在公元前2500年,第一批南岛语族乘着长桨船从中国南部,更确切地说是从台湾岛出发,于公元前1600年左右到达所罗门群岛,随后继续前往斐济、萨摩亚和汤加。在300年左右,他们抵达社会群岛。他们的独木舟配备着船帆,但多亏了具有优越性的木桨,第一批波利尼西亚人才得以跨越如此遥远的距离。

他们从位于社会群岛中心的圣岛赖阿特阿岛出发,沿着三个不同的方向继续迁徙之行。往北走的在900年左右到达夏威夷;向东走的几乎同一时间抵达复活节岛;向南走的乘着瓦卡独木舟(毛利人的独木舟),大约在1200年发现了奥特亚罗瓦[83]——"长白云之乡",也就是新西兰。三次航行的三条航道在太平洋上形成了"波利尼西亚大三角"。在这一望无垠的海洋领土上,人们拥有相同的历史、相同的文化和相同的信仰。在漫长的迁徙过程中,波利尼西亚人的祖先跟随着候鸟的迁徙之路和太阳的运行轨迹航行。他们观察着头顶苍穹,知晓了某些星辰出现与消失的地方。长途的航行无疑是危险重重的,相较于遇见暴风雨,迷失方向是更为凶险的情况,如在从环礁或岛屿旁经过时却没有发现。为了避免这种问题,独木舟并非结队并行,相反,它们彼此远离,同时保持队形,且邻近的独木舟也始终在视线范围内。这样小船队便分散在一个庞大的区域内。

太平洋探险

1520 年，麦哲伦开辟了通往太平洋和香料群岛的航线，但直到 18 世纪末，布干维尔和詹姆斯·库克才开始探索太平洋。他们发现波利尼西亚人已经在几千年前定居此地。

船只：南方号
船长：雷米·热纳瓦
国家及地区：智利—皮特凯恩（英国海外领地）—法属波利尼西亚

第一日
智利 瓦尔帕莱索
南纬 33°02′ 西经 71°37′

太平洋

哪一位水手不曾梦想着有一天能亲眼看看这个被大雾笼罩的海湾，不曾想象着数百艘帆船停靠在瓦尔帕莱索？

在19世纪中叶，经过170天的海上航行并越过合恩角后，瓦尔帕莱索的出现对水手们来说无疑是一种解脱和应得的愉悦。在经过了长达几周的卸货工作后，再次出发去往合恩角的日子到了。这令一些水手宁愿跳入水中或者消失在城中。

在港口周围，一些船主的漂亮房子见证了瓦尔帕莱索等同于利物浦、热那亚或孟买的时代，也目睹着如今一些被废弃的小巷的历史。在这个街区，我们找到了名为"自由"的酒吧，这是城市最古老的酒吧。酒吧墙上贴着泛黄的水手和船的照片，常客们想起了昔日的美好时光。正如酒吧老板卡洛斯说的那样："所有人都围着港口转，瓦尔帕莱索港口上演着各式各样的故事。这个酒吧在西班牙殖民时期开业，自那以后，客人从未改变，都是靠海谋生的人，如码头工人、渔民，还有来自海湾的水手。"

瓦尔帕莱索除了港口外，还有众多环绕着海湾的山丘，远看这座城市，它仿佛是一座巨大的露天剧场。山丘之间有电梯互通，虽然电梯有些破旧，但仍是城市魅力的一部分。1914年巴拿马运河开通后，港口经济一落千丈，山丘上的街区曾一度成为充斥着苦难的郊区。

如今，这些街区重新焕发着活力，到处是餐厅和艺术画廊。瓦尔帕莱索一直吸引着艺术家，尤其是像恩里克·莫罗这样的诗人。他说道，"在这里，每座山都有自己的名字：'快乐之山''迷醉之山''蝴蝶山'……而'瓦尔帕莱索'则意为'天堂谷'。这里的空气中都飘散着诗意"。

我们慢慢向停靠在海岸的船走去。在一个广场上，一个男人拉起了小六角手风琴，几对退休夫妇伴着琴声起舞。港口是向世界开放的窗户，可能某一艘阿根廷货轮上的"逃票者"——探戈，正是以这样的方式来到了瓦尔帕莱索。

第二日
持续航行

第三日
智利 胡安·费尔南德斯群岛
南纬 33°38′ 西经 78°48′

夜间，涌浪袭来。当我们抵达胡安·费尔南德斯群岛时，船长试图放下小艇，但波浪过高，出于安全考虑，他放弃了在此地停靠的想法。于是我们继续向复活节岛前进。胡安·费尔南德斯群岛——鲁滨孙漂流的岛屿仍保留着神秘面纱。

第四日至七日
持续航行在太平洋上

连续4天，太阳像火球般落入大海，似乎向我们指示着前往复活节岛这个神秘岛屿的方向，我们所有的思绪都飘向了远方。

第八日和九日
智利 复活节岛
南纬 27°07′ 西经 109°21′

太平洋

远处的地平线上，复活节岛的轮廓从破晓的阳光中缓缓露出，晨曦时刻是如此令人迷醉。我们在一个小海滩边靠岸了，岸边种满了棕榈树，岛上的一座标志性的巨型雕像——摩艾石像守卫着这里。一些野马在自由驰骋。复活节岛跟我们想象的一样。大拉帕岛[84]的众神与我们同在。

我们在岛上唯一的城市——安加罗阿找到了莉莲·冈萨雷斯。这位考古学家将帮助我们揭开有关岛屿历史的神秘面纱，她说道："当波利尼西亚人抵达大拉帕岛时——我们无法知道确切的时间，大约是在700年左右——复活节岛是离他们出发点最远的地方。当地居民的信仰主要来自对祖先的崇拜，他们的祖先与创造神有着某种联系。"

莉莲带着我们前往拉诺·拉拉库火山侧翼的采石场，那里还有200个未完成的如奇幻动物一般的石像，它们来自大地深处。

摩艾石像被运出山后，一路被送到海边，最后被竖立在叫作"阿胡"的祭坛上。在阿胡祭坛上，有7个5至6米高的雕像伸出双臂望向大海。这些整齐排列的雕像意义何在？祭坛究竟是举行仪式的圣殿、墓葬地还是祭祀地？我

们不得而知。另一个谜团是：我们眼前的岛屿只剩下一片浅草和稀疏的树林，而在第一批移民到来时，岛屿上植被茂密且遍地都是棕榈树。其间究竟发生了什么？

起初，岛上的树木可以满足复活节岛人对木材的日常需求，但是庞大的摩艾石像的运输需要大量的树木来制作粗木棍、轨道以及撬棍，所以他们开始大量砍伐树木。当资源殆尽时，部落冲突也开始频繁爆发。为了增加实力，他们又向祖先和神灵奉上更多的祭品。那么，在与世界其他地方隔绝的状态下，这些波利尼西亚人是如何继续生存在没有植被的岛屿上的呢？这可能是复活节岛上的唯一真正的谜团。

第十日至十三日
持续航行在太平洋上

第十四日
大不列颠 皮特凯恩岛 亚当斯敦
南纬 25°04′ 西经 130°06′

太平洋 / 航行里程：2000 km

在4天的航行中，我们看不到一片土地或一只飞鸟。4天后，我们终于来到了皮特凯恩岛。这块小而荒凉的岛屿像一艘幽灵船一样漂浮在太平洋上，而一个已成为神话的冒险经历——本特号的暴动正是在这里上演的。

好莱坞电影自1916年以来已经五次将本特号暴动事件搬上银幕！但当我亲临事件发生地时，还是唏嘘不已。

现在皮特凯恩岛真的消失在了世界的尽头，每年只有一艘货轮从新西兰过来为当地居民提供物资。邮轮的到来对当地人来说就是一件大事。岛上共有65人，他们非常乐意带领游客参观岛屿，尤其是纪念他们祖先——本特号叛乱者。保罗一身海盗的打扮，他对于本特号叛变事件有不同的看法："好莱坞美化了叛变。我想到的是被抛弃的水手眼睁睁地看着本特号离开；想到的是暴动的水手不得不东躲西藏，挣扎在法网之外。他们始终没有获得解脱……对我来说，这才是关键问题。"

由于滔滔海浪经常阻碍船只靠岸，再加上频繁且猛烈的旋风与电力不足等问题，当地居民在互联网到来后才得以与世界沟通。

摩艾石像的搬运问题

之前科学家们一直认为，巨大的雕像是被放在圆木上，然后通过滚动的圆木从采石场运到祭坛上的。而现在，一位考古学家推测，它们是被左右晃动着，缓缓地"走"到了祭坛上的。这个理论还有待证实，但它符合一个口口相传的故事，那就是摩艾石像会走路。

大拉帕岛与鸟人神话

由于缺乏造船所需的木材，大拉帕人无法逃离岛屿，就像被众神囚禁后抛弃了一样。在这种情况下，古代的鸟人神话复活了。这个神话讲述的是至高无上的造物神玛科·玛科将一个蛋带到莫图小岛，大拉帕岛的第一批居民便出生在那里。这个神话符合波利尼西亚人的宇宙观，他们认为人类是由鸟和鱼交配而来的。

也许是在牧师的推动下，一种独特的信仰仪式诞生了。每年，复活节岛上的年轻人从海边悬崖上跳下，游过海水湍急并时有鲨鱼光临的海湾，在抵达莫图小岛后，爬上岛去寻找鸟神玛科·玛科的蛋。他们用头带将蛋绑在额头上，回到复活节岛后将蛋交给酋长，而酋长在当地被称为"阿里基·努伊"，意为"伟大的战士"。

这个仪式通常在9月举行，每年的这个时候，军舰鸟都刚好结束几千公里的旅程，并返回复活节岛上的巢穴。

第一个完成该壮举的勇士将接受祝圣成为"鸟人"。在头发、睫毛和眉毛被剃光，脸被画上一些图案后，他再穿上羽毛服饰，就成了半神。鸟人将在拉诺·拉拉库火山采石场旁的一所房子里与世隔绝地独自生活。在整整一年中，鸟人将成为复活节岛部落纷争的仲裁者。1862年，大拉帕人被赶到秘鲁采集海鸟粪，此后鸟人崇拜便消失在了历史的长河中。

从塔希提岛到皮特凯恩岛，本特号暴动

1787年，由威廉·布莱指挥的英国皇家海军舰艇本特号离开英格兰，船上共有44名船员和2名植物学家。事实上，布莱肩负的任务是收集面包果苗，将面包果引进加勒比地区，以便用低廉的成本养活在种植园工作的奴隶。在10个月漫长而艰苦的旅程中，绕过合恩角的航行最为惊心动魄。本特号于1788年10月26日在塔希提岛登岸，之后面包树苗的采收工作便开始了。眼前岛上美丽的景色和波利尼西亚女人的风情与此前航行中威廉·布莱船长的粗鲁严苛形成了鲜明的对比。水手们开始与塔希提岛的女人来往，尤其是弗来彻·克里斯琴和玛努阿图。一开始，布莱对此置之不理，只对旷工的水手施以惩罚，但体罚的次数日益增加。水手们用6个月的时间完成了采收工作，并且于1789年4月4日返航。在离开塔希提岛15天后，布莱的偏执行为使船员对他的怨气激增。在停靠汤加期间，船长指责弗来彻·克里斯琴偷走了他的储备粮——椰子，随后出于报复，克扣了水手们的朗姆酒，并将他们的口粮减半。

4月28日，叛变爆发了，船长和18名忠诚的水手被抛弃，只留下一艘小船和够吃喝5天的食物与淡水。令人难以置信的是，小船在经过超6000公里[85]的航行后，于6月14日来到帝汶的古蓬港。

反叛者驾驶本特号回到塔希提岛，召集了一些男人和女人上船后，又重回大海。在试图定居土布艾岛失败后，16名男子决定返回塔希提岛。显而易见，克里斯琴不能留在塔希提岛，他曾表示："叛乱之后，我绝对不能继续留在塔希提岛，我会顺着风航行并在随后遇到的第一座岛屿靠岸。"1790年7月23日，他到达塔希提岛以东2200公里的皮特凯恩岛。他们烧毁了本特号以销毁踪迹，并着手殖民地的开辟。但波利尼西亚人和英国人的关系最终恶化，双方开始互相残杀。当捕鲸船托帕兹于1808年9月停在皮特凯恩岛补充供给时，约翰·亚当斯是当时唯一在世的叛变者。弗来彻·克里斯琴在1793年被一位同伴所杀，人们始终没有找到他的尸首。只有约翰·亚当斯和他的波利尼西亚妻子蒂奥得以在墓地长眠。

第十五日
甘比尔群岛（曼加雷瓦岛）
南纬 23°07′　西经 134°58′

太平洋　/　航行里程：540 km

我们离开皮特凯恩岛，继续穿越南太平洋向甘比尔群岛出发。它距塔希提岛 1700 公里，是法属波利尼西亚最偏远的群岛。岛上主要村庄基提亚的所有居民都手拿着鼓、尤克里里还有花环欢迎我们。乘客和当地人穿过村庄到达俯瞰着整个潟湖的圣米歇尔大教堂。在皈依基督教之前，这个地方有自己的信仰并崇拜君权。我们还发现了曼加雷瓦岛最后一位国王马普特奥的捕鱼陷阱，这个陷阱由一堵墙和珊瑚围着。曼加雷瓦岛此前信奉多位神灵，但在传教士到来的几年后，本土信奉的神灵被抛弃，该岛转身成了波利尼西亚天主教的摇篮之一。大教堂是殖民者对当地文化的唯一让步，教堂完全以珊瑚为建筑材料并饰有珍珠。

第十六日和十七日
持续航行在太平洋上

第十八日
土阿莫土群岛　法卡拉瓦环礁
南纬 16°18′　西经 145°36′

太平洋　/　航行里程：430 km

早上我们到达塔希提岛。在这次近 5000 公里的太平洋航行中，我们登陆过的所有岛屿，如复活节岛、皮特凯恩岛、曼加雷瓦群岛与法卡拉瓦环礁等，这些都与波利尼西亚人的迁徙有关。这些航道并非商业之路，而是文化之路，纪念波利尼西亚祖先迁徙的独木舟比赛且激发着当地人的激情。独木舟比赛是一场真正的祖先崇拜，涉及法属波利尼西亚的五大群岛。我们的向导埃尔韦致力于向波利尼西亚青年传授波利尼西亚历史和文化知识。"我的文身展示的是波利尼西亚人的迁徙历史。看，这是五大群岛，这是象征力量的提基神，下面是太平洋。"

太平洋　/　航行里程：1345 km

我们离开甘比尔群岛后，沿着土阿莫土群岛向法卡拉瓦环礁方向行驶。法卡拉瓦环礁和土阿莫土群岛属于从复活节岛到塔希提岛中的一系列海底火山的一部分。这些火山位于大陆板块上，以每年约 10 厘米的速度向西漂流。随着时间推移，岛屿开始下沉。位于曼加雷瓦群岛的火山仍然相当高，但在我们即将到达的法卡拉瓦环礁，火山已完全消失在水下。该岛的存在归功于珊瑚的生长，而珊瑚又赋予了环礁迷人的一面。法卡拉瓦环礁上只有几百个居民，其中很大一部分居民聚集在来自帕皮提的货船停靠的港口。我们在那儿遇到了艾诺哈。他出生于马克萨斯群岛，一直以来都在寻找一个理想的地方开小餐馆，希望能与大自然和谐相处。他在法卡拉瓦找到了他的理想岛屿。"每个人都在焦急地等待提供物资的纵帆船的到来。我有一家餐馆，用来接之前预定的商品。每个人都来船上找住在塔希提岛的家人寄来的包裹。起初我们单纯地满足于大自然的馈赠，但随着时间的推移，我们有了新的需求，供货船就成了不可或缺的东西。"

威廉·布莱与面包果的诅咒

1789 年，在英国皇家海军舰艇本特号叛变期间，威廉·布莱在塔希提岛采集的 1015 棵面包果被叛乱者抛入海中。1792 年，布莱为了完成任务，指挥着皇家海军舰艇普罗维登斯号重回波利尼西亚。虽然他设法将植物运到西印度群岛，但任务仍以失败告终。这一次失败的原因是奴隶们拒绝吃面包果的果实，威廉·布莱对此也无可奈何。

第十九日
塔希提岛　帕皮提
南纬 17°32′　西经 149°28′

荒岛求生

鲁滨孙·克鲁索

丹尼尔·笛福,从海事新闻到文学神话

亚历山大·塞尔柯克来自苏格兰高地一个名为纳德·拉戈的小镇。1695年,19岁的他成了一名水手。

在中美洲和加勒比地区待了几年之后,他作为领航员加入前英国海盗托马斯·斯特拉德林率领的远征队。1703年,丹彼尔在破产后开始听从海盗船王港号的号令,其任务是在南海马尼拉袭击一艘西班牙武装商船。

由于船只破损,塞尔柯克建议托马斯·斯特拉德林前往港口修船。性情粗暴专横的托马斯·斯特拉德林拒绝了他的提议。塞

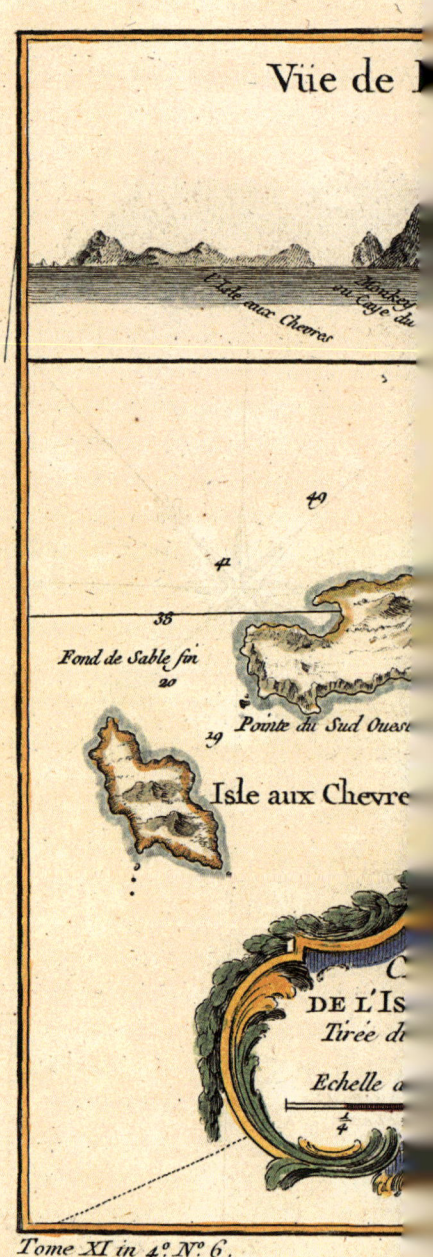

尔柯克随后试图号召船员加入他的队伍,在努力无果后威胁说要下船。托马斯·斯特拉德林于是顺着他的意思将他弃于胡安·费尔南德斯群岛的荒岛鲁滨孙·克鲁索岛上。

1709年威廉·丹彼尔将此事记入航海日记中,人们才得以了解这个"鲁滨孙"在荒岛上近5年的生活。起初,塞尔柯克一直期盼着英国船的到来。在经过几个月的等待后,他决定自力更生,好好计划生活。他建起了小屋,制作了生产工具和生活用具,与野山羊交起了朋友……当威廉·丹彼尔乘船到达荒岛补充供给时,发现了一个浑身毛茸茸、不会说话的野蛮人。

"我们的小艇很快便满载着龙虾,也把这个穿着山羊皮,看起来比动物更野蛮的男人带回来了。"

1711年10月,当威廉·丹彼尔的武装商船抵达伦敦时,塞尔柯克历经十载终于得以重返英国。威廉·丹彼尔出于钱财需求,决定在记者爱德华·库克的帮助下向人们述说塞尔柯克的故事。也许丹尼尔·笛福便是在《英国人》的专栏中发现了这个故事,并汲取灵感创造了鲁滨孙漂流的故事。

10年后,塞尔柯克从威廉·丹彼尔袭击马尼拉西班牙武装商船的战利品中获得了自己的份额。他回到苏格兰后,以英雄的身份受到了人们的欢迎。但绅士农民的新生活并不适合他,他仍旧憧憬着大海。1719年,他登上了进取号,同年丹尼尔·笛福发表了《鲁滨孙漂流记》。

曾在胡安·费尔南德斯群岛中荒无人烟的鲁滨孙·克鲁索岛上孤独地生活过5年的塞尔柯克因生热病而死。

《鲁滨孙漂流记》获得了巨大的成功。主人公的冒险精神和个人力量让读者们着迷,他通过努力工作与笃定的信仰找到生存意义的经历更是激励着读者们。

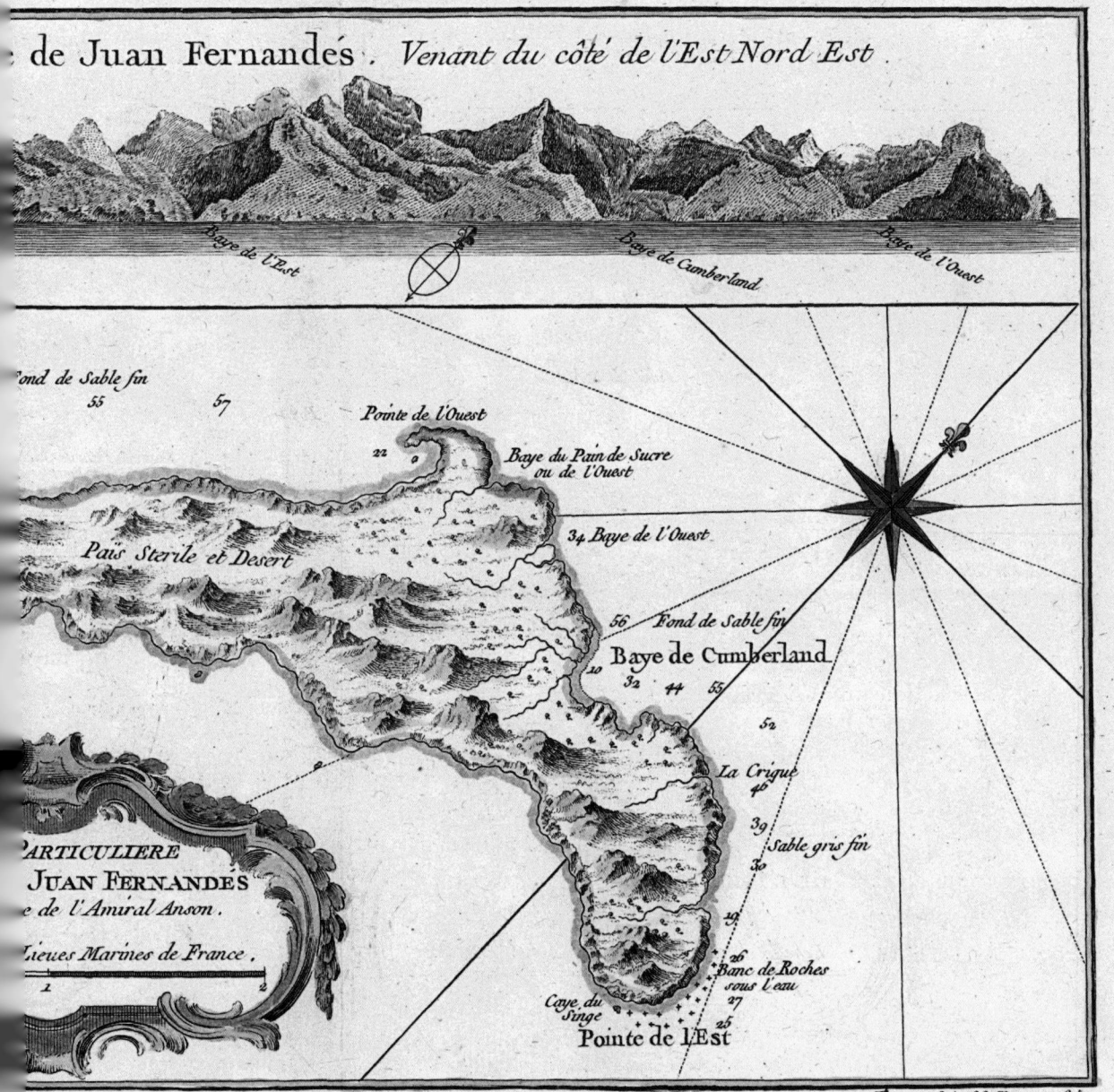

寻找未知的
南方大陆

在 18 世纪末，哥伦布在近 300 年前发现的新大陆已被完全殖民化，荷兰、英国和法国大型帆船纵横穿梭于欧亚之间，而伟大的航海家詹姆斯·库克则率先向太平洋发起进攻，以期寻找到神秘的南方大陆。

船只：旅居号
船长：卡尔洛·布尔
国家及地区：新西兰—澳大利亚

第一日
新西兰　奥克兰
南纬 36°51′　东经 174°47′

塔斯曼海

奥克兰是新西兰的门户。毛利人称第一批欧洲殖民者为"白人"，随后斐济人、萨摩人、汤加人，以及中国人、韩国人和日本人也纷纷来到新西兰。作为一个国际化的大都市，奥克兰成功地与海洋保持着一种独特的联系，因此人们将它称为"帆船之城"。经过翻新的旧码头现在引进了商店、餐馆和海事博物馆。我们在那儿找到了斯坦。他乘坐大型波利尼西亚船瓦卡的复制品，多次穿越太平洋，重走祖先的迁徙之路。他说道："对于毛利人来说，海洋至关重要。我们的祖先就是乘着独木舟从波利尼西亚来到奥特亚罗瓦（即新西兰）的。我们天生就有这样的想法，即我们属于海洋和这片陆地。"

在奥克兰，大海就在人们身边，他们只需几分钟便能离开市中心找到安宁，然后与家人一起在小海湾边度过一天。我们在一天结束时离开了奥克兰。

第二日
新西兰　惠灵顿
南纬 41°17′　北纬 174°46′

太平洋　/　航行里程：490 km

清晨，我们来到新西兰首都惠灵顿。天空低沉，预示着一场暴风雨，南纬40度纬线，即令水手们胆战心惊的"咆哮40度"[86]穿过这个城市。惠灵顿以多风闻名。被牢牢拴在港口的赛船证实了第一批欧洲航海家到来时的所见所闻。阿贝尔·塔斯曼[87]和詹姆斯·库克分别于1642年和1773年因暴风而无法成功进入惠灵顿湾。1865年，在殖民化开始仅仅15年后，惠灵顿因更靠近在南岛发现的金矿而从奥克兰手中夺走"首都"的称号。此后，惠灵顿从未停止向前发展的步伐。

第三日
新西兰　基督城　阿卡罗阿
南纬 43°31′　东经 172°38′

太平洋　/　航行里程：300 km

我们在基督城匆匆而过，这座城市本值得花更长的时间慢慢参观，但我们的船于当天晚上便往班克斯半岛的尽头驶去，阿卡罗阿便在那壮丽的海湾中。1840年，法国对新西兰的殖民统治应该就是从这里开始的。

几维鸟

新西兰是鸟之国，其中最有名的便是被尊为国鸟的几维鸟。几维鸟是夜行动物，生活在丛林之中，羽毛蓬松而厚实，但由于翅膀退化了后无法飞行，故以地上的昆虫和种子为食。事实上，如果它们的羽毛与其他鸟类一样优良精美的话，那么它们恐怕早已面临生存问题了。

毛利人、法国人和英国人

在离开神秘的夏威夷岛后，波利尼西亚人乘着长独木舟前往太平洋各处，并在大约800年前到达奥特亚罗瓦。1838年，当法国捕鲸船抹香鲸号的船长让·朗格卢瓦在这片大陆靠岸时，希望能在这里建起一个殖民地。

热爱冒险的家庭

让·朗格卢瓦之后创办了南特-波尔多公司，并于2年后乘巴黎公爵号重回大海的怀抱。获知法国探险队的消息后，英国人快马加鞭地加速了殖民统治的进程。1840年2月6日，他们召集了一些毛利人的首领，且双方签署了《怀唐伊条约》。6月17日，新西兰国的主权被转移至英格兰。当巴黎公爵号于1840年8月抵达新西兰时，英国国旗已经飘扬在阿卡罗阿了。灰心丧气的法国人中仍有约50人决定下船并定居此地。他们的土地所有权被英国人认可，他们中留下来的许多人最终于1851年入了英国籍。在被历史冷落了一个半世纪后，斯蒂芬·安扎克仍然依恋着法国。他说道："像利博、德马尔蒙特和莱万特等姓氏的家庭在这里定居了，他们喜欢这个地方，连绵起伏的丘陵让他们想起了诺曼底。在法国，他们找不到工作，所以为了摆脱贫困，选择了冒险！"

阿卡罗阿为新西兰增添了异国情调，虽然法国风情仅限于一些商店门前的招牌，但每一年的法式风情节都吸引着众多新西兰人前来探寻这里不为人知的故事。

第四日
新西兰　达尼丁
南纬 45°53′　东经 170°30′

太平洋　/　航行里程：310 km

我们离开基督城，向南往达尼丁前进。到目前为止，天气相当温和，"咆哮40度"区域也非常平静，但我们一离开海湾，大海立马换了样貌，狂风骤雨似乎提醒着我们大自然残酷的一面。我们在船上颠簸了一整晚。令人欣慰的是，早上，我们终于进入海湾平静的水域，这里将通往达尼丁的港口——查尔莫斯港。达尼丁是"爱丁堡"在盖尔语中的名称，这足见城市人民对苏格兰的依恋。

在大学任教的帕姆向我们解释说："苏格兰知名演员比利·康诺利曾打趣说，苏格兰人在1843年的时候决定在一个有雨的地方建立殖民地。我们知道，达尼丁不缺雨，当初苏格兰人怕是想寄托身处世界另一端的思乡之情吧。"

在19世纪60年代早期，金矿的发现引发了新的移民浪潮。马尔科姆·翁的祖先正是赶在那时来到此地的："他们之前在加州和维多利亚的矿场工作。许多中国矿工都留了下来，有些人开了商店、洗衣店，有些人当了菜农。"

第五日
峡湾国家公园
南纬 45°25′　东经 167°43′

塔斯曼海　/　航行里程：400 km

在夜间绕过新西兰的南端后，我们在早上进入了峡湾国家公园。横跨公园的所有峡湾中，米尔福德桑德最令人难忘。我们航行在近20公里长的巍峨群山中，其间瀑布一泻千里，令人目眩。离开如迷宫般鬼斧神工的山水世界，我们启航前往塔斯马尼亚岛。波利尼西亚之行暂告一段落，我们即将前往澳大利亚。

第六日和七日
持续航行在太平洋上

第八日
澳大利亚　塔斯马尼亚岛　霍巴特
南纬 42°53′　东经 147°19′

塔斯曼海　/　航行里程：1650 km

一大早我们就到了霍巴特。在17世纪，强盛的荷兰东印度公司资助荷兰航海家们，以便他们跨越各大海洋寻求财富。阿贝尔·塔斯曼就是这样在"狂暴50度"的边界上，经过漫长的航行之后发现了一片满是高山的土地。直到1853年，该岛才被命名为塔斯马尼亚岛。

毛利艺术

塔斯马尼亚岛是南太平洋富有的地区之一。在欧洲殖民统治之前，该好战民族的传奇故事以木头、骨头或玉石上的雕刻为载体被口口相传。这些覆有精美花纹的圣物被供奉在"毛利会堂"，即新西兰毛利人会集的封闭场所。

楚格尼尼，最后一位塔斯马尼亚土著

大约1.3万年前，最后一个冰河时代的结束导致了海平面的上升，这使得塔斯马尼亚岛上的原住民被隔绝在岛上。

在第一批欧洲殖民者占领他们的狩猎场后，原住民虽奋起反抗，但无奈石头终究敌不过步枪。1824年，州长乔治·亚瑟制定了种族隔离政策，并于1828年颁布了戒严令，允许士兵枪杀出现在欧洲人特区的原住民。1833年，岛上5000名原住民在经受一连串的追捕杀害后，只剩下不超过300人。很快，在英国殖民者、酒精以及梅毒的围困下，原住民遭遇了灭顶之灾。

楚格尼尼的故事象征着她的民族遭受的苦难。1812年，楚格尼尼出生于布鲁尼岛，在18岁之前，她的母亲被捕鲸者杀死，她的第一任未婚夫在反击绑架她的人时也被杀害，而她的两个姐妹劳温努胡和玛格丽德被绑架到坎加鲁岛贩卖为奴。

1830年，她与丈夫伍瑞迪以及其他100多名原住民被迁移到弗林德斯岛，他们被认为是最后一批塔斯马尼亚原住民。许多人随后病死。1873年，楚格尼尼作为这批人中的最后一位幸存者被带到霍巴特（Hobart）。1876年5月7日，在临终前，她跟医生这样说道："别让他们把我切成碎片。"但下葬后，人们还是将她的遗体挖了出来并挂在塔斯马尼亚博物馆陈列柜里，直到1947年。

1976年，在她去世100周年时，尽管博物馆出于科研考虑坚决反对，人们还是根据她的遗愿将其火化，并把其骨灰撒在她出生地附近的昂特尔卡斯托海峡。2002年，英国某家博物馆[88]将保存在馆的楚格尼尼的头发和皮肤样本送还塔斯马尼亚。

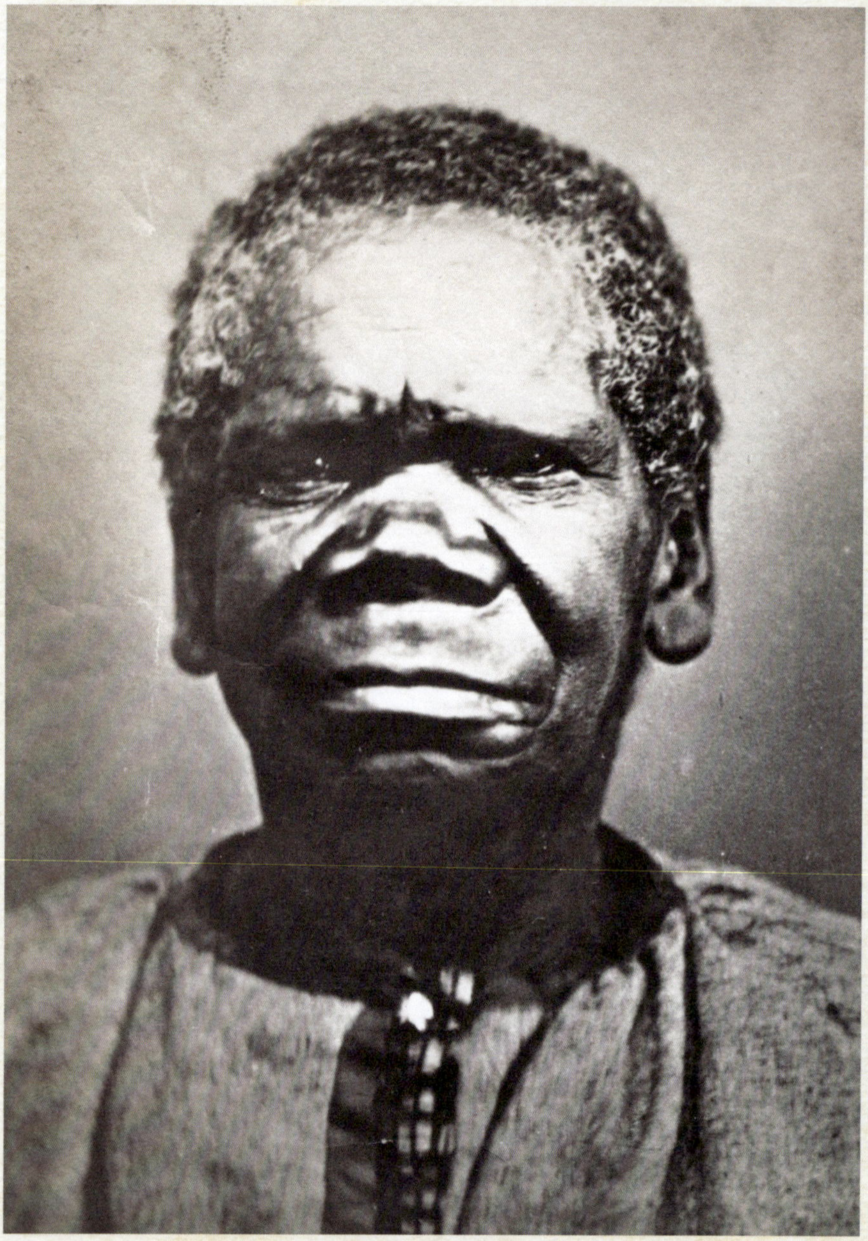

第九日
澳大利亚 悉尼

南纬 35°55′ 东经 151°10′

太平洋 / 航行里程：465 km

经过南海岬和北海岬后，我们的船慢慢进入海湾。躲避我们的目光许久的城市忽然现身于陡峭的岬角转弯处。

当年经过几个月风暴肆虐的航行后，第一批进入深海湾这片平静水域的水手们应该感到无比安心与平和。当时的海岸应该覆盖着郁郁葱葱的植被，如今取而代之的却是摩天大楼。当我们经过城市的灯塔——悉尼歌剧院时，遇到了一艘古老的帆船，它的轮廓让人想起了詹姆斯·库克船长的奋进号。我们的船长驾驶着船只从海港大桥的一个金属拱门下经过，然后稳稳地停靠在达令港。

我们距离城市最古老的岩石区约有几百米。船上一名军官跟我们说道："澳大利亚第一个殖民地的建立主要依靠库克船长。约瑟夫·班克斯是奋进号上的自然学家，他在报告中指出，这个令人兴奋的新国家可以被殖民。不久之后，英国海军上将亚瑟·菲利普率领第一舰队里的11艘战舰，带着合计约1000名的囚犯和士兵抵达植物学湾。他们经过探索后最终发现了这个令人难以置信的海湾，正如菲利普上将写的那样，'这里可容纳1000艘战列舰'。他认为悉尼是'世界上最好的港口'。"

因此，该市的第一批居民是罪犯囚徒，但随着悉尼的全面发展，囚徒的殖民地最终成为国际大都市。悉尼保留着海滨城市的氛围，到处可见腋下夹着冲浪板的青少年，他们从我们旁边经过。这里的孩子们成群登上渡轮前往动物园观看考拉、袋鼠或袋熊。

在20世纪70年代，由于偏离商业港口，城市的旅游业得到较大发展，悉尼已成为一个向海洋开放的巨大娱乐基地。

毛利族战舞——哈卡舞

根据毛利人的神话，哈卡舞是由太阳神的儿子旦那罗创造的。毛利部落的荣誉部分取决于他们跳哈卡舞的能力。他们跳舞时还可能高喊侮辱敌人的话语。如今，这种复杂的舞蹈表达了毛利人的热情与对民族身份的认可。

同时代最伟大的探险家

詹姆斯·库克

从航海地理发现时代到科学探索时代

詹姆斯·库克,约克郡一位农民的儿子,对大海着迷,但谁也不曾想到这位16岁的少年将完成有史以来最惊心动魄的海洋探险。在成为一名军人后,他动身前往加拿大。由于他拥有完备的圣劳伦斯地图,对航海仪器也了如指掌,而且熟知日食规律,所以获得了指挥奋进号的资格。这艘船虽然速度不快却十分结实。

1768年8月26日,他在天文学家查尔斯·格林、自然学家约瑟夫·班克斯和两名绘图师的陪同下,离开了普利茅斯,开始了他的第一次探险之旅。这次太平洋之旅将是一场奇迹之旅。在发现了塔希提岛后,他还发现了博拉博拉岛、鲁鲁土岛以及新西兰。他与毛利人的第一次接触十分惊险。当时奋进号被独木舟团团围住,这些独木舟的船首带有装饰,"那是一张可怕的男人的脸,巨大的舌头伸出来吊在嘴外面,并瞪着贝壳制成的大大的白眼睛"。

库克花了6个多月的时间探索新西兰,之后便前往澳大利亚,在当前悉尼附近的一个海湾中抛锚。因为博物学家在那儿收集了无数种未知的植物,所以库克将它称为植物学湾(又被译为"博特尼湾")。1770年6月12日,当船沿着大堡礁航行时,撞上了礁石并搁浅。在他的日志中,库克这样回忆该事件:"现在是晚上5∶00,潮水开始上涨,船洞越来越大……我们心慌不已,我甚至可以说,沉船的危机始终萦绕着我们。"

幸而经过修复后,奋进号得以继续完成其使命。在印度尼西亚巴达维亚休整2个月后,库克开启了漫长且凶险的回程之旅。当他于1770年7月10日抵达英格兰时,船上只剩十几个健全的人。

库克虽然完成了一段令人难以置信的旅程,但并没有找到未知的南方大陆[89]。

他于1772年7月13日再度出发。这一次,他向更南处航行,在冰层中航行,十分靠近南极大陆,可惜始终未发现它。[90]

1776年7月,库克开始了第三次也是最后一次的探险,这次他将前往阿拉斯加。1779年2月14日,库克在夏威夷岛的凯阿拉凯夸湾停留时为原住民所害,这位同时代最伟大的探险家就这样不幸逝世了。

东非与印度洋

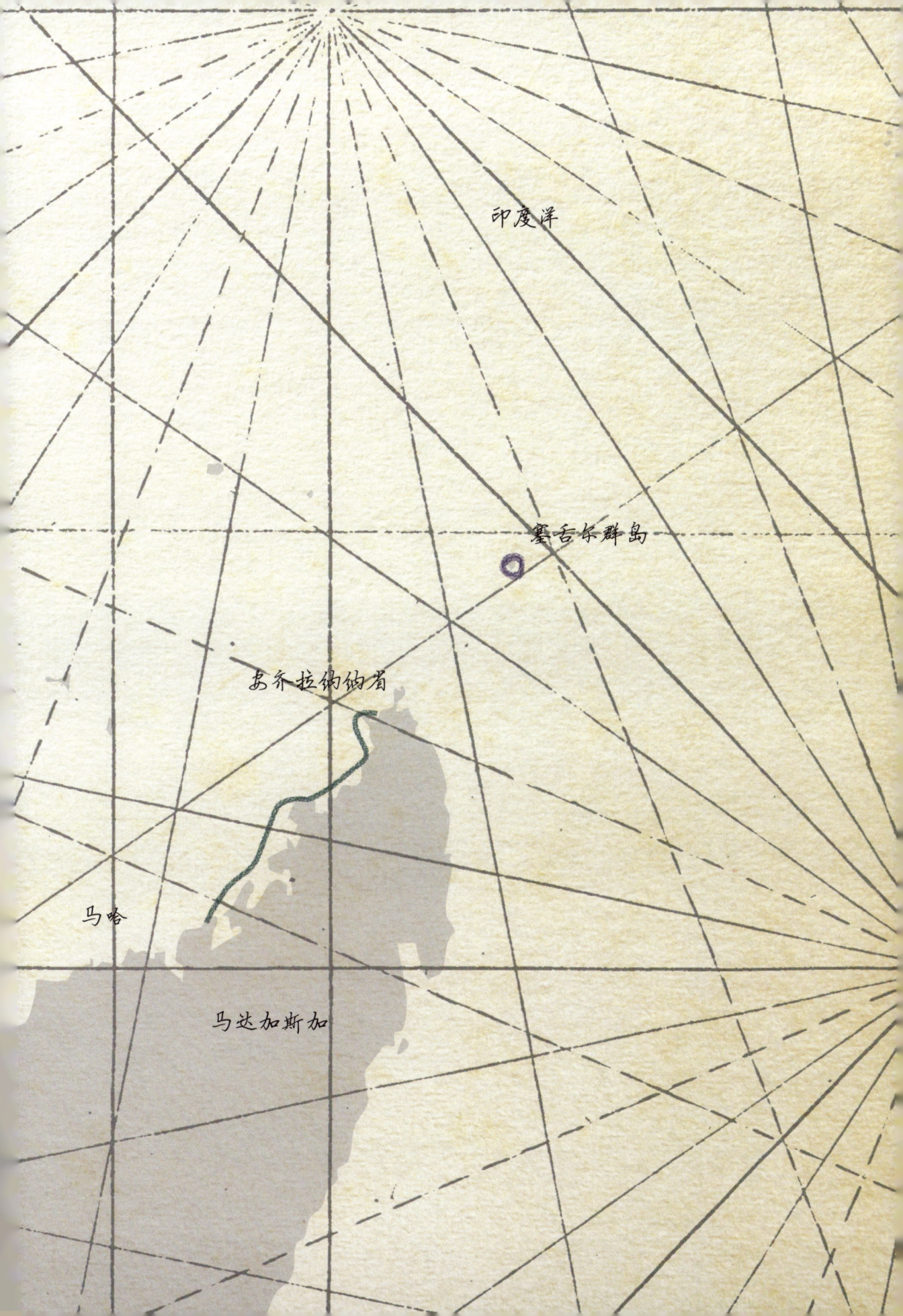

蒙巴萨、桑给巴尔
——非洲停泊港

蒙巴萨和桑给巴尔位于阿拉伯半岛和印度的海上航线与来自非洲深处的沙漠商队之路交会的十字路口,所以孕育了博大精深的混合文化,却因奴隶贸易的开始而衰退。

船只:阿德里亚娜号
船长:约瑟普·拉多万
国家及地区:肯尼亚—坦桑尼亚

第一日
肯尼亚　蒙巴萨
南纬 4°03′　东经 39°40′

印度洋

我们在蒙巴萨开启了我们的旅行。该城市在去往印度的航线上占据着战略性的重要地位，让人回忆起数个世纪里印度洋这一地区的繁忙海事活动。这个港口不仅经常被海盗、生意人以及走私黄金、象牙和奴隶的贩子光顾，也接待过一些杰出的航海家。

著名的摩洛哥探险家伊本·拔图塔于1330年左右在此停留。几十年后，大约在1420年，中国航海家郑和率领着船队停靠此地。达·伽马在蒙巴萨度过了一个星期后再度起航，直至1498年抵达印度。

因为特殊的地理位置，几个世纪以来，来自非洲、阿拉伯、印度和欧洲的各方势力相继统治着蒙巴萨，蒙巴萨成为文化融合的象征。正如姆瓦迪尼·瓦祖瓦（葡萄牙人造的耶稣堡的负责人）所说的："蒙巴萨是通往东非的门户，也是通往大海的入口。该地区不同民族之间的关系始终兼具自然与紧张两大特点。"一天结束时，我们离开蒙巴萨，然后向南往桑给巴尔方向前进。

第二日
坦桑尼亚　桑给巴尔
南纬 6°08′　东经 39°22′

印度洋　/　航行里程：130 km

早上，我们在一些宏伟的独桅帆船的陪同下抵达桑给巴尔，这些船上的巨大的三角帆被风吹得鼓鼓的。

在港口，一群码头工人在仓库和桅杆交错的几十艘船之间忙活着。几个世纪以来，这些船同样保障着非洲海岸的不同港口之间货物和人员的运输，一切似乎都未曾改变。从13世纪起，为了逃离宗教迫害，来自波斯的设拉子人以及11世纪来自阿曼的阿拉伯人都乘着这些船来到桑给巴尔。这些远道而来的人将通过在阿拉伯人、波斯人和印度人之间建立联系来打造城市的商业价值。在老城石头城的小巷里，漂亮楼房的木门上雕着精美而又复杂的印度植物图案，且《古兰经》中的诗句与之相互呼应，文化融合可见一斑。这些木雕门真可谓是大师之作。

桑给巴尔

非洲苏丹国

香料与奴隶

1世纪，希腊商人撰写的《厄立特里亚海航行记》中首次提到了位于非洲海岸的这座岛屿——桑给巴尔。在几个世纪内，桑给巴尔为说班图语[91]的不同民族所占据，因此属于"辛吉之乡"的一部分，"辛吉"在阿拉伯语中意为黑人。

来自阿曼和设拉子的一些移民从8世纪起来此定居，为在桑给巴尔和阿拉伯半岛之间建立联系发挥了重要作用。在16世纪历经葡萄牙的统治之后，该城市随着17世纪阿曼苏丹哈桑统治的开始，迎来了真正的发展。在19世纪初，它与印度和阿拉伯构成"黑三角贸易"中的重要一环。

当时，桑给巴尔成为斯瓦希里文化[92]的中心，该地的语言是阿拉伯文化、东方文化和非洲文化共同影响的结果，为东非地区的贸易商和航海家所使用。

桑给巴尔的商业活动不局限于非洲海岸或阿拉伯半岛国家。来自印度的大型帆船或单桅三角帆船等船只也乘着季风停靠于桑给巴尔，它们载着丝绸和瓷器而来，然后载着大米、象牙和奴隶而归。

桑给巴尔的财富令该地区统治者垂涎不已，以至于阿曼苏丹赛义德·本·苏尔坦·阿勒赛义德于1832年决定将他的首都从马斯喀特迁至桑给巴尔。

他下令以丁香树取代当时所有的椰子树，桑给巴尔从此成了"香料岛"。

桑给巴尔苏丹国在整个19世纪享有着长期的繁荣，其间曾与阿拉伯断绝过关系。1852年，150艘欧洲船只和600艘阿拉伯船只停靠在该岛，但他们中的许多人冲着奴隶前来而非香料。我们的导游苏里把我们带到老城区的街道上，她说道："桑给巴尔是东非最大的奴隶市场。每年，大约5万名来自坦噶尼喀（现属坦桑尼亚）、马拉维和赞比亚的奴隶在这里被出售，并被送往阿拉伯国家、印度、马达加斯加、毛里求斯和科摩罗。"

印度与非洲之行

马达加斯加北通印度，西邻非洲，自然而然地成为海上活动中心。航海家们从非洲东海岸出发，途经科摩罗来到这里。尽管马达加斯加物产富饶，但这座大岛在很长一段时间内只是去往印度的航线上的停泊站。19 世纪末，随着法国推动殖民化的进程，马达加斯加岛的历史翻开了新篇章。

船只：庞洛号
船长：帕特里克·马尔谢索
国家及地区：马达加斯加

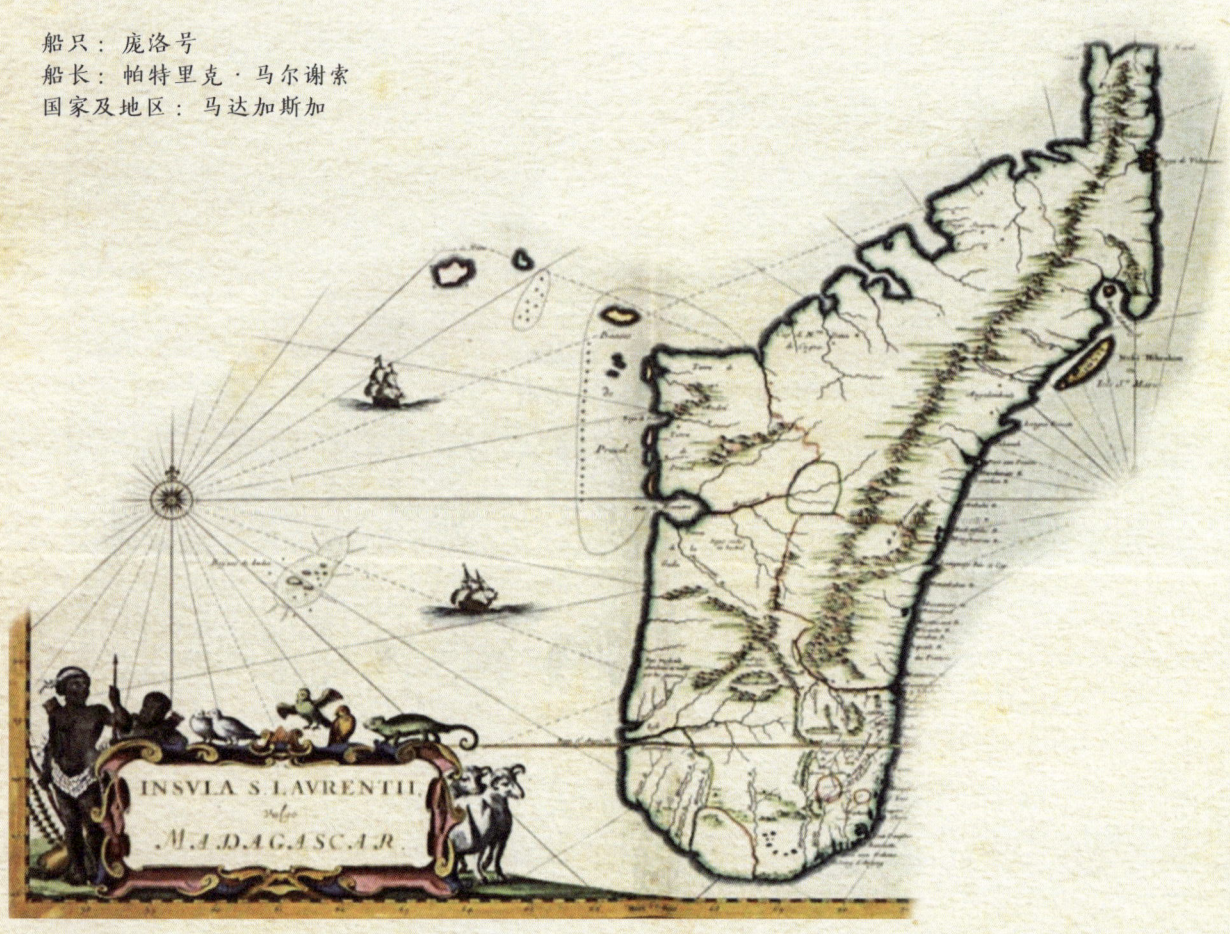

第一日和二日
马达加斯加 安齐拉纳纳省／迭戈 – 苏亚雷斯

南纬 12°19′ 东经 49°17′

印度洋 ／ 航行里程：250 km

我们的旅程始于安齐拉纳纳，该名在马达加斯加语中意为"有盐的地方"。但对于所有当地人来说，它始终是迭戈-苏亚雷斯。这座城市的名字来源于葡萄牙航海家迭戈·迪亚斯和费尔南·苏亚雷斯，他们在16世纪去往印度的途中发现了该岛。

安齐拉纳纳的海湾是世界上隐秘的大海湾之一，正如历史学家阿里·卡萨姆所说的："当我们从海上来的时候，什么都看不到，突然在最后一刻看到了航道。这就是为什么我们称这个地方为'Antomboko'，即地洞。让我们想象一个长100公里的海湾和宽仅1公里的小入口的样子！"

1888年，当法国人在此驻扎军团时，安齐拉纳纳才真正诞生。作为重要港口所在地，它吸引着来自科摩罗、印度、巴基斯坦、也门，甚至中国的水手。

 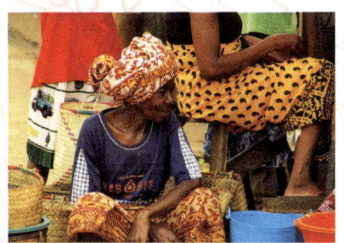

笔直的街道两旁排列着带有柱廊的房屋，城市笼罩着一股法国特有的风情，这在热带地区里显得十分独特。其实，这里隐藏着一个国际化地区，不同的种族和宗教在此混杂着。

迭戈有个美丽的传说——莱柏塔利亚。在17世纪末，加勒比海盗的猖獗已经到达尾声，一些叛乱分子决定启航前往印度洋，袭击从印度返航的英法船只。

正是在这个时候，迭戈-苏亚雷斯——短暂的、自由的莱柏塔利亚共和国诞生了。历史学家克里斯蒂安-乔治·曼托深深着迷于这段历史："岛上的海盗可达3000多名，船只也有300多艘。人们说莱柏塔利亚国是虚构的，不，它是真实的。当时，有些男人会说，'我们想成为海盗，但不是普普通通的海盗。我们会拿上一面白旗，旗上写着——为了上帝和自由，然后创下一番功业……我们的共和国里人人平等，黑人、白人、黄人以及奴隶都将是自由的'。一个乌托邦式共和国在这里的统治持续了15年。这就是莱柏塔利亚共和国的故事。"

这个故事是真实的还是《鲁滨孙漂流记》的作者丹尼尔·笛福的又一作品呢？我们永远不得而知。在一天结束时，我们登上了庞洛号，扬起所有的船帆，将越过迭戈-苏亚雷斯航道，向位于南部的诺西贝岛前进。

介于大陆与海洋之间的马达加斯加岛

阿拉伯帆船,或单桅帆船是来自红海的传统货船。随着阿拉伯商人特别是阿曼航海商人贸易的拓展,阿拉伯帆船开始出现在印度洋所有港口,从非洲一直到印度尼西亚。船只规模与样式在几个世纪里都有所发展,船只的名字也因国家而异。航行于印度和阿拉伯之间的阿拉伯帆船被称为"甘加"和"巴加拉",航行于红海的被称为"山布克",航行于卡塔尔的被称为"加里部特",航行于桑给巴尔和马达加斯加的则被称为"加哈兹"。

尼古拉斯看到这些强大的船只行驶在诺西贝湾的蓝色水域上时,选择放下行李,买下并翻新了一艘阿拉伯帆船。他与旅行者分享着他对这些帆船和马达加斯加的热情:"这些船历史悠久。在诺西贝岛和拉达马群岛之间,大自然造出了一系列壮丽的景色。在过去,那是奴隶贩子、贩运者和海盗的藏身之地。如今,人们来这里单纯地欣赏风景之美。"

马达加斯加是一座岛屿,也是一片大陆。阿拉伯帆船几乎沿着整个海岸航行,随后深入内陆溯流而上。

大海蓝色的海水逐渐让位于红色或棕色的土地。在到来这里之前,汽车已经被当地人当成神秘怪物。当地的现代性体现在当地人知道如何利用风和水的力量。

1. 通向市场的道路上
2. 公共交通
3. 海上牧人
4. 前往马哈赞加的路上
5. 帆板
6. 桨叉架船

"俄罗斯人海湾"不为人知的历史

诺西贝岛的历史与马达加斯加所有西北部地区的一样,前来定居的人中不乏来自萨卡拉瓦、阿拉伯、印度或法国等地方的人的身影……但在埃尔维尔墓地里,我们还发现了俄罗斯人的墓,而揭开谜团的关键是距离诺西贝岛几小时行程的海湾——"俄罗斯人海湾"。

为什么俄罗斯水手会来到这里,为什么海湾以他们的国籍命名呢?故事始于1904年2月,当时俄罗斯和日本爆发战争,在海军上将齐诺维·彼得洛维奇·罗杰斯特文斯基的指挥下,俄罗斯波罗的海舰队前往亚瑟港[93]加入太平洋舰队。舰队部分舰艇走苏伊士运河,而大型舰艇选择绕过好望角,两路军队最后在马达加斯加的诺西贝湾汇合。第一艘船于1904年12月24日到达,随后其他30艘相继抵达,其中包括著名的阿芙乐尔号巡洋舰。该巡洋舰之后参加了1917年的布尔什维克革命,且一举成名。

该舰队在海湾停留将近3个月,当地居民为他们提供食物。由于缺乏伏特加,水手们开始喜欢上了白兰地。

1905年3月16日,舰队起航。但据说一艘名为弗洛特尼号的船被遗忘——如果不是船员提前知道等待他们的命运而选择叛变的话。在介于日韩之间的对马海峡的战役中,除了包括阿芙乐尔号巡洋舰在内的4艘船侥幸得以逃脱外,俄罗斯舰队几乎全军覆没。

来到马达加斯加岛的2万名俄罗斯水手最后留下了什么呢?是深海里的沉船残骸,还是马达加斯加人的蓝眼睛?岸边早已了无痕迹,只剩人们脑海中还存有的关于这次令人难以置信的海上冒险的记忆。

第三日
马达加斯加　诺西贝拉弗亚岛
南纬 13°16′　东经 48°12′

　　印度洋　/　航行里程：70 km

　　在绕过昂布尔角后，我们的船向南驶往拉达马群岛的诺西贝拉弗亚岛。我们在激浪冲刷过的长海滩边登岸了。

　　这些船只，通常抛锚在村子边的空地上。渔民不需要笼子、捕鱼篓或渔网，只要海水足够清澈，他们就可以潜入水中捡拾海黄瓜。海黄瓜，学名为海参，中国人认为它有药用价值，常以高价购入。

第四日
马达加斯加　诺西贝岛
南纬 13°20′　东经 48°14′

　　印度洋　/　航行里程：20 km

　　当庞洛号停靠在诺西贝岛时，风还未吹散岛屿顶峰的云层。尽管当地旅游业发达，但岛屿首府埃尔维尔仍保留着马达加斯加真实的面貌。在昏黑的街道上，两旁是殖民时代的老式建筑，雷诺4L的出租车和牛车同时出现，真可谓是一幅多姿多彩的社会画卷。

第五日
马达加斯加　马哈赞加
南纬 15°43′　东经 46°19′

　　印度洋　/　航行里程：230 km

　　早上，我们抵达马哈赞加，萨卡拉瓦人之乡。萨卡拉瓦人是马达加斯加岛上十八个部族之一，几个世纪以来与东非人和也门人通婚，这解释了为什么马哈赞加是该国最信仰伊斯兰教的城市。

　　摩托车、汽车，特别是人力车很受当地人的欢迎。20世纪初，前来建设铁路的中国人将人力车引到这里。如今当地的人力车已超过3000辆。停泊在贝齐布卡河口精致的有帆独木舟似乎在等待着比赛，而"阿拉伯帆船港"上，几十艘坚实的帆船侧倒在一旁，像受伤的鸟儿一样，在等待涨潮赋予它们活力。几个世纪以来，它们一直是马哈赞加与科摩罗、印度和阿拉伯半岛上的国家之间保持联系的纽带。帆船被货轮代替后，便满足于沿着马达加斯加海岸线从一个城镇驶向另一个城镇。

诺西贝海湾，安巴诺罗港

奴隶商行

安巴诺罗曾经如此强大，如今只是被过去困扰的鬼城。

当法国人于1842年抵达诺西贝时[94]，马达加斯加彻底沦为法国殖民地。43年前，印度商人和阿拉伯商人已经在该岛安全的海湾之一实现繁荣。他们建立了一个名为安巴诺罗·马洛多卡的贸易站，字面意思是"有许多商店的地方"。11世纪左右，阿拉伯人作为第一批移民前来定居，三个世纪后，印度人也来到此地。但直到19世纪初，安巴诺罗才成为马达加斯加北部的商业中心。一位在那个年代生活过的人说："在安巴诺罗，阿拉伯帆船来来往往运输着布料、烈酒、枪支弹药、五金，还有大米或牛。"

但是，安巴诺罗商人真正的财富源泉是奴隶贸易。虽然奴隶贸易于1865年被明文禁止，但奴隶仍以"志愿者"的身份被装上阿拉伯帆船。

1848年颁布并于次年实施的废除奴隶制的规定，将为该岛的新主人法国提供终结安巴诺罗商业霸权的机会。阿拉伯人离开了诺西贝，印度人转移到了埃尔维尔，至今仍在那儿安居乐业。如今一群萨卡拉瓦人占据了一个村子，这个村子位于安巴诺罗旧商行废墟附近的山上。此地各处商店已被荒草覆盖，商店的规模让人想到当年印巴人在安巴诺罗开展的重要商业活动。

每天，当村子里的男人们去钓鱼时，女人们就聚在一起聊天，还一起打扮得跟非洲祖先一样。

马霍里迪今年89岁，他一生都在印度洋上漂泊，年老后回到家乡安度晚年。

"我一直乘着印度的船航行，经常去蒙巴萨和塞舌尔群岛。我的祖父和祖母都是纯非洲人，他们被阿拉伯人抓起来卖给了印度商贩。"

"金银岛"
塞舌尔群岛

8世纪中叶之前,没有一艘船敢贸然航行于遍布着珊瑚礁和浅滩的塞舌尔群岛所在的海域。海盗们在袭击满载印度财富的英法船只后,就来到这绝佳的藏身之处。

船只:海珍珠号
船长:克雷格·麦凯勒

第一日
塞舌尔群岛 马埃岛 维多利亚

南纬 4°40′ 东经 55°28′

塞舌尔群岛由一连串小型花岗岩岛屿组成，在印度洋上缓缓地漂浮着，如今凭借着细沙滩和豪华酒店吸引着众多游客前来度假。此前，塞舌尔群岛并无人居住。随着第一批法英殖民者的到来，此地的历史才翻开新的一页。我们只需前往中央市场，看看自在地走来走去的克里奥尔人[95]，便能明白塞舌尔人是非洲奴隶、印度工人和欧洲殖民者的混血后代。近几个世纪以来，帆船成了该群岛与以非洲大陆、马达加斯加岛和印度为主的其他地区的纽带。虽然时代在变迁，但世界尽头水手和海盗的历险故事仍让所有海洋爱好者有着无限憧憬。这就是我们决定登上海珍珠号的原因。我们的船只缓慢地驶出维多利亚港，往拉迪格岛方向前进。

第二日
塞舌尔群岛 拉迪格岛

南纬 4°22′ 东经 55°50′

航行里程：35 km

拉迪格看起来像是昔日的海滨度假胜地。旅游业自然是岛上的主要经济来源，但这并不妨碍帕特里克继续制作椰肉干。"我用砍刀将椰子打碎，烧上3天，这样方便把果肉从椰子壳中取出来。这就是我谋生的方式。"与群岛中其他岛屿被发现的方式一样，拉迪格岛是法国探险家拉扎尔·皮考尔特在旅行期间发现的。1744年，拉迪格岛还只是一座荒岛，满山都是塔卡马卡树、榄仁树和扇形棕榈树，当然还有椰子树。

在一个小型造船厂里，新造船只的数量反而少于需要修理维护的旧船数量。它以自己的方式见证了此地几个世纪以来的漫长历史。当时塞舌尔群岛只能依靠帆船与遥远的非洲大陆或印度海岸建立联系，以此打破自身孤立于海上的状态，并获取供给。

当印度和马达加斯加在6亿年前脱离非洲大陆并向东漂移时，沿途落下了几块花岗岩，这便是塞舌尔群岛成为世界上唯一一个位于海洋中的花岗岩岛屿的原因。巨大的粉色花岗岩块经过侵蚀作用而变得光滑，它们在绿松石般的海水中静静伫立着，成为塞舌尔群岛特有的风景。

塞舌尔群岛克里奥尔语小词汇表

是的：	wi	这是什么：	kisisa
祝你好运：	bonn sans	我很喜欢你：	mon Kontan ou
房子：	kaz	海滩：	lans
大姐：	fanmkankan	花花公子：	lougarou
头盔：	sapoferay	蜗牛：	kourpa
剪毛器：	masin koupzerb		

印度航线的重重危险

塞舌尔群岛位于印度洋中心,距离印度海岸或非洲海岸数千公里,一直以来都远离海上航线。

1502年,达·伽马在第二次前往印度的航行中发现了位于马达加斯加岛东北部的一些岛屿,但并没有在那儿停留。

而作为印度洋上无可争议的霸主,阿拉伯水手或印度水手们虽然有时冒险来到塞舌尔群岛,却始终没有定居。直到18世纪中叶,前往印度的欧洲船只均小心翼翼地避开这些被浅滩包围的岛屿。但是海盗们却对危险嗤之以鼻,他们袭击船只、掠夺船货后藏身于此。满载货物的荷兰船只向东航行时,为了避开塞舌尔群岛所在区域,会选择靠南的一条更长的航线,但也因此避开了能加速航行的季风。英国船只在绕过好望角之后,穿过莫桑比克海峡,沿着非洲海岸抵达锡兰(即斯里兰卡)。至于法国人,他们从法国岛(毛里求斯的旧称)出发,在避开塞舌尔群岛危险的暗礁后,与英国船只一样沿着非洲海岸航行。

直到18世纪下半叶,在英法局势变得紧张后,法国人隐约预感到塞舌尔群岛航线的重要性。这条新航线不仅能将法国岛和印度的本地治里贸易站之间的航行时长从3个月缩短到20天,还能为法国殖民塞舌尔群岛提供有利条件。正如1769年8月14日法国探险家马里翁·迪弗伦在呈给路易十五海军大臣的公文中所说的:"关于缩短去往印度的航行时长的优势,我已无须多言。而且塞舌尔群岛还能提供安全的锚地,让我们的船得以休整,给我们的船员提供急救。特别是在战争时期,船舰将在那里接受维修或获得供给,并在20天的航行之后抵达印度。"

尽管现在水文测量已经十分准确且有现代导航仪器的协助,但海珍珠号的船长克雷格仍小心翼翼地操纵着船。他说道:"这里几乎到处都是鹅卵石和珊瑚礁。我们只要看一眼该地区的沉船残骸数,就能了解为何在很长一段时间内船只都避开塞舌尔群岛。"

Le Phenix.

l'Achille.

Le Bourbon.

第三日
塞舌尔群岛 屈里约斯岛
南纬 4°16′ 东经 55°43′

航行里程：18 km

我们继续航行到一个有着奇怪名字的岛屿：屈里约斯岛。船长克雷格对这个岛屿的历史了如指掌。1768年，法国探险家马里翁·迪弗伦发现了这个小岛，并以他的双桅纵帆屈里约斯号命名。

来到海滩后，我们发现了一种海龟，它们是岛上唯一的居民。科学家认为它们是2亿多年前居住在冈瓦纳大陆[96]的动物。两三个世纪前，人们还能在印度洋的许多岛屿上找到大海龟，但盗猎的猖獗和自然栖息地的变化导致它们的数量锐减。这就是屈里约斯岛建立了大海龟和淡水龟养殖中心的原因。我们在那儿遇见了养殖中心的负责人迈克，他说道："我们在培育室照顾从森林里找到的海龟幼崽。如果我们不管的话，那么老鼠或螃蟹这类捕食者都会攻击它们。这些动物有着令人难以置信的本能。有一次海啸袭击岛屿，这里所有的乌龟都走了，因为它们预感到有什么事要发生，所以全都爬到山上避难去了。"

第四日
塞舌尔群岛 阿里德岛
南纬 4°19′ 东经 55°44′

航行里程：6 km

在一天即将结束时，我们看见的是阿里德岛，这是一个自然保护区的所在地。每天在管理员的监控下，在有限的几个小时内，一些小旅游团经允许后方才可以下船登岸。

该岛是群岛中海鸟最多的地方。5到10月，有超过100万只鸟来到这里，其中海鸥、弗朗辛鸟、军舰鸟和黑燕鸥是最具有代表性的几类鸟。

但是，我们的向导克利福选择向我们介绍另一种鸟——鹲，它们只生活在珊瑚岛阿尔达不拉群岛和阿里德岛。克利福说道："鹲是一种海鸟，它们的羽毛适应了咸海水。当它们潜水时，可以潜到三四米深处去捕鱼。"

第五日

塞舌尔群岛　普拉兰岛

南纬 4°12′　东经 55°40′

航行里程：15 km

离开阿里德岛后，船长克雷格找到一个过夜的小海湾，于是下令抛锚停船。

清晨时分，我们便来到了普拉兰岛，人们以前称这里为"棕榈树之岛"。登岸后，我们很快便明白了为什么1744年来到这里的第一位法国人——探险家拉扎尔·皮考尔会以此命名，虽然人们最终还是选择以路易十五的海军大臣普拉兰公爵，即加布里埃尔·德·舒瓦瑟尔的公爵名命名该岛屿。

早在法国人到来之前，该岛就已为在整个印度洋航行了几个世纪的阿拉伯商人和17世纪末来到这里的海盗所熟知。

1984年，该岛的一处遗址——"五月谷"被联合国教科文组织列入遗产名录。在充满神秘气息的郁郁葱葱的热带原始森林里，生长着4000棵塞舌尔群岛独有的且主要生长于普拉兰岛的椰子树。正如博物学家兼随同导游马克·巴蒂斯所说的："这些椰子树的寿命长达400年，每一棵树都有编号并受到保护和监控。每一个椰子都被认为是稀罕的宝物。有人称这些椰子为'臀形椰'[97]，但它们真正的名字是'海椰子'。"

现在这里的"五月谷"与1609年服务于英属东印度公司的航海家约翰·乔丹发现时相比并无差别，而鳄鱼和海龟的现状则今非昔比。"1月19日早上9：00左右，我们看到了一片位于海角东部和南部的土地。下午3：00，我们看到了其他岛屿，最终确认共四座岛屿。1月22日，我们发现了很多绿色且熟透了的椰子，还有很多鱼、鸟和乌龟。在其中一个岛屿，距离我们登岸不到2英里（1英里≈1.6千米）的地方，有一种我们从未见过的可以做最上等的木材的树，高度60到70英尺（1英尺≈0.3米），除顶部外没有多余旁枝，树干很粗，像箭一样笔直。这是一个很理想的地方，有木头、水、椰子、鱼和鸟，除了鳄鱼外，这里没有别的危险……"

海盗的食物柜

海盗来塞舌尔群岛并不只是为了修船和取水，还为了口粮——大海龟。船上的大海龟可以在不吃不喝的情况下至少活上2个月。

印度洋海盗

"秃鹰"的宝藏

为了找到宝藏，几十个人在岛上秘密地进行着挖掘工作。

17世纪末，安的列斯群岛上海盗的"黄金时代"已经过去，殖民帝国的海军们大力围捕海盗并对落网者处以绞刑。于是一些顽固的海盗起航前往印度洋。当时，往来于印度、锡兰和欧洲的英法船只装满了香料、马德拉斯布、中国的丝绸和瓷器，以及黄金和宝石。于是这些往返于马达加斯加和非洲大陆之间的莫桑比克海峡的船只成了印度洋新海盗理想的袭击目标。人们估计当时该地区的海盗多达500人。在他们当中，我们能找到一些曾在安的列斯群岛赫赫有名的海盗：美国人基德船长；英国人亨利·埃弗里，绰号"高个儿本"；法国人奥利维·雷瓦索，绰号"秃鹰"。大约在30年的时间内，印度洋上的海盗肆意袭击经过的船只，直到1730年左右才结束。有一次，他们还劫掠了莫卧儿帝国的船只。在船上，他们不仅发现了宝石和10万枚银币，还发现了皇帝迷人的女儿。他们的战利品下落如何呢？他们真如当时人们所想的那样将宝物藏于马达加斯加和塞舌尔群岛了吗？对此，谁也不知道答案。

也许海盗"秃鹰"站在断头台前，脖子上套着绳子，在被执行绞刑前，曾向人群高喊："我的宝藏属于能找到它的人！"塞舌尔群岛是"金银岛"的传说便来源于此。

对此，人类学家、历史学家让-克洛德·马胡恩来说道："塞舌尔群岛上确实有一些宝藏，其中每个人都会寻找的、最有名的便是'秃鹰的宝藏'。他是一个非常聪明又狡猾的人，竭尽全力不让人们找到他的财富。这就是为什么现在还有那么多人一直在寻找它。"

保罗就是其中一个，10多年来，他一直在岛上搜索，将大部分收入用于寻找宝藏。他说道："海盗们在整个岛上都有藏匿的地方。我在岩石上发现了很多标记——蛇、船还有天平……我不停地挖啊挖……但从未找到任何东西！这有点像毒瘾，一旦开始寻找就无法停下来。"

北极

维京之路

从 8 世纪到 11 世纪,维京人在北大西洋开辟了新的航道。大约在 1000 年左右,红发埃里克的儿子莱夫·埃里克松来到纽芬兰,比哥伦布发现美洲早了 5 个世纪。我们将乘渡轮、渔船和探险游轮,重走这条从挪威到加拿大,途经冰岛和格陵兰岛的历史路线。

船只:诺拉纳号、MS 弗兰号
船长:亨德里克·哈默、英韦·约翰内森
国家及地区:挪威—法罗群岛—冰岛—格陵兰岛—加拿大

第一日
卑尔根

北纬 60°22′ 东经 5°20′

北海

卑尔根是通往挪威峡湾的门户，在6月份，游客为了观赏极昼蜂拥而至。在布吕根旧港口，仓库五颜六色的木质外墙让人想起卑尔根作为汉萨同盟中活跃的城市之一的时代。在14世纪，汉萨同盟是以德国吕贝克为中心的城市间商业联盟，它控制了北欧大部分的鱼类贸易。

但在屈服于汉萨同盟的"绝对命令"之前，卑尔根曾是维京世界的首府之一。这些首府消失千年之后，勇敢无畏的水手继续推行着这项迷人的事业。他们如何能够在大西洋上开辟出如此多的新航线？

这个问题让历史学家阿恩·埃米尔·克里斯滕森笑了起来，他说道："穿越大西洋？对维京人来说，没有比这更容易的事了。他们离开卑尔根，跟着太阳往西边航行。在天气晴朗的时候，他们看到了设得兰群岛，这就成了第一个地标。随后他们来到法罗群岛，这是第二个地标。在那里，他们观察到海鸟飞去冰岛南部的鱼群中捕食，冰岛便是第三个地标。接着，他们只需要随着水流航行便可到达格陵兰岛，再到纽芬兰。经过这三个地标后，他们就来到了大西洋的另一边！"

第二日和三日
法罗群岛 托尔斯港

北纬 62°01′ 西经 6°46′

大西洋 / 航行里程：680 km

我们登上了诺拉纳号，这是唯一一艘去往冰岛的渡轮。离开卑尔根，我们沿着阿恩·埃米尔·克里斯滕森提到的那条航线前进。在设得兰群岛短暂停留一夜后，我们来到了法罗群岛首府托尔斯港。法罗群岛的居民是整个北大西洋有名的渔夫，他们打趣说，"维京人之所以在这里停留，是因为他们晕船了"。

因纽特人与维京人

起初，维京人和因纽特人能和谐相处，但是从1300年左右的小冰河期开始，两个民族的关系紧张起来。土地结冰让农作物无法生长，养殖的牲畜也断了粮食。人口过多的维京人随后转向以狩猎和捕鱼为生，但他们缺乏因纽特人代代相传的使用鱼叉的本领。因此，难以适应北极恶劣气候的维京人此后便从格陵兰岛上消失了。

第四日
冰岛　塞济斯菲厄泽
北纬 65°10′　　西经 13°35′

北冰洋　/　航行里程：510 km

黎明时分，我们即将抵达冰岛。诺拉纳号缓缓进入塞济斯菲厄泽港口。我们将在雷克雅未克等待 MS 弗兰号，之后乘坐这艘船到格陵兰岛。但要到达雷克雅未克，我们需要从东到西横跨整个冰岛。这不只是一场简单的旅行，更是一段象征着开始探索维京世界神秘力量的旅程。我们在居德瀑布的轰鸣声中，或在盖锡尔大间歇喷泉和辛格维利尔令人眩晕的地震裂谷中感受着大自然的力量。在奥丁神、雷神索尔及其他众神的启发和引导下，维京人在冰岛发现了一个世界。在这个世界里，由冰、水和火构成的强大的自然力量与他们的信仰和精神完全一致。

第五日
冰岛　雷克雅未克
北纬 64°06′　　西经 21°56′

伊尔明厄海

之后我们便乘坐着 MS 弗兰号继续前行。接下来的两天我们都将在海上度过，不过要想在两天之内读完关于北欧红发埃里克的传说并试图理解这个令人难以置信的家族故事，时间似乎远远不够。

第六日和七日
持续航行在伊尔明厄海上

第八日和九日
格陵兰岛　纳沙斯瓦哥
北纬 61°10′　　西经 45°26′

拉布拉多海　/　航行里程：1240 km

在第八天的早晨，格陵兰岛的海岸出现在地平线上。由于夏季炎热，岛屿北部的大浮冰正在破裂，并产生大量向南漂流的冰山。船长操纵着船只向右转进入斯科夫峡湾，朝着纳沙斯瓦哥方向驶去。

纳沙斯瓦哥就是红发埃里克在982年建立定居点的地方。由于格陵兰岛没有树木，为了建造房屋，红发埃里克只能用带来的木材或放置在岸边的树干。为纪念维京人在格陵兰岛建立第一个定居点的历史，人们建造了一座小教堂并竖起了一座雕像。之后，维京人追寻着红发埃里克来到格陵兰岛，并在南部定居。1000年左右，格陵兰岛已有300多个以畜牧业和农业为生的村子。

第十二日
纽芬兰岛　兰塞奥兹牧草地
北纬 51°35′　　西经 55°35′

大西洋　/　航行里程：1250 km

经过两天的航行，我们正在接近加拿大。巴芬岛、拉布拉多和纽芬兰像立定于地平线上的石哨兵。在很长一段时间内，它们吸引着觊觎其资源的捕鲸者、捕猎者和探险者。我们冒险之旅即将结束。我们在兰塞奥兹牧草地登岸了。挪威考古学家黑尔格·英斯塔于1960年在一片干旱的土地上发现了八处典型的北欧建筑的地基。在其中一处，他发现了大量可能来自铁匠铺的炉渣以及许多用于造船的钉子。这就是维京人曾经来到美洲的证据。但兰塞奥兹牧草地是莱夫·埃里克松建立的定居点吗？

维京船

位于奥斯陆的维京海盗船博物馆展出了于19世纪末发现的奥塞贝格号和果克斯塔号随葬船。船上的陪葬品有简朴的家用器具和画有奇异生物和幻想动物的精致器物。船上还有用于宗教游行的、立于木杆上的龙头。这让人联想到维京船首柱的设计，船首的龙头用以保护他们免受海洋恶灵的侵扰。这些船的线条如此和谐、如此纯净、如此现代，以至于我们几乎忘了它们是1000多年前的作品。

北极探险家

《红发埃里克传奇》

去往美洲

北欧萨迦[98]，即北欧传奇故事。虽以真实人物和事件为创作灵感，但仍属于浪漫主义文学。北欧萨迦主要讲述领主和平民男性的冒险故事。

而《红发埃里克传奇》讲述的不仅是一个家族史，更是挪威维京民族在大西洋的迁徙史。这一切始于埃里克的父亲索尔瓦德，他因谋杀罪而被村委会判处流放。他带上家人以及一些仆人离开故土挪威，在奥丁神的帮助下成功来到冰岛。在踏上新陆地前，索尔瓦德按照传统将一根从家乡带来的并在旅途中用作长凳的大木柱投了出去。在海浪的推动下，木柱搁浅的地方就是他们新家的位置。而埃里克因为头发的颜色而得绰号"红发"。他继承了父亲的粗暴性格，同样因犯罪被流放了3年。他乘船沿着河流到达格陵兰岛南部，并在布拉塔利德[99]建立了定居点。

他沿着格陵兰海岸发展和扩张自己的势力。但红发埃里克的儿子莱夫·埃里克松无心务农，且渴望着冒险。他决定重返大海。据说他离开的那天埃里克本打算陪他一起出发，但因受伤而作罢。大约在1000年，莱夫带着一些男人离开了，他们沿着流经格陵兰岛的河流到了巴芬岛、拉布拉多岛和纽芬兰岛。令人匪夷所思的是，他将这片区域称为"葡萄酒之乡"。与该地区的原住民美洲印第安人长期的敌对冲突迫使莱夫及其同伴返回格陵兰岛。"葡萄酒之乡"此后重新被历史遗忘。直到500年之后，另一位航海家才踏足新大陆海岸。而在1960年，人们在纽芬兰的兰塞奥兹牧草地发现了维京村落的遗址，由此才确定莱夫·埃里克松比哥伦布早5个世纪发现了美洲。

斯匹次卑尔根群岛之路

现在正值夏天，我们将前往距离北极不到1300公里的挪威斯匹次卑尔根群岛。经过捕鲸、捕猎和采煤的时代，斯匹次卑尔根如今已成为生态旅游和科学探索的自然圣地。

船只：北极星号
船长：克努特·斯托罗
国家及地区：挪威—特罗姆瑟和斯瓦尔巴群岛

第一日
特罗姆瑟
北纬 69°42′　东经 19°00′

北冰洋

在20世纪中叶之前，特罗姆瑟作为北极圈以北最大的城市，混杂着各种人，有渔民、捕猎鲸鱼和海豹的猎人、形形色色的冒险家，以及打算前往斯匹次卑尔根群岛的探险家。一直以来，斯匹次卑尔根都是通往北极的踏板。北极星号正在等着我们。尽管黑色船身早已伤痕累累，船头已斑驳，但这艘来自北冰洋的战舰并不想退役。它将再一次鸣起雾角，从北极大教堂（又称"特罗姆瑟大教堂"）经过，向着斯匹次卑尔根群岛进发。

第二日
持续航行

我们航行在巴伦支海上，向着挪威斯瓦尔巴群岛的重要岛屿——斯匹次卑尔根群岛方向前进。

第三日
斯匹次卑尔根群岛　朗伊尔城
北纬 78°13′　东经 15°39′

航行里程：800 km

我们彻夜无法入眠，一片海洋正展现在船长眼前。但是到了早晨，举目四望，巍巍群山、壮丽冰川在海中形成

了金色的倒影，我们来到了另一个世界的中心——北极。

我们慢慢沿着通往斯匹次卑尔根群岛的首府朗伊尔城的峡湾前进。与处于同一纬度的格陵兰岛北部和加拿大北部不同，斯匹次卑尔根群岛在夏季不封冻，这个小小的气候奇迹是墨西哥湾暖流的杰作，暖流的支流北上至此。经过6个月漫长的夜晚后，朗伊尔城的居民们终于可以尽情享受阳光。在接下来的6个月漫长的白日中，人们可能会看到一些人凌晨4:00就在咖啡馆露台上喝啤酒或者沿着峡湾划皮划艇旅行。

威廉·巴伦支

与北极其他地区不同，斯瓦尔巴群岛没有原住民。因纽特人的东迁止步于格陵兰岛。虽然冰岛的传奇故事曾提到一片只需航行4天就可以到达的土地，但直到1596年，荷兰人威廉·巴伦支在第三次探寻前往亚洲的"东北航道"[100]时才正式发现了斯瓦尔巴群岛。在船被冰困住后，他被迫留下来过冬，但最终不幸在新地岛附近逝世。

他用自己的名字命名这片一直延伸到欧洲北端的大海。

第四日
巴伦支堡

北纬 78°04′   东经 14°13′

航行里程：60 km

我们从朗伊尔城出发前往巴伦支堡。经过3个小时的航行后，似乎来到了20世纪50年代的苏联。苏联提出的"公开化"[101]之风显然没有吹到这座被搁浅在历史珊瑚礁上的采矿小镇。自1932年以来，俄罗斯便开发了500米深的煤矿。如今煤矿已被废弃，每年会有一艘来自摩尔曼斯克的船供应两次物资，巴伦支堡的500个家庭似乎注定要过这种北方古拉格式[102]的生活。

第五日
马德莱娜湾

北纬 79°04′   东经 10°58′

航行里程：约 100 km

我们越过北纬80度的这条神秘的纬线后，眼前只剩下大海和浮冰。覆盖着北极的浮冰每年都在融化。船长操纵着船只向右转驶入狭窄的峡湾中，这条峡湾通往斯匹次卑尔根群岛中美丽的地方之一——马德莱娜湾。

第六日
新奥勒松

北纬 78°55′   东经 11°55′

航行里程：130 km

在向北航行几个小时后，北极星号进入孔斯菲尤尔，朝着新奥勒松前进。随着20世纪60年代煤矿的关闭，新奥勒松恢复了原始的自然面貌，吸引着来自世界各地的40位科学家。卡尔·彼得·尼尔森是气候学研究员，对北极的向往让他来到了这里，他说道："像大多数挪威人一样，当我还是小男孩时，心目中的英雄就是北极探险家。所有的挪威人都非常崇拜极地探险史上的民族英雄。"

斯匹次卑尔根的自然资源

1906年，一位名为约翰·芒罗·朗伊尔的美国人在如今这座以他名字命名的朗伊尔城开发了第一座煤矿。1920年，在第一次世界大战结束之后，一些世界大国在巴黎签订《斯瓦尔巴条约》，条约规定斯瓦尔巴群岛的主权归属于挪威，并且42个签署国有权开发该群岛的自然资源。然而，除挪威以外，俄国是唯一一个在那里建城采矿的国家。

捕鲸时代

我们怎么能想象到，被冰川包围的马德莱娜深水湾在17世纪竟然是斯匹次卑尔根群岛所有捕鲸基地中最活跃的地方呢？航海家亨利·哈德逊无意间拉开了斯匹次卑尔根群岛捕鲸时代的序幕。1607年，当他在试图寻找"东北航道"时，来到了斯瓦尔巴群岛，并提到这里的鲸目动物"像鱼塘中的鲤鱼一样玩耍"。从17世纪开始，每年夏天，超过200艘船开往斯匹次卑尔根群岛，近2000只鲸鱼被猎杀，并在岸上被切成碎块。

油、香水、化妆品、皮革、绳索、伞骨和紧身胸衣、衬衫领撑、机床润滑剂还有城市照明……鲸目动物的用途清单是如此之长。面对强烈的市场需求，在不到50年的时间里，斯匹次卑尔根群岛的鲸鱼就几近灭绝。密集捕猎时期在19世纪末结束。但现在捕鲸活动仍以一种合法规范的方式进行着，环保人士与挪威传统文化的捍卫者为此变得对立。规则的制定拯救了鲸鱼。

斯匹次卑尔根群岛之路

极地探险者的时代

斯匹次卑尔根群岛有一部分海域在冬天时不封冻，因此成为征服北极的踏板。

斯匹次卑尔根群岛在极地探险史上占有重要地位。它靠近北极且西海岸在冬季不封冻，因此成了开展北极探险的理想基地。1873年，瑞典探险家努登舍尔德曾试图依靠驯鹿到达北极，虽然最后以失败告终，但他却是历史上第一位乘坐雪橇穿过斯瓦尔巴群岛东北部的探险家。

而弗里乔夫·南森从1893年到1896年的极地探险也被载入史册，成为传奇。他将前进号搁置在浮冰之上，这艘船经过专门设计能承受冰的强压，从西伯利亚漂流至挪威，共历时3年。这也证明了一股洋流流经北极。

极地冒险的另一个伟大的名字是罗阿尔·阿蒙森，他也是挪威最伟大和最受尊敬的探险家。阿蒙森于1906年成功探索"西北航道"，于1911年征服南极点，之后开始对飞行器着迷。而斯匹次卑尔根群岛是人们乘飞机抵达北极的理想出发点。1926年5月11日，阿蒙森前往新奥勒松登上挪威号，这是一艘由意大利工程师翁贝托·诺毕尔建造的体积为1.9万立方米的飞艇。由于挪威号的续驶里程可达8000公里，阿蒙森得以在飞越北极后继续飞往阿拉斯加，此间共历时72小时。

曾在意大利掌权的独裁者墨索里尼大力宣传诺毕尔的壮举。1928年，翁贝托·诺毕尔指挥的新型飞艇意大利号从新奥勒松出发。当他来到格陵兰岛上空时，飞艇可能因霜冻受压，坠毁在浮冰上。1928年6月18日，罗阿尔·阿蒙森乘坐从法国借来的水上飞机莱瑟姆号前去营救好友。但由于未知的原因，飞机在特罗姆瑟附近的海上坠毁。这位非凡的探险家不幸丧生。

阿拉斯加，最后的边疆

从加拿大温哥华出发，我们的船向北驶往阿拉斯加。我们沿着"内湾航道"——一条长达 600 公里的海湾——重走 19 世纪末淘金船的路线。在远西冒险的大背景下，此地上演着探险家和美洲原住民的故事。

船只：挪威风号
船长：哈康·甘达尔
国家及地区：加拿大—美国

第一日
加拿大　温哥华
北纬 49°15′　西经 123°06′

太平洋

在1880年横贯大陆的铁路开通之前,温哥华只是形形色色的淘金者和冒险家的出没地。今天,它是北美现代化城市之一,也是前往阿拉斯加的所有游轮的出发地。挪威风号船长准时收缆起航,将船头调转至"内湾航道"北部。

第二日
持续航行　沿温哥华岛和赫赛尔海峡航行

第三日
阿拉斯加　凯奇坎
北纬 55°21′　西经 131°40′

太平洋　/　航行里程:860 km

在19世纪末,成千上万前往克朗代克矿区的淘金者来到凯奇坎采购装备设施和食物,或去红灯区小溪街消遣。对于曾在该地区生活了数千年的特林吉特人[103]来说,这无异于五雷轰顶,他们的社群生活方式遭到了严重的破坏。如今他们的后代仍然传承着民族文化,对象征家庭的符号充满眷恋。城市随处可见色彩缤纷的图腾,在纪念品商店前更是如此。特林吉特文化深受游客欢迎,每年都有成千上万的游客来到这里。

第四日
阿拉斯加　朱诺
北纬 58°21′　西经 134°30′

太平洋

早上，我们来到阿拉斯加的首府朱诺，它并不是很有趣，却是探索冰川的理想出发点。我们乘坐直升机观赏着眼前壮丽的景色，冰帽延伸至天际。飞行员蒂姆解释说："冰层的平均厚度为240米。除了塔库冰川以外，该地区的所有冰川从三个世纪前起均开始消退。塔库冰川继续以每年17米的速度向海洋延伸。谁也不知道它什么时候会停下来。"

第五日
阿拉斯加　冰川湾国家公园
北纬 58°30′　西经 137°00′

太平洋

我们在城里的一家酒吧里听着乡村音乐度过了一个夜晚。早上6点左右，船开始摇动，船员们在收缆绳。片刻之后，我们就来到上层甲板，因为谁也不想错过即将出现在眼前的冰川湾。船长破例将我们带进驾驶台，对他来说，这是这次旅行中最美的时刻。他旁边有一位新人，名叫利萨。她是公园管理员。冰川湾是一个国家公园，因此入园的船只会受到严格的管制，且最多允许两条船同时入内。当航海家乔治·温哥华于1794年抵达海湾入口时，冰川封锁了宽度约为30公里的水面，并且深入陆地160公里。在接下来的两个世纪里，它消退了大约90公里。尽管消退速度惊人，但该公园仍然是世界上冰川最集中的地方。

第五日（续）
阿拉斯加　海恩斯
北纬 58°30′　西经 137°00′

太平洋

离开冰川湾，我们向南缓慢驶向奇尔卡特河，这是一片狭窄的海域，我们将到达一个叫海恩斯的小镇。我们可以在小镇上的每一座花园里看到房屋上的三角楣饰和图腾前的星条旗。当地人自豪地展示对美国和"美洲原住民"的感情，这里的人称阿拉斯加土著为"美洲原住民"。查理·吉米是特林吉特人，为保留民族文化之根而不懈努力着。60岁时，他重新学习了之前为了学英语而丢弃的祖先的语言。他团体里所有年轻的奇尔卡特舞者，都首先认为自己是阿拉斯加人。无论来自何方，他们共同继承着特林吉特文化。

第六日
阿拉斯加　斯卡圭
北纬 59°28′　西经 135°18′

太平洋　／　**航行里程：110 km**

我们在夜间抵达位于"内湾航道"北部的斯卡圭。沙龙、跳蚤市场、酒店餐厅、纪念品商店、马车……沿着百老汇街走几步就可以了解到，这座城市的所有活动都围绕着淘金热展开。19世纪末，斯卡圭成了史诗般的活动舞台。1896年夏天，探矿者乔治·卡马克在两名印第安朋友斯库康·吉姆和道森·查理的陪同下，在加拿大育空地区的克朗代克河发现了一条令人难以置信的黄金矿脉。斯卡圭是离克朗代克最近的小镇，数万名冒险者乘船从世界各地抵达这里，其中便包括著名的作家杰克·伦敦。

特林吉特人与图腾

特林吉特人是大约3万年前来自西伯利亚的猎人的后裔，长期以来一直是阿拉斯加的唯一居民，之后阿留申人来到这里，大约1000年前自称"因纽特人"的爱斯基摩人也来到此地。1725年，沙皇彼得大帝在新首都圣彼得堡邀请丹麦航海家维图斯·白令探索他的帝国的东海岸。在越过如今以他的名字命名的白令海峡后，白令在1741年发现了阿拉斯加。

在18世纪末，为了寻找"西北航道"，詹姆斯·库克和拉彼鲁兹伯爵让·弗朗索瓦沿着阿拉斯加海岸航行，但没有靠岸。

阿拉斯加被发现后，俄国猎人成了俄罗斯在阿拉斯加实行殖民统治的先锋队，不过阿拉斯加最终在1867年以720万美元的价格被卖给了美国人。

特林吉特部落是定居在阿拉斯加西南海岸的众多部落之一。他们的社交和宗教生活以一种礼物交换仪式——冬季赠礼节为标志。每个村庄因语言和所处地区的不同而存在差异。从某一时刻开始，特林吉特人的房屋门前出现了一批图腾柱雕。根据探险家或猎手的说法，第一批特林吉特图腾柱雕出现于19世纪初，但这些图腾柱雕很快被英国移民或传教士移除，他们将这种雕塑视为偶像崇拜。但特林吉特人借用欧洲人带来的便利工具，帮助图腾柱雕获得广泛的发展。在19世纪中叶，一些村庄看起来就像一片图腾柱雕的森林。这些图腾柱雕不仅漂亮，还蕴含着深层的意义。在所有村庄中，图腾代表部落的首领并象征他的力量。我们只需观察一个村庄的图腾柱雕上雕刻的象征图案，就能猜测出每个部落的历史和传说。事实上，图腾柱雕代表着氏族的记忆。部落房屋的三角楣饰与图腾柱雕顶端的图案均表现的是现实与神话的结合。

淘金浪潮

杰克·伦敦

冒险小说家

杰克·伦敦在四处漂泊中度过了青年时光，曾在白令海从事养鸡、猎海豹和捕牡蛎的工作，之后成了阿拉斯加的淘金者。流浪生活，或者浪漫一点，叫作冒险之旅，让他汲取到创作《野性的呼唤》《白牙》等传世名作的灵感。1897年7月，年仅21岁的他乘坐SS尤马蒂拉号从旧金山出发，前往北极地区。当时斯卡圭的气氛十分紧张。当杰克·伦敦到达那里成为淘金者时，这座拥有2万居民——阿拉斯加人口最多的城市，吸引了形形色色的骗子、小偷和地痞流氓。在镇上的一家妓院"红洋葱沙龙"里喝过几次酒后，杰克·伦敦开始着手攀登可怕的奇尔库特山口，人们通过这个山口可以用最直接但也最难的方式到达金矿所在的克朗代克地区。这些男人背上各种装备和物资，从白天到黑夜，来来回回十趟，依次将成吨的设备和生活必需品运到山顶。他们当中数百人死于饥饿、寒冷或疲惫。在矿山附近的城镇中，最幸运的探矿者过着奢侈的生活，并在道森市的酒吧里挥霍无度，用成袋的金子付钱。在克朗代克矿区待了1年后，患上维生素缺乏病的杰克·伦敦回到了旧金山。他没有找到一丁点儿黄金，但在他从这部充满逸事的"史诗"中回来后，这些逸事为他的许多冒险小说提供了素材。1900年，当怀特霍斯站与斯卡圭之间的铁路线建成时，淘金热已经成为一段遥远的记忆。

"西北航道"

此次航行的任务是重走 100 多年前由挪威探险家罗阿尔·阿蒙森开辟的"西北航道",即起于格陵兰岛止于俄罗斯的历史航线。我们将在长达 7500 公里的北极冰雪中航行,探索生活在这个地区的动物群和民族——如今生存受气候变化威胁的因纽特人[104]。

船只:南方号
船长:帕特里克·马尔谢索
冰区领航员:艾蒂安·加西亚
探险队长:尼古拉·迪布勒伊
国家及地区:格陵兰—加拿大—阿拉斯加—俄罗斯

KALAALLIT ASSUUTAAT

第一日
康克鲁斯瓦格
北纬 67°00′　西经 50°42′

戴维斯海峡

格陵兰岛的戴维斯海峡，正值夏天。

我们登上了停靠在康克鲁斯瓦格峡湾的南方号。经过最后一轮检查后，船长下令起航。我们不能浪费时间，因为航行的最佳气候时长很短，也就三四个星期，很快冰将重新获得掌控"西北航道"的大权，禁止所有船只通行。在出发的那一刻，船员、科学家和为北极地区着迷的乘客一致想到了罗阿尔·阿蒙森。这位挪威探险家于1903年6月16日从奥斯陆出发，用时3年，成功探索了传奇的"西北航道"，这是一项真正值得被载入北极探险史的壮举。

第二日
西西缪特
北纬 66°56′　西经 53°41′

戴维斯海峡　/　**航行里程：130 km**

从维京人第一次出海劫掠到阿蒙森开启历史性的航行，所有的水手们都顺着格陵兰岛西海岸的洋流航行。早上，我们在西西缪特停靠，这是一个现代化的城市，即将成为格陵兰岛的经济之都。

第三日
迪斯科湾　伊卢利萨特
北纬 69°12′　西经 51°07′

戴维斯海峡　/　**航行里程：230 km**

凌晨4:00，我们被浮冰撞击船身的声音惊醒。船长减慢了船速。我们站在上层甲板可以看到船周围数百个幽灵般的冰山轮廓，近乎超自然的怪异气氛萦绕在我们身旁。很快，深蓝色的天空中迸发出黎明第一道橘黄色的光芒。太阳升起来了，我们将要花费一天的时间来探索迪斯科湾。在浮冰之间曲折前进后，我们来到了冰川末端[105]。在很长一段时间内，我们期待着能目睹大冰块脱离冰川坠入水中的奇景，然后听到冰块坠入水中发出震耳欲聋的声响。然而我们最后还是白等了，大自然似乎嘲笑着人类的耐性。数百万年，北极的大自然和其他地方的一样，一直以自己的步伐前进着。

冰山

覆盖着格陵兰岛的冰帽巨大无比，占世界淡水储量的10%以上。格陵兰岛冰帽的冰川每天向前移动20米，当到达海洋时，巨大的冰块会从冰川末端脱离落入水中，从而形成冰山。这些巨大的冰山，沉浸在海中的部分要占上八分之七，此后将开始长达数年的漫长漂移。国际冰区巡逻队每年约有400人分布在拉布拉多或纽芬兰海域的48度纬线附近。1912年4月14日晚上，泰坦尼克号在北纬42度附近撞上的冰山是否来自迪斯科湾呢？我们也许永远不得而知。

第四日
在海上

巴芬湾

第五日
库罗苏克

北纬 74°34′ 西经 57°09′

巴芬湾 / 航行里程: 750 km

库罗苏克是格陵兰岛偏远的村镇之一。天空透着明亮的蓝色，但船长并不会被这种明信片似的美景欺骗，而正在寻求一个安全的锚地以避开海湾入口处的漂移冰怪。库罗苏克村的所有人都聚集在岸边欢迎我们，并庆祝我们的探险队长尼古拉的归来。他正是在一次险些丧命的漫长的滑雪旅行中发现了库罗苏克村。此后，他每年都要来这里住上一段时间，特别是在冬天。他还会和当地好友奥勒一起去浮冰上打猎。这里的女性穿着传统的服装，一位猎人将海豹肉切成块儿，并将最好吃的部位送给来自远方的客人。在一个小型的临时市场里，人们卖着海豹皮手套、小雕像或乌卢刀，这是因纽特人特有的一种短刀。尽管语言沟通有障碍，我们还是顺利地与当地人贸易并互动了一天。正如尼古拉所说的："起初，你为冰川而来，到以后，就会爱上这里的人。"就像冰山无视时间一样，这里的一切都是永恒的，人们没有时间的概念。

第六日
塞维斯维克

北纬 76°01′ 西经 65°06′

巴芬湾 / 航行里程: 280 km

目前仍是夏天。几天后，温度将开始下降，在 1 月或

2 月，温度可以低至零下 25 摄氏度。我们向西驶往加拿大。"西北航道"的入口就隐藏在巴芬岛北部高山和雪峰环绕的航道迷宫中。

第七日
庞德因莱特

北纬 72°42′ 西经 77°58′

蚀刻海峡 / 航行里程: 400 km

早上，我们在位于加拿大努纳武特省的庞德因莱特抛锚靠岸，在因纽特语中"努纳武特"意为"我们的土地"。我们眼前是笔直的街道、带银色散热器护栅的卡车以及四轮摩托车。庞德因莱特如今一副先锋城市的形象，如火如荼的现代化发展扬起了不少尘土。但我们很快就会明白，庞德因莱特即便美国化了，仍然是无可置疑的因纽特人的村镇。停在房屋前等待着冬季的雪地摩托车或仕房屋外墙上晾晒着的海豹皮便是有说服力的证据。国家边境于人们而言形同虚设，他们跟库罗苏克或西西缪特的同胞一样，对于因纽特人的身份有强烈的认同感。

第八日
兰开斯特海峡

北纬 74°01′ 西经 88°00′

航行里程: 450 km

这一次，我们即将正式开始探索"西北航道"，打道回府是不可能的了。在驾驶台上，船长、冰区领航员和探险队长尼古拉正检查着最新的卫星地图。冰块的位置每隔 1 小时都会有所改变。

北极地区民族的迁徙

可能在2.5万年前,人类已开始在北极地区定居。来自西伯利亚的猎人在追逐猎物时,越过白令海峡,被冰块困住后来到阿拉斯加。

最后一波移民潮发生在1000年左右,图勒人(即今天格陵兰因纽特人)的祖先来到阿拉斯加。

北极地区土著知晓该如何适应环境,他们用鲸类的骨头或冰块建造房屋,用象牙或燧石造武器,用海豹皮或熊皮制衣服。为了加强与自然的联系,更亲近自然,北极地区所有原住民都崇拜着萨满。他们认为萨满是通灵者,在超自然力量、动物和人之间充当中间人。

这些原则和信仰如今仍是北极地区人们的文化基础,也许深藏在人们的无意识中,也许匿身于持续数小时的只有鼓声伴奏的舞蹈中。

第九日
摄政王海峡
北纬 72°43′　西经 92°19′

航行里程：250 km

4：45，我们的船右舷对着萨默塞特岛神秘的悬崖峭壁，正减速前进。冰块一开始比较分散，之后变得越来越密集。在夜间，一些船员因为所在的船舱位于水位线以下，所以被冰块碰撞船身的声音吵醒了。对于他们当中的许多人来说，此次北极探险还是生平第一次。南方号凭借着加固的船首，很长一段时间内可以破冰前行，但鉴于冰块密度和厚度的不断加大，船长不得不请求破冰船的协助。

第十日
贝洛特海峡
北纬 72°05′　西经 94°50′

贝洛特海峡全长35公里，宽度2至3公里，名字来源于冒险营救英国探险家富兰克林的法国中尉约瑟夫·勒内·贝洛特。黎明时分就出发勘探贝洛特海峡的大副，在归来后报告前方出现了一个非常大的冰盖，有的地方有几米厚，南方号无法穿行，所以我们必须等待破冰船的到来。海峡入口处是古老的因纽特人的村庄遗址——狄其邦遗址的所在地。与人们想的不同，因纽特人的屋子不一定是用雪块建造的。在因纽特语中，igloo 仅仅意味着"家"。因纽特人属于游牧民族，他们会选择在捕鱼区或捕鲸区附近定居，用长长的鲸鱼骨头来建造圆形屋架，屋架有一半会被埋在土里。

位于海峡另一边的罗斯堡[106]，有一些曾经属于哈德孙湾公司的木制建筑。

哈德孙湾公司

哈德孙湾公司由英国人于1670年创立，通过捕猎者在北极地区收获了几千万张动物皮，而捕猎者人数最多时超过3000人。随着资源的枯竭，贸易站转变为与美洲印第安人和因纽特人进行贸易的普通商店。罗斯堡贸易站一直营业至20世纪初。

因纽特人与气候变暖

自我们出发以来,全球变暖问题屡次摆在我们眼前。科学家们提供的数据,特别是关于浮冰融化的数据,虽然令人深思,却有些过于抽象。我们在乌鲁卡哈克图克的所见所闻似乎更具有说服力。2010年4月8日,唐因努克捕猎了一种不寻常的动物:皮毛大部分是白色的,但腹部的底部是棕色的,爪子很长,像灰熊一样。全球变暖导致的冰川消融迫使北极熊离开了传统的栖息地,并催生了这种杂交动物:灰北极熊。

因纽特人意识到了世界变化带来的影响,北极生活的艰苦让他们形成了令人难以置信的适应能力。我们总是想象他们"穿着海豹皮用弓或鱼叉捕猎"的场景,正如极地探险家尼古拉斯·迪布勒伊喜欢描述的那样。但他们已经进行了现代化建设,乘四轮摩托车、上网冲浪、组织生态旅游等已不再是稀罕事。但他们不会忘记文化之根,正如乌鲁卡哈克图克当地老师让·埃克帕科哈克所说:"孩子们首先要了解文化和传统,因为生活的每一刻都需要使用语言。在我们的社区中,我们捕猎不单纯是为了获取食物,也是为了制造衣服和满足生活所需。"乌鲁卡哈克图克的孩子们不愧是罗阿尔·阿蒙森当年遇到的弓箭手的后继者。

第十一日
贝洛特海峡
北纬 72°05′　西经 94°50′

　　早上，破冰船皮埃尔·雷迪森号现身了。它全速冲向大浮冰，发起了猛烈的攻击。它凭借强大且锋利如刀的船头破冰前行，开辟了一条宽几十米的通道。我们紧跟其后，稍一拖延，海面很快就会重新冻上。在越来越密集的冰块中，我们保持着大约13节（约24.08 km/h）的速度前进。夜晚降临，夜色为眼前之景增添了神秘色彩，成千上万的星星点点出现在雷达屏幕上，而导航灯的光芒正撕裂着夜幕。

第十二日
富兰克林海峡
北纬 71°30′　西经 96°30′

航行里程：250 km

　　早上，我们碰上了另一艘被冰块围困的船——阿瓦塔克号，这是一艘为富兰克林海峡沿岸的因纽特人提供物资的货船。它也在等待着破冰船皮埃尔·雷迪森号的到来，已经等了2天了。冰块将我们团团围住，目之所及全是冰。眼前的景色让我们十分激动。我们都知道大浮冰正面临着危险，如果国际社会什么都不做，那么它可能会在几十年内消失。毫无疑问，正是出于这个原因，我们都凝视着它，希望将这一刻永远铭记在心中。

　　直到20世纪下半叶，人们才逐渐意识到这个世界的脆弱。在此之前，对新发现、荣耀和金钱的渴望是一批又一批的航海家和探险家投身于征服海洋的冒险事业的首要动机。

第十三日
爱丁堡岛

北纬 68°31′　西经 110°51′

区域海湾　/　航行里程：400 km

这是我们最后一次与破冰船进行无线电交流。随后，破冰船的船长拉辰思[107]——对于我们在北极圣伯纳德的旅行而言，它是一个命中注定的名字——带着魁北克热情的口音向我们宣布，我们成功脱险。我们的船鸣响雾角以表谢意。很快，船就在波弗特海的开阔水域中恢复了航行。我们发现大自然开始更换样貌了，白色的冰块逐渐被棕红色的苔原取代。

第十四日
乌鲁卡哈克图克

北纬 70°42′　西经 117°41′

阿蒙森湾　/　航行里程：500 km

南方号在乌鲁卡哈克图克附近抛锚靠岸了，这座村镇占据着加拿大北极地区地图上小小的一个点。我们受到了因纽特小群体的热烈欢迎，他们为我们打开了教堂和学校的大门，很自豪地向我们展示着他们充满活力的文化。孩子们正在学习因纽特语和鱼叉的使用方式，以及捕猎海豹和用熊皮制衣的方法。一头被制成标本的熊被放置在公共大厅的中央。

第十五日至十八日
波弗特海

航行里程：2500 km

有人可能觉得如今"西北航道"的航行还有季节性，但如果不采取任何措施来遏制全球变暖的话，那么这条航道将很快在一年四季都畅通无阻！全球贸易的参与者如今已经考虑到了这将给他们带来的好处，因为与走巴拿马运河或苏伊士运河的航线相比，这条西北航线将使伦敦和东京之间的距离减少3000到5000公里。

第十九日
小代奥米德岛

北纬 65°44′　西经 168°55′

格陵兰岛—白令海峡　/　航行里程：7500 km

抵达美国的小代奥米德岛时，我们有一种到达世界尽头的感觉。令人难以置信的是，这里距离俄罗斯的大代奥米德岛竟不到3公里。国际日期变更线正好从两座岛屿中间穿过，因此这两座姐妹岛屿之间的日期相隔一天。对于小代奥米德岛的居民来说，大代奥米德岛是"明天"；对于大代奥米德岛的人来说，小代奥米德岛是"昨天"。格林尼治的地理学家们划定的这条线让岛上60多个伊努特人[108]笑不出来了。他们紧紧地依附着岛屿，就像遇难的船员死死地抱住船身一样。

1948年，这小小的因纽特人群岛跟柏林一样被卷入冷战中。当时苏联人将大代奥米德岛的居民流放到西伯利亚，因此居住在两个岛屿上的49个伊努特人被迫与家人分开。美国人也听之任之。毕竟谁也不会为20多个因纽特人发动世界大战。

我们来到了"西北航道"的尽头。越过国际日期变更线后，我们到达位于白令海峡另一边的俄罗斯。在这次旅行中的每一天，我们都在想着罗阿尔·阿蒙森以及其他所有的航海家，他们在几个世纪里都试图寻找神秘的"西北航道"。尽管我们的旅行根本算不上壮举，但仍然是一场真正的北极冒险之旅。这个无边无际的白色世界里生活着一小群男人和女人，他们执着于自己的文化和传统。但他们还能坚持多久呢？

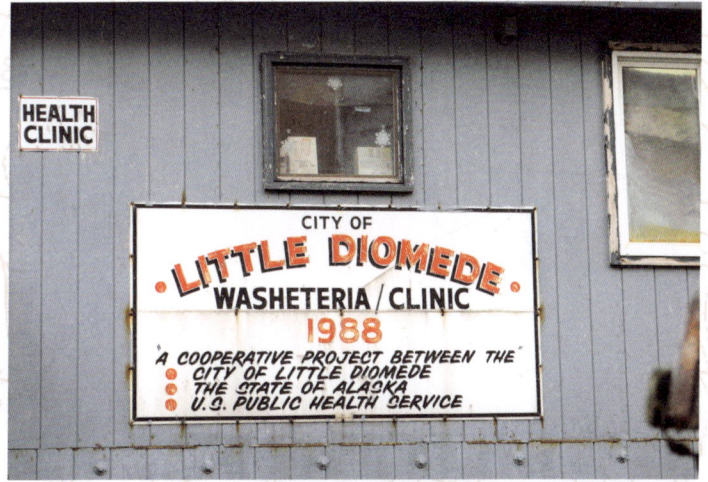

北极苔原

苔原一词来源于俄语，指的是极圈内的植被带。这里典型的北极植被能够适应冰期和暖季的交替。地衣、蕨类植物、苔藓、柳兰、北极羽扇豆以及无数种浆果统治着这片没有树木的地区，为之增添了千百种色彩。

"西北航道"

阿蒙森的胜利

罗阿尔·阿蒙森是极地探险史上的传奇人物。如果成功探索"西北航道"是他的第一个壮举,那么征服南极就是他最大的胜利。

1520年,麦哲伦发现了现在以他的名字命名的海峡,从而开辟了大西洋到太平洋的新航线。从16世纪开始,雅克·卡蒂埃、理查德·钱塞勒、马丁·弗罗比舍、亨利·哈德逊、威廉·巴芬、詹姆斯·克拉克·罗斯和威廉·爱德华·帕里等航海家都试图探索"西北航道"。

1845年5月19日,约翰·富兰克林开始他的探险之旅。这两艘被特意加固船身的船只——幽冥号和惊恐号,最后一次被捕鲸者看到是在巴芬湾,此后就失踪了。

20世纪初,年轻的挪威人——30岁的罗阿尔·阿蒙森也投身于"西北航道"的探索,而他的探索之行则是以一种相对荒诞的方式开始的。"1902年冬季至1903年春季,我匆忙地准备着这次探索'西北航道'的伟大远征。我四处寻求经济资助,一些资助人开始失去耐心,执意要拿回投资。我的债权人中最重要的一位甚至不留情面地要求我在24小时内偿清债务,还扬言要扣押我的船并以诈骗罪名逮捕我。我叫上了之前精挑细选的6名同伴,并向他们说明情况。6月16日午夜,在一场倾盆大雨后,我们这7个共谋者前往佳阿号停靠的码头。我们爬上船,收起船缆,前往斯卡格拉克海峡和北海。"阿蒙森沿格陵兰岛行驶,在迪斯科湾稍做停留,之后来到巴芬岛。他在威廉王岛上度过了第一个冬天。很快,因纽特人开始与阿蒙森来往。他们来阿蒙森这里拿木块、废金属碎片和针。作为交换,他们教阿蒙森及其船员极地生活的基本知识:如何建造冰屋、照顾狗、穿衣、缝衣服和狩猎。为了观测磁力和气象,阿蒙森在威廉王岛待了两个冬天,之后来到育空地区赫舍尔岛附近的一个捕鲸站。

他的壮举被所有的水手得知,一个捕鲸船长还找到他并将他家人的信交给他。对于这封信具体是如何转交成功的,我们就不得而知了。1906年8月31日,阿蒙森和他的同伴在阿拉斯加的诺姆港成功靠岸。

火地岛—南极

追寻麦哲伦的足迹

　　我们将重走麦哲伦走过的历史航线，沿着通往火地岛的路线前进。麦哲伦于1519年从欧洲出发向西航行，完成了历史上人类第一次环球航行，并发现了通往太平洋的通道。这一壮举标志着四个世纪令人眼花缭乱的海上冒险的开始。我们将从智利的蓬塔阿雷纳斯港口出发，沿着麦哲伦的足迹，邂逅火地人、达尔文和走过合恩角的航海家们的故事。

船只：南星号
船长：海梅·伊图拉
探险队长：马塞洛·加洛
国家及地区：阿根廷—智利

第一日
蓬塔阿雷纳斯

南纬 53°09′　西经 70°53′

麦哲伦海峡—智利

笔直的街道、零星的建筑物，以及小小的彩色房子沿着缓坡慢慢铺向麦哲伦海峡。尽管阳光灿烂，但蓬塔阿雷纳斯仍是一座毫不起眼的城市。在经历了没有止境的旅程后，我们来到此处，蓦然惊觉自己已经处于世界的尽头！

在1914年巴拿马运河开通之前，蓬塔阿雷纳斯港口非常活跃。当时巴塔哥尼亚大平原畜牧业的扩张吸引了大量欧洲移民，尤其是英国和克罗地亚的移民。人们为了畜牧业的利益，将数千年生活在火地岛纵横交错的水道边的印第安人赶尽杀绝，最好的情况也是将他们驱逐出巴塔哥尼亚。保拉是一名年轻的法国学生，她带我们去蓬塔阿雷纳斯公墓看望一位安尼肯人，他属于特维尔切人[109]，人们秘密地朝拜着他的雕像。"人们来这里感恩印第安人，他们触摸他的手，并且点燃一支蜡烛，默默地祈祷，然后心安理得地回到家。在学校，我们会讲到独立战争的诸场战役，但从不谈论住在巴塔哥尼亚的印第安人。"

克拉克帆船和卡拉维尔帆船：
实现重大发现的航船

麦哲伦舰队的船只均是克拉克帆船，与哥伦布在1492年航行时驾驶的圣玛利亚号一样。克拉克是一种长约23米的重型船，有3个桅杆，需要90名男子操纵。而卡拉维尔帆船是葡萄牙人发明的一种轻型船，机动性强，吃水浅，因此更适用于探险航行，而非载货。哥伦布舰队的另外两艘船平塔号和尼雅号貌似就是卡拉维尔帆船。

第二日
马格达莱纳岛
南纬 44°42′ 西经 73°10′

麦哲伦海峡—智利 / 航行里程：30 km

凌晨4:00，南星号离开码头，其右舷面对着的海堤尽头不停闪烁的信号台的光越来越暗，我们投身夜色深沉的茫茫海洋。很快，马格达莱纳岛出现在了视野中，它正隐隐约约从曙光中现身。每年9月至来年3月期间，有近6万对麦哲伦企鹅来到这里繁殖。与其他企鹅不同，它们在地下筑巢产卵，等60天后小企鹅便破壳而出。当麦哲伦探险队经过这里时，随行的安东尼奥·皮加费塔就记载下这种企鹅，不过称它们为"野鹅"。

第三日
阿尔韦托德阿戈斯蒂尼国家公园
南纬 54°46′ 西经 70°05′

比格尔海峡—智利

我们在通往阿尔韦托德阿戈斯蒂尼国家公园的航道中航行。途中，船长在安斯沃思湾稍做停留。在沙滩上，一些象海豹在打盹。我们小心翼翼地靠近它们。为了消除我们的恐惧，探险队队长马塞洛向我们保证："尽管它们的体重可能高达5吨，但它们是相当温驯的动物。"

象海豹

"虽然它们被称为'象海豹'，但其实是深海动物。这意味着它们生活在海里，但繁衍后代时会登岸。随着年龄的增长，它们的鼻子会变得越来越长，所以得到'象海豹'的绰号。只有雄性会有长鼻，它们会鼓起长鼻，以显示力量或标记领土。"

离开安斯沃思时，我们待在甲板上欣赏着达尔文山脉上皑皑白雪覆盖着的山峰，直到黄昏。早上，南星号在狭窄而笔直的水道中航行，这是从东到西横跨火地岛的比格尔海峡，长达240公里。它的名字来源于菲茨罗伊上尉指挥的英国皇家海军舰艇比格尔号。

第四日
南纬 54°56′　西经 67°36′

比格尔海峡—智利

我们在比格尔海峡度过了一天。这里最壮观的一段路被称为"冰川通道",西班牙冰川、罗曼什冰川、荷兰冰川、意大利冰川等冰川依次出现,每个冰川的名称都在向我们述说着19世纪末众多国际科考队齐聚在火地岛的历史。我们的船只好几次贴近冰川末端。位于达尔文山脉的冰原拥有60多个冰川,它们在往不同的方向移动。在北部,部分冰川往阿尔米兰塔兹苟峡湾移动,而南部大部分冰川则往比格尔海峡方向移动。一些科学数据表明,在200或300年前冰川就覆盖了整片区域,之后开始迅速消退,以至于冰川曾经覆盖的超过800米厚的地方已经露出地面,消退的速度似乎在大约100年前加快了。

我们眼前的景观已然非常壮观,想必当年达尔文经过时,这里更加气势恢宏。

第五日
乌斯怀亚

南纬 54°48′　西经 68°19′

比格尔海峡—阿根廷

阿根廷餐馆、旅行社、纪念品商店随处可见,乌斯怀亚已成为流行的旅游目的地。来自世界各地的游客在世界最南端的城市里购物。在港口,我们可以看到捕捞帝王蟹的大型拖网渔船与开往南极洲的游轮。事实上,人们要站远了才能欣赏乌斯怀亚的美,这里正是北起阿拉斯加南至火地岛的泛美公路的尽头。从市中心出发,5分钟后我们就走到了世界尽头。

第六日
乌莱亚

南纬 55°02′　西经 68°08′

默里海峡—智利

南星号正在离开乌斯怀亚,向南行驶进默里海峡。我们将在乌莱亚湾度过一天,这里曾经是雅马纳文化[110]活跃的地方之一。

巴塔哥尼亚人

随行麦哲伦环球航行的安东尼奥·皮加费塔在航海日记中记载着火地岛的居民像巨人一般高大,这便是巴塔哥尼亚人的神话的起源。直到20世纪,人体测量学研究表明,麦哲伦看到的特维尔切人身高应该勉强比16世纪的西班牙人高一点。

首次环球航行

麦哲伦的航行

火地岛之路

麦哲伦虽然是葡萄牙人，但却向强大的西班牙统治者查理五世提出寻找新航线的建议，试图绕过美洲南部前往盛产香料的马鲁古群岛。而当时离哥伦布发现新大陆已经过去27年了。麦哲伦是一位著名的航海家，他曾多次绕过好望角到达东印度群岛。于是麦哲伦带领着由5艘船组成的小舰队从塞维利亚出发。安东尼奥·皮加费塔便在其中一艘船上，他将记录下这段历史性的旅程。"星期一，也就是1519年8月10日，圣劳伦斯日，我们的舰队由各国的船员组成，5艘船共有237人。准备好所需物资后，我们就从塞维利亚的码头出发了。所有的大炮齐射向天空，一直到船只行驶至瓜达尔基维尔河口。"1519年12月13日，船队抵达里约热内卢，然后于1520年1月11日进入拉普拉塔河。正如皮加费塔写的那样，舰队继续着行程，在这个"巴塔哥尼亚巨人国"里休整了几个月，之后终于抵达一条海峡，而寻找越过海峡的通道更是花费了数月。"航行至南纬52度，我们奇迹般地发现了一条海峡，并把入口处的海角称为'维哥基角'。[111] 船长派圣安东尼奥号和康塞普西翁号去寻找海

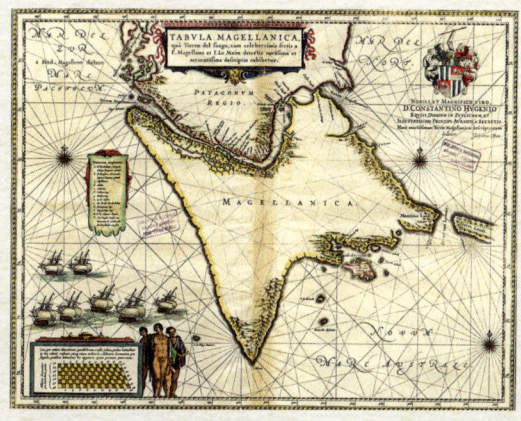

峡的出口。3天后，他们找到出口归来，并说那边的海面十分宽阔。船长听完喜极而泣，将出口海角命名为'欲望之角'，意为人们长时间一直渴望找到的海角。1520年11月28日，星期三，我们越过海峡，进入太平洋。"

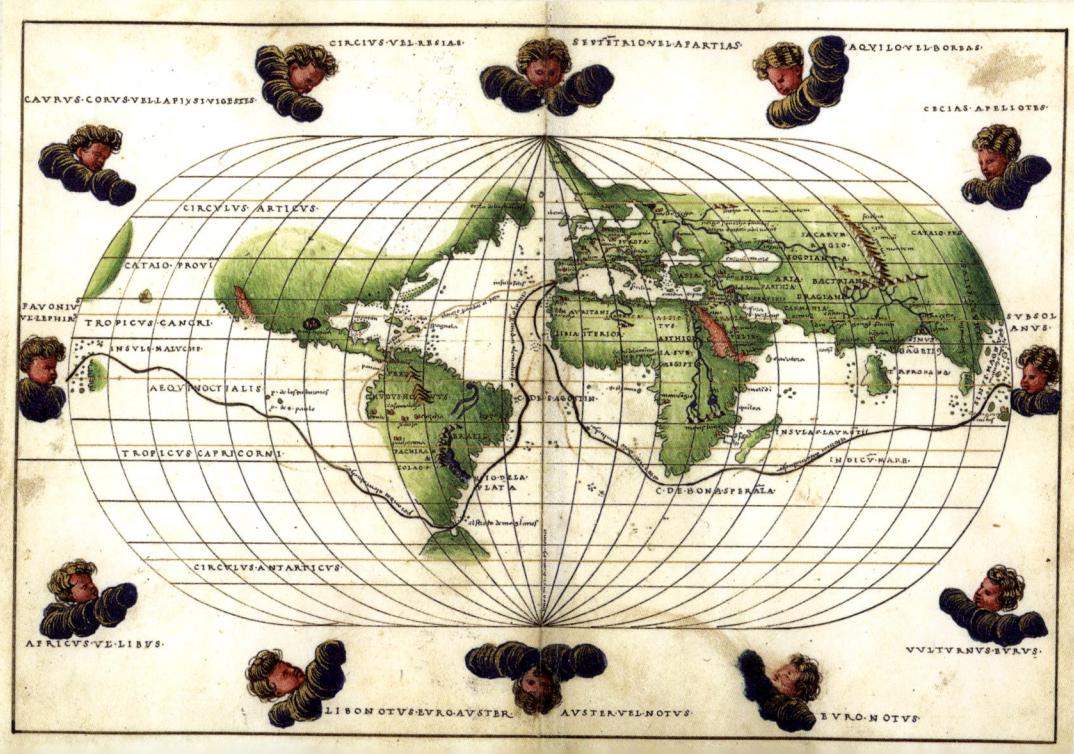

合恩角传奇

在16世纪,除了劫掠者弗朗西斯·德雷克和英国探险家托马斯·卡文迪什以外,很少有航海家冒险进入麦哲伦海峡。西、葡、英、荷四国就香料贸易控制权展开的竞争促进了新航线的开辟。

合恩角的发现

在17世纪初,荷兰取代葡萄牙控制了香料市场,并成立了荷兰东印度公司。当时只有荷兰的船才有权越过麦哲伦海峡或好望角前往马鲁古群岛。两位荷兰商人斯豪滕和雅各布·勒梅尔决定通过寻找另一条航线来规避禁令。1616年1月31日,他们开辟了一条位于麦哲伦海峡以南的新航线。这条狂风席卷的航线经过的就是传说中的合恩角,他们以家乡的名字命名此地。

在19世纪,前往巴塔哥尼亚和火地岛的不再是冒险家或探险家,而是普通的水手,他们负责驾驶大型帆船,运载羊毛、铜或移民……这些人被称为"走合恩角的人"。

即便强劲的风浪已经导致几十艘帆船沉没海底,合恩角仍是水手们的梦想,绕过合恩角对他们来说,就像成功攀登珠穆朗玛峰或发现黄金国一样。

第七日
合恩角
南纬 55°58′ 西经 67°17′

大西洋和太平洋—智利

清晨，合恩角出现在我们的视野中。在驾驶台上，船长用双筒望远镜仔细勘察地平线，收听着收音机里播出的天气预报。虽然他已经在该地区航行多年，但绕过合恩角于他而言仍是特别的时刻。我们在越过世界尽头的海岬时，时时刻刻想的都是此前所有知名或无名的英勇的航海家。"对我来说，乘船从东到西绕过合恩角是一项英勇的壮举，水手们面临着来自西太平洋持续的强风劲浪，许多人在这里不幸丧生。"

海岬上的石堡应该承受着令人难以置信的狂风骤雨。但海神与我们同在，因为涌浪不是太强，所以我们成功着陆了。通过一个木质楼梯，我们登上了岩石之顶，上面立着勾勒出信天翁线条的雕塑，用于致敬海上失踪的水手。与人们想象的不同，合恩岛并非荒草丛生。智利海军的一名军人与他的妻子常驻这里。我们到来时，这世界尽头的灯塔由胡安·安德烈斯守护着。"起初我们有点害怕。我们不习惯这种强风。整个房子都在晃动，似乎屋顶就要飞起来了。但我们必须在这里孤零零地待上1年……这对我来说并不容易，但我很荣幸能够为祖国坚守在世界尽头。"

近一个世纪以来，大型船只和货船放弃了合恩角，而选择通过更便捷的巴拿马运河运送武器和货物，但海洋历史仍在被书写着。谁知道呢，也许有一天船只会回来直面"狂暴50度"[112]，并鸣响雾角庆祝回归合恩角。

火地岛民族

在19世纪末，火地岛的民族——奥纳人[113]、阿拉卡卢夫人[114]和雅马纳人面临着殖民化和畜牧业扩张带来的威胁。传教士托马斯·布里奇斯对火地岛原住民尤其是雅马纳人的生活方式非常感兴趣。由于他们的文化属于口语文化，面临着随时消失的可能，于是他编撰了一本含近3万个单词的字典。雅马纳人属于游牧民族，当他们到达一个海湾时，会在那里待上12天到15天，以补充食物和生活所需的其他物资。当需要新的食物时，他们会乘独木舟去寻找另一个狩猎海狮、捕捞鱼和贻贝的水域。他们吃大量的贻贝，人们在乌莱亚发现的贝壳堆就是有力的证据。

比格尔号，巴塔哥尼亚移动的科考站

达尔文之行

在 19 世纪初，英国正值工业化时代的开端，蒸汽船还未被投入使用，寻找更短的海上航线且到达遥远的亚洲或大洋洲殖民地成了人们主要的诉求。

伯特·菲茨罗伊于1831年乘着小猎犬号出发时，坚信这次为期5年的环球之旅将被载入史册。船上一位年仅22岁的青年科学家正是达尔文。小猎犬号探险之行是达尔文首次出国旅行，也将是他唯一的一次。航行结束后，他将在英格兰利用余生研究从火地岛和加拉帕戈斯群岛（现称"科隆群岛"）收集的资料。

达尔文在航海日志《小猎犬号科学考察记》中，记录了他的科学观点，并讲述了他遇到火地岛居民的故事。未来的物种进化理论家受当时主流观念的影响，对火地岛居民带有一定偏见。

1832年12月17日，他写道："我无法想象野蛮人与文明人之间的鸿沟究竟有多深，这条鸿沟明显大于野生动物和家畜之间的差别。"

在船停靠期间，达尔文收集了不少化石、植物、昆虫，以及骨头和动物皮，这些东西堆满了小猎犬号的甲板。他一路记笔记、绘图，好奇心随着旅程的进行而越发强烈。其中，在加拉帕戈斯群岛的考察是最重要的，他通过观察陆生和水生鬣蜥、巨型海龟以及许多鸟类，为未来理论的建立打下基础。1835年9月15日至10月20日，小猎犬号停靠于加拉帕戈斯群岛。

"我无法想象，相距大约50或60英里的远远相望的岛屿，拥有完全相同的岩石，处于相似的气候中，几乎在同一海拔上，竟然孕育了不同的物种。"

1859年，达尔文出版了《物种起源》。这本书将激起轩然大波。在牛津大学物种进化论的支持者和反对者的辩论中，一位老人打断了会议，他就是菲茨罗伊。对于这个原教旨主义者来说，世上只有一个真理，那就是《圣经》。

南极之路

15世纪地图绘制者们想象的"未知的南方大陆"即南极洲，直到20世纪初才成为全世界最后的探索主题。如今许多国家在南极大陆建起了科考站，它是全人类共有的领土，敞开双手欢迎着从乌斯怀亚出发沿着南极半岛航线而来的探险邮轮。

船只：北极号
船长：艾蒂安·加西亚
探险队长：尼古拉斯·迪布勒伊
国家及地区：阿根廷—南极

第一日
乌斯怀亚
南纬 54°48′　西经 68°19′

比格尔海峡—阿根廷

对于众多旅行者而言，火地岛便是世界的尽头。但地球是圆的，乌斯怀亚并不是终点，而是去往南极洲的起点。在准备起航的钻石号上，我们的目光越过地平线，投向了南极洲。几个小时后，我们的船便行驶在默里海峡平静的水面上。夜幕降临时，右舷边上合恩角怪异的轮廓渐渐远去，我们来到了德雷克海峡昏黑的水域。

第二日
德雷克海峡
南纬 58°34′　西经 62°54′

这里是太平洋和大西洋汇合的地方，因16世纪末探险家弗朗西斯·德雷克爵士代表英国进行首次环球航行时路过此地而得名。越过德雷克海峡并不是一件乐事，幸运的是今日众神与我们同在，伴随着信天翁和海燕的芭蕾之舞，船只平稳地继续向南走。

第三日
企鹅岛
南纬 62°23′　西经 58°27′

南冰洋　/　航行路程：1020 km

正午时分，南设得兰群岛的首批岛屿于雾中现身。我们的船在企鹅岛停靠了几个小时。除了懒洋洋地躺在岸边的毛皮海狮，这里还有非常好认的帽带企鹅，它们两耳之间有一条细黑线，现在正爬往海角边上的岩石，那是它们最喜欢的筑巢地。每年冬天，它们往北出发寻找食物，春天时返回。

第四日
欺骗岛
南纬 62°58′　西经 60°39′

南冰洋　/　航行里程：120 km

早上，我们抵达欺骗岛。由于一次年代久远的火山喷发，被海水淹没的火山口占据了岛屿的中心。眼前是一条被称为"海神的风箱"的风浪肆虐的航道，为了穿过岛屿，船长必须小心翼翼地操纵船只。

这座神秘岛屿的岸边是挪威捕鲸站的遗址所在地，看着这些锈蚀建筑，我们仿佛置身于儒勒·凡尔纳的小说。这座捕鲸站活跃了大约30年，直到20世纪30年代随着工厂船的到来才退出历史舞台。

南极第一批探险家

1772年，英国探险家詹姆斯·库克越过南极圈。1821年，他的同胞约翰·戴维斯成为踏上南极大陆的第一人。随后法国探险家儒勒·迪蒙·迪维尔于1837年也踏上南极大陆。他乘着星盘号出发，发现了阿黛利地。直到19世纪末，许多探险家才对冰雪覆盖的新大陆感兴趣，但真正开启南极点竞赛的是比利时人阿德里安·热尔拉什·德·戈梅里率领的探险队。他们乘坐的比利时号被冰困了1年多，当时船上还有一位25岁的年轻挪威人，他就是罗阿尔·阿蒙森。

南极点竞赛

从1907到1912年，欧内斯特·沙克尔顿、罗伯特·福尔肯·斯科特、罗阿尔·阿蒙森三位探险家让全世界都屏住了呼吸。在历史上所有里程碑式的探险中，只有一个地方在20世纪初仍未被征服，那就是南极点。英国探险家欧内斯特·沙克尔顿率先对南极点发起了挑战。他与队员从罗斯冰架出发，一起朝通向南极点的极地高原发起进攻。他们一路上筋疲力尽，最终止步于距离目标160公里的地方。他们的回程更是如地狱般可怕，沙克尔顿后来这样写道："我们必须坚持……食物就在眼前，而死神正在我们身后。"

1910年6月10日，罗伯特·福尔肯·斯科特也开始远征南极点。他乘着特拉诺瓦号离开英格兰，前往南极洲。1911年1月4日，他在罗斯岛附近安扎营地。而另一边，1910年6月7日，罗阿尔·阿蒙森乘着好友弗里乔夫·南森借给他的前进号，离开奥斯陆，对于航行目标则秘而不宣。

1911年1月14日，阿蒙森在鲸湾的冰面上安扎营地，比斯科特选择的营地更靠近极点。阿蒙森的计划如下："这里与极点的往返距离是1100英里……我们决定用雪橇运载设备和60天的物资……我们当时有42只狗。我们打算把它们带上极地高原后，再宰杀24只！"12月8日，阿蒙森和他的队员超过沙克尔顿并于12月14日抵达南纬88度23分。"下午3点，雪橇司机高喊一声'停！'他们看着仪表上指示的距离……成功了！"12月17日，他们将挪威国旗升至帐篷顶部。与此同时，斯科特正在通往极地的道路上艰难地行进着。1月3日，他遣散队伍，仅带着两名队员徒步向目标冲刺。1月16日，他发现了阿蒙森探险队的足迹。第二天，三人抵达南极点，看到挪威国旗飘扬在帐篷之上。

3月29日，斯科特在他的日记中写道："我们不能指望现在情况会有所好转。我们会尽力坚持到最后……很快就要结束了。"1912年11月8日，探险队的幸存者在帐篷里找到了斯科特及其他队员的遗体。

《南极条约》

在 1957 年至 1958 年的国际地球物理年期间,为了科学观测,12 个对南极洲感兴趣的国家在南极大陆建了 40 个基地,在南极和亚南极群岛上建了 20 个基地。1959 年 12 月 1 日签署的《南极条约》最初旨在为研究提供监管框架。之后,条约权限扩展至所有的环境问题,签署国从 12 个增加到 53 个[115]。

皮特·米尔纳跟我们说道:"1944年,英国在这里建立了第一个南极基地——基地A站,它属于名为'塔伯伦计划'的秘密海军行动的一部分,该行动除了建立无线电收听系统外,还旨在建立一个专门用于气象和科学研究的基地。"尽管米字旗在屋顶上飘扬,但由于岛上巴布亚企鹅繁多,基地有时候看起来就像企鹅守卫的城堡。事实上,英国人也算投降了,因为该基地于1962年被关停,并于1994年才作为极地探险的博物馆重新开始运转。

第六日
纳克港

南纬 64°50′   西经 63°31′

第五日
拉可罗港

南纬 64°49′   西经 63°29′

南冰洋 / 航行里程:210 km

我们的船从欺骗岛出发,向南往热尔拉什海峡的方向前进。昂韦尔岛、布拉班特岛依次从我们面前经过,该地区的大量遗址让人想起了比利时探险家阿德里安·热尔拉什·德·戈梅里于1898年带领的探险队。尽管寒气逼人,我们还是站在船头,目睹着诺伊迈尔海慢慢出现。水面上的浮冰块越来越多,像一幅镶嵌画。船长听从冰区指挥官的建议,减慢了船速。我们很快便看到拉可罗港上属于英国的基地:一些坐落在狭窄的岩石凸出处的小房子。我们必须用法语的发音念这个港口的名字,因为它是让-巴蒂斯特·沙尔科于1904年2月发现的。沙尔科以当时法国众议院副主席爱德华·洛可鲁瓦的名字命名该港口,以感谢他为探险之行提供的便利。

我们在基地前抛锚停船,并放下橡皮艇。导游在下船前提醒我们:"橡皮艇上以及陆地上都禁止进食或吸烟,而且所有人都必须清理靴子,这是出于卫生的考虑,为了避免病菌或细菌的传播。"在走上通往橡皮艇的舷门梯子之前,我们将靴子放进了消毒盆中。在英国人、法国人或捕鲸人到来前,这个地方的第一位也是独一无二的占领者则是巴布亚企鹅。

南冰洋 / 航行里程:80 km

离开拉可罗港,我们回到了诺伊迈尔海峡。船长本想进入南边更远一点的勒美尔海峡,但由于漂浮的冰块变得越来越多、越来越密集,经过几分钟非常缓慢的行驶之后,我们就被冰架挡住了。我们没法再往前走了!在与探险队长协商后,船长决定折回,驶往纳克港。

看着眼前壮丽的景色,我们很快将不能去往勒美尔海峡的遗憾抛之脑后。这个地方在1924年之前一直是苏格兰捕鲸船内科号的基地站,幸而现在回归了大自然。我们将花一天的时间好好探索这里。到目前为止,我们只登陆了与南极半岛临近的岛屿,而今天则以非常具有象征意义的方式踏上了南极大陆。

我们上岸后小心翼翼地爬到岩石顶,以避免打扰企鹅。企鹅在筑巢区之间来回走动,它们通常将巢安在阳光充足并靠近海边的高地上,这样方便它们捕鱼或洗澡。我们观察到,一些走下去的时候脏兮兮的企鹅,再回来的时候羽毛已经变得白花花的了。我们乘着橡皮艇在海湾上漂流了一整天,在冰山之间曲折前进,时不时地还会碰上懒洋洋地躺在浮冰上晒太阳的海豹。有一些海豹,比如韦德尔氏海豹比较温顺,主要以鱼类和甲壳类为食;而豹纹海豹则很强悍,这些凶猛的战士凭借强硬的下颚和尖锐的门牙,不仅攻击企鹅,连其他海豹也不放过。

企鹅

南极洲是企鹅的王国。在南极半岛上,人们可以看到三种企鹅:帽带企鹅、巴布亚企鹅和阿德利企鹅。统治拉可罗港的巴布亚企鹅有着明显的白斑和红喙,非常好认。

每种企鹅都有自己的特点:帽带企鹅更具有侵略性,而巴布亚企鹅则相对温顺。在同一科企鹅中,父母可能有好有坏。同样的,有些企鹅会毫无顾忌地偷窃邻居的鹅卵石,然后将其放到自己窝里。这是一个真正的小群体,是人类社会的缩影。它们除非常特殊的情况外,南极企鹅从没有被人类猎杀过,所以天生没有防御智人这一物种的基因。

第七日
埃斯佩兰萨站
南纬 63°23′ 西经 56°59′

南冰洋 / 航行里程：350 km

厚厚的灰色云层飘过天空，海面上反射着金属光泽，沿途陡峭的岩壁高耸着……在黑暗和神秘的气氛中，南极洲显得更美。我们的船离开纳克港，慢慢驶向位于南极半岛北端的阿根廷的埃斯佩兰萨站。我们第一次在大量桌状冰山中间航行。这些四壁陡峭、顶平的冰山并非落入海中的冰川块儿，它们实际上来自威德尔海的巨大冰架。在洋流的推动下，它们从冰架上脱落，一路漂流到位于半岛北部的航道上。这些冰山有五分之四被海水淹没，有一些面积可以达到数十甚至数百平方公里。在一天结束时，我们到达了阿根廷的埃斯佩兰萨站。

埃斯佩兰萨在 1903 年受到人们的关注，当时在瑞典探险家努登舍尔德率领的探险队中，有三位脱险者在船被冰块击沉后来到岸边，他们在一个小石屋里待了整整一个冬天，最后被救出。

1952 年，当阿根廷人建立埃斯佩兰萨站时，各国尚未签署《南极条约》，该条约将冻结所有国家对南极大陆提出的领土要求。这段历史背景也许有助于我们理解基站指挥官马科斯拉米雷斯上校的话，他说道："现在，基地共有 85 人——30 位科学家，剩下的都是军人。他们和家人在一起。我们有一所小学和两名来自火地岛的老师。12 岁以上的儿童可在网上上课。1958 年国际地球物理年之后，阿根廷签署了该条约。虽然阿根廷承诺遵守条约的所有规则，但并没有放弃在该地区行使领土主权……"

到目前为止，所有签署国都遵守着《南极条约》，但北极国家为了确保在整个冰川消退后对矿产资源的控制而展开的拉锯战为我们敲响了警钟。南极洲存储着世界上 90% 的淡水资源，而如何保护南极洲将是未来几个世纪的重要挑战。

南极洲

让 - 巴蒂斯特·沙尔科

一位前往南极洲的绅士

1903年8月31日,让-巴蒂斯特·沙尔科乘坐法国人号——一艘三桅帆船,从布雷斯特港出发远征南极。沙尔科开启探险生涯不过是为了实现孩童时的梦想,虽然对大海深深着迷,但还是跟父亲一样成了医生。而他父亲让-马丁·沙尔科是当时最杰出的神经科医生。20世纪,以德国探险家埃里希·冯·德里加尔斯基、英国探险家罗伯特·福尔肯·斯科特、瑞典探险家奥托·努登舍尔德为首的整个欧洲探险家都紧盯着南极。因此,成为水手的科学家让-巴蒂斯特·沙尔科也投身于南极的探险事业。"1904年2月25日,昨日,在一处高地上,我们清晰地辨认出能够走出迷宫的道路,而小岛边缘密集而厚实的大块浮冰正阻挡着我们前进。甲板上的声音震耳欲聋,船体底部发出嘎嘎声,似乎在不停地呻吟着、抱怨着,桅杆如竖琴的琴弦一样震颤。有时候,我们的船会主动地,或在外力的作用下被动地撞击前方的浮冰。而浮冰上的企鹅们,看见眼前奇异而又粗暴的庞然大物,一下子四散而逃。有时我们吵醒的是一只海豹,它像哲学家或冷漠的人一样——稍稍抬起头,用圆润温和的眼睛看着我们,然后继续睡觉,慢慢消化肚中的食物。国内的科学家认为法国南极探险队在1903到1905年取得的科学成果有重大意义,所以在大家的鼓励下我组织了第二次南极考察之行。"[116]

1909年,沙尔科乘着普尔夸帕号开启第二次南极远征,朝着彼得曼岛驶去,航行持续至1910年。

注　释

1. 阿尔戈英雄们指的是希腊传说中同伊阿宋一道乘快船"阿尔戈号"去科尔基斯的阿瑞斯圣林取金羊毛的50位英雄。——译者注
2. 此处有误，奥斯曼帝国的存续时间为1299—1922年。
3. 俾布罗斯，古地名，或译为"比布鲁斯""毕布勒"，是黎巴嫩的一座历史悠久的古城，位于地中海岸边，贝鲁特以北约30公里。该城自新石器时代便已建成，约有7000年人类连续居住的历史，被认为是"延续至今的最古老的城市之一"。——译者注
4. 意大利即兴喜剧中的典型人物，即聪明又狡猾的小人物。——译者注
5. 又称罗杰一世，其获得"西西里公爵"封号是在1072年，完成对西西里的征服是在1091年。1130年，罗杰二世建立了西西里王国。——编者注
6. 又称《罗吉尔之书》。——编者注
7. 此段史实有缺漏。诺曼人征服西西里建立诺曼王朝，主要经历以下几个重要时期："铁臂"威廉时期、"狡猾者"罗伯特时期、罗杰·德·奥特维尔时期。"狡猾者"罗伯特是诺曼冒险家中的英雄人物，他带领兄弟10人及部属来到意大利，1054—1059年间打败拜占庭军队，占领卡拉布里亚和阿普利亚，并迫使教皇承认他为公爵。到罗杰·德·奥特维尔时期，诺曼人控制了整个南意大利。——编者注
8. 讹误，应该是"铁臂"威廉时代。——编者注
9. 全称是耶路撒冷、罗得岛及马耳他圣约翰主权军事医院骑士团，简称为"医院骑士团"。成立于1099年，和圣殿骑士团、条顿骑士团并称为三大骑士团。——编者注
10. 双方船只具体数量及损失船只具体数量众说纷纭已不可考，故保留原书数据仅供读者参考。——编者注
11. 此处事情背景是：1081年—1085年，威尼斯人援助拜占庭共同打击前文提到的"狡猾者"罗伯特·吉斯卡尔；作为回报，1082年，拜占庭的科穆宁王朝皇帝阿莱克修斯一世颁布法令，完全免除威尼斯人在拜占庭统治的爱琴海和地中海区域（除塞浦路斯和克里特）所有港口的商业税、关税和通行税。——编者注
12. 寇科船首次出现是在10世纪，并在12世纪时被广泛使用。寇科船的齿轮由熟铁打造，船身通常是用广泛生长在普鲁士的波罗的海地区的橡木做成的。——译者注。
13. 此处有另一个被更加广泛接受的解释：汉萨指的是中世纪的商业行会。"汉萨同盟"起源于吕贝克等日耳曼城市的行会联盟。——编者注。
14. 第一座修建在冬宫原址上的皇家居所是一所荷兰式的木制建筑，修建于1708年，彼得大帝及其家人居住于此。这一建筑在1711年被一座石制建筑取代。1731年，女皇安娜一世聘请了建筑师弗朗西斯科·巴托奥梅洛·拉斯特雷利，他又在原址上重建了一座巴洛克式的宫殿，1735年完工。17年后，此宫殿由女皇伊丽莎白一世扩建，最终于1754年完成。——编者注
15. 雅克·卡尔捷（1491年—1557年），法国探险家，对圣劳伦斯河流域进行了考察，为新法兰西的建立做出了贡献。同当时很多的探险家一样，卡尔捷希望能找到从欧洲到东方的新航线。——译者注
16. 萨米埃尔·德·尚普兰（1566年—1635年），是法国探险家、地理学家，魁北克的建立者。他也是法国与北美贸易——特别是皮毛贸易——的开拓者。——译者注
17. 前辈新教徒移民，指的是在美国殖民史上，为了逃避宗教迫害，先是逃往荷兰，后搭乘五月花号到达美洲，并在1620年定居在新英格兰殖民地的第一批永久地——马萨诸塞州的普利茅斯的英国殖民者。这一批居民一共有102人，其中35人是清教中的分离主义派，他们是最早殖民美国的一拨人。这些人在一开始被称为"先来者"，稍晚一些被称作"祖先"。1820年在200周年庆上，演讲者丹尼尔·韦伯斯特使用了"前辈新教徒移民"这个短语，从此这个短语就被广泛使用。——编者注
18. 这批人本来计划去弗吉尼亚，但因为航向偏离来到了普利茅斯。——编者注
19. 从1607年起到1733年止，英国殖民者在北美洲的大西洋沿岸建立了13块殖民地，即弗吉尼亚、马萨诸塞、康涅狄格、罗得岛、纽约、新泽西、特拉华、新罕布什尔、宾夕法尼亚、马里兰、北卡罗来纳、南卡罗来纳、佐治亚。——编者注
20. 此处有误：24节即44.45 km/h，此处的43 km/h小于24节。——编者注
21. 根据《大英百科全书》，因原有的乘客和船员名单存在误拼、遗漏、别名，以及将音乐家和其他合同工作为乘客或者船员的情况，泰坦尼克号上的乘客、船员和雇员的确切死亡人数无从得知。但通常认为，船上有约有2200名乘客和船员，约1500人在船沉时死亡。根据美国组织的调查委员会的调查显示，一共有1517人死亡或失踪，而英国的调查委员会的调查结果是1503人。其中船员的损失是最大的，约有700人丧生。第三层乘客伤亡也很大，约710名乘客中，只有174名活了下来。本书51页船员伤亡数字亦参考本条注释。——编者注
22. ArtDeco起源于法国，名称来自1925年巴黎举办的"巴黎国际现代化工业装饰艺术展览会"，其主张机械化的美学偏向。——编者注
23. 从1892年到1924年，埃利斯岛是美国主要的移民人口站，之后它的重要性渐渐降低。1943年，移民检查接收站完全搬到了纽约，埃利斯岛作为一个移民临时安置处一直服务到1954年。它在为美国的移民事业服务期间，共接收了约1200万移民。1990年，埃利斯岛上的移民检查站作为移民博物馆重新开放。——编者注

24 巴里亚门位于奥尔金,是哥伦布第一次踏上美洲大陆的地方。巴里亚门的美丽令哥伦布尤为惊叹,他称之为"人类所见的最美丽的地方"。——编者注

25 此处指的是海地革命。海地革命是自 1790 年至 1804 年发生在海地的黑人奴隶和黑白混血人种反对法国、西班牙殖民统治和奴隶制度的革命。法属圣多明戈是法国在加勒比海地区的殖民地,即现在的海地。——编者注

26 哥伦布一共有 4 次航行去往美洲,分别是 1492—1493 年、1493—1496 年、1498—1500 年、1502—1504 年。第一次航行结束于 1493 年 3 月 15 日,第二次航行开始于 1493 年 9 月 25 日。——编者注

27 阿拉瓦克人,即说印第安语系阿拉瓦克语族诸语言的印第安人的总称,主要分布于加勒比海的大安的列斯群岛和亚马孙河以北的广大地区,南至巴拉圭及巴西南部。——编者注

28 泰诺人隶属阿拉瓦克人,是加勒比地区主要原住民之一。在 15 世纪后期欧洲人到达之前,他们是古巴、牙买加、伊斯帕尼奥拉岛(现在的海地和多米尼加共和国)、大安的列斯群岛中的波多黎各、小安的列斯群岛北部和巴哈马等地最主要的居民。——译者注

29 弗朗西斯科·皮萨罗(西班牙语:Francisco Pizarro,约 1475 年—1541 年),西班牙殖民者,秘鲁、印加帝国的殖民者。——译者注

30 加勒比人,又译为卡利勃人,是小安的列斯群岛的居民,也是"加勒比海"名字的来源。他们是美洲原住民的一支,起源于西印度地区到南美洲的北海岸一带。——译者注

31 Caniba 或 Canibal,意思都是食人。——编者注

32 哥伦布在第一次航行中率先在巴哈马群岛登陆,泰诺人是该岛主要居民。——译者注

33 16 世纪西班牙多明我会教士,被称为"印第安人守护者",曾致力保护西班牙帝国统治下的南北美洲印第安人,对虐害他们的西班牙殖民者竭力控诉。他的著作《西印度毁灭述略》就是揭示西班牙殖民者种种暴行的重要文献。——编者注

34 《托德西利亚斯条约》是地理大发现时代早期西班牙帝国和葡萄牙帝国这两大航海强国在教皇亚历山大六世的调解下签订的协议。条约规定两国将共同垄断欧洲之外的世界,还规定将穿越当时已属葡萄牙的西非佛得角群岛与哥伦布最早为西班牙发现的美洲土地古巴岛和伊斯帕尼奥拉岛连线中点的经线作为两国的势力分界线。——编者注

35 非洲黑人被引入美洲有诸多原因,文中所述仅为其中一种。——编者注

36 根据上下文文意,考证诸史实,这里应为 1660 年。——编者注

37 查理二世为查理一世的长子,早年流亡欧洲大陆。1658 年克伦威尔去世,1660 年他返回伦敦,并在 1661 年继位成为查理二世。——编者注

38 非洲皇家公司成立于 1672 年,其前身英格兰对非洲皇家贸易公司于 1660 年草创。1663 年 1 月 10 日查理二世颁布皇家特许状时正式成立。1672 年 9 月 27 日,新的特许状将其重组为非洲皇家公司,垄断了对非洲的贸易。该公司在非洲的总部设在黄金海岸的海岸角堡(现在的加纳),而其他贸易站则设置在冈比亚河、塞拉利昂、"奴隶海岸"(现在的贝宁共和国)和贝宁。——编者注

39 塞内加尔公司成立于 1673 年,其前身是 1669 年成立的西印度公司。——编者注

40 跨大西洋奴隶贸易是全球奴隶贸易的一部分。从 16 世纪到 19 世纪,全球奴隶贸易把 1000 万到 1200 万的非洲奴隶从大西洋运送到美洲。这是所谓的三角贸易的第二阶段。在这三个阶段中,武器、纺织品和葡萄酒从欧洲运往非洲,奴隶从非洲运往美洲,糖和咖啡从美洲运往欧洲。

到 14 世纪 80 年代,葡萄牙船只已经将非洲人作为奴隶运送到大西洋东部佛得角和马德拉群岛的甘蔗种植园。1502 年之后,西班牙征服者把非洲奴隶带到加勒比海,但葡萄牙商人在非洲西海岸的刚果-安哥拉地区的基地继续统治着跨大西洋奴隶贸易达一个半世纪之久。荷兰人在 17 世纪的部分时间里成为最重要的奴隶贸易商。在接下来的一个世纪里,英国和法国商人控制了大约一半的跨大西洋奴隶贸易,他们从西非地区(塞内加尔和尼日尔河之间)拿走了大量的人类货物。

在 1600 年之前被带到美洲的非洲人可能不超过几十万。然而,在 17 世纪,随着加勒比地区甘蔗种植园和北美切萨皮克地区烟草种植园数量的增长,奴隶劳动力的需求量急剧上升。18 世纪,被带到美洲的奴隶数量最多。据历史学家估计,当时跨大西洋奴隶贸易总量的近五分之三发生在美洲。——编者注

41 原文说《航海条例》是美国独立战争(1775 年—1783 年)后颁布的,不正确。《航海条例》是英国议会分别在 1651 年到 1773 年间通过的一系列限制殖民地贸易的法律。这些航海法案被认为是对美国殖民地利益的严重损害,并在殖民地上播下了不和及叛乱的种子。1764 年法律的收紧是导致英国美洲殖民地发生叛乱的主要原因。在美国独立战争开始时,大多数殖民地的商人都参与走私,以避免《航海条例》对贸易的限制。《航海条例》于 1849 年废止。——编者注

42 霍雷肖·纳尔逊(1758 年 9 月 29 日—1805 年 10 月 21 日),英国风帆战列舰时代最著名的海军将领及军事家。在 1805 年的特拉法尔加战役中击溃法国及西班牙组成的联合舰队,迫使拿破仑彻底放弃海上进攻英国本土的计划,但自己却在战事进行期间中弹阵亡。——译者注。

43 指的是 17 世纪和 18 世纪驻扎在安的列斯群岛上的海盗。——编者注

44 海岸兄弟(或称兄弟海岸)是 17 世纪初在圣多明戈海岸建立的海盗团和海盗联盟的名称。——编者注

45 19 世纪中叶以前欧洲的私掠船。——编者注

46 阿兹特克文明是世界历史上一个独特的古文明,15 世纪在墨西哥中部建立了帝国,其传承的阿兹特克文明与印加文明、玛雅文明并称为中南美三大文明。——译者注

47 印加帝国是 11 世纪至 16 世纪时位于美洲的古老帝国,帝国的政治、军事和文化中心位于今日秘鲁的库斯科。其主体民族印加人也是美洲三大文明之一——印加文明的缔造者。——译者注

48 1489 年哥伦布·到达圣文森特岛。1627 年英国占领该岛。后法国声称对此岛拥有主权,两国为争夺该岛进行多次战争。1783 年,《凡尔赛条约》确认英国对该岛的统治权。1958 年 1 月,该岛纳入西印度联邦,直至 1962 年 5 月该联邦解散。1969 年 10 月,该岛取得"内部自治"地位。1979 年 10 月 27 日,圣文森特和格林纳丁斯宣布独立,现为英联邦成员国。——编者注

49 此事发生在1797年。1796年因为反抗英国殖民者的统治失败,这些加里富纳人被放逐到巴里索克斯荒岛,次年又被押送到洪都拉斯海岸的罗阿坦岛。——编者注

50 原文是 quatre semaines,即4周,但此处作者记载的是21日,因此改为3周。——编者注

51 终其一生,哥伦布都认为自己发现的是亚洲的东部和南部。——编者注

52 原书误,奥尔梅克文明存在时间为约公元前11世纪至公元前3世纪。——编者注

53 原书误,玛雅文明存在时间为公元前3世纪至公元16世纪。——编者注

54 原书误,托尔特克文明存在时间为900年至1150年。——编者注

55 原书误,阿兹特克文明存在时间为13世纪至16世纪。——编者注

56 在当今的西印度群岛,克里奥尔人指的是在殖民地出生的欧洲后裔,但更多用来指所有属于加勒比文化的人民,不论其阶级,也不论其祖先是欧洲人、非洲人、亚洲人还是印第安人。——编者注

57 印白混血者。——编者注

58 美洲人的起源问题一直是人类学、考古学以及语言学等学科的研究热点之一。目前认为,美洲人是由其他地方的人迁徙而来的,而对于迁徙的人种、途径和具体时间的研究,都尚未有定论。——编者注

59 一般认为,巴拉马地峡是南美洲和北美洲两块大陆相互碰撞形成的,是一个经过一系列的长时间跨度的地质运动的结果。——编者注

60 乔科省是哥伦比亚西北部的一个省,是该国唯一一个既临太平洋又临大西洋的省,西北与巴拿马接壤。——编者注

61 根据《中国大百科全书》,巴尔沃亚于1513年9月25日发现了太平洋,同时将其命名为"南海",并于9月29日到达海边。——编者注

62 原书中该段文字未分行,为了便于读者的阅读,编者在这里做了分行。——编者注

63 葡萄牙人佩德罗·阿尔瓦雷斯·卡布拉尔于1500年4月22日到达巴西,是现在被普遍接受的第一个到达巴西的欧洲人。事实上,西班牙探险家文森特·亚涅斯·平松,也就是伴随哥伦布第一次航行的航海家,也许比卡布拉尔还要早一些到达巴西。——编者注

64 根据《大英百科全书》,这里的里格换算成海里约为320海里,约592公里。——编者注

65 同上,这里约1185海里,约2195公里。——编者注

66 康得帛雷教是一种巴西宗教,起源于西非。它的基本特征是通过仪式建立起人与神之间的联系。——译者注

67 卡波耶拉是巴西的一项武术运动,最早可以追溯到16世纪,起源于非洲的安哥拉。——译者注

68 意大利航海家乔凡尼·达·韦拉扎诺(Verrazano,1485年—1528年)是一位在北美洲从事发现活动的意大利探险家,主要为法国国王效力。——译者注

69 奥斯卡·尼迈耶,设计界的传奇,一手打造了巴西利亚城。——译者注

70 根据《大英百科全书》,皮萨罗第一次来到秘鲁是在1526年。——编者注

71 贝都因人,属于闪-含语系民族,阿拉伯人的一支,也称"贝督因人",是以氏族部落为基本单位在沙漠旷野过游牧生活的阿拉伯人。主要分布在西亚和北非广阔的沙漠和荒原地带。——译者注

72 阿曼苏丹国盛产乳香,被称为"乳香之邦"。——译者注

73 艾哈迈德·本·马吉德,被奉为阿拉伯海员之祖。据信,达·伽马的船队正是在马吉德的领航之下才顺利越过印度洋,然后从马林迪抵达印度卡利卡特。——译者注

74 此处应为1497年,达·伽马在这一年离开了里斯本。——编者注

75 胡志明被越南人亲切地称为胡伯伯。胡志明(1890年—1969年),越南民主共和国的缔造者。——译者注

76 这是法国一种有名的奶酪,以法国下诺曼第奥恩省附近的村庄——卡芒贝尔的名字命名。——译者注

77 这里指的是印度尼西亚人的美食"fafaru",译作臭鱼水。其做法是将碾碎的虾加海水放入罐子中,然后将其放到太阳下暴晒2天到3天,之后滤出这些混合物,留下汁液再发酵3到8小时即可。——编者注

78 塞缪尔·沃利斯是在1766年的夏天出发的。——编者注

79 这里的"自然人"指的就是"高贵的野蛮人"。这种理想化异域人的思想可以追溯到古希腊,但第一次被提出来是在1672年的《征服格纳那达》中,启蒙运动时期被广泛使用,尤其是在卢梭的作品中。通常也出现在当时地理探索和航海冒险叙事中。——编者注

80 雅克·罗曼·乔治·布雷尔,1929年4月8日生,出生地是法国博比尼,比利时歌手、作曲人。——译者注

81 保罗·高更(Paul Gauguin,1848年—1903年),法国后印象派画家、雕塑家,与梵·高、塞尚并称为后印象派三大巨匠。——译者注

82 法国海军上将布干维尔为法国发现了塔希提岛,并将其命名为"新基西拉岛"。——译者注

83 奥特亚罗瓦是新西兰在毛利语中最广为接受的名称,原意为"绵绵白云之乡",或称"长白云之乡"。在新西兰对原住民权益及自身特色历史越发重视的情况下,奥特亚罗瓦一名亦得到越来越广泛的应用。——译者注

84 拉帕努伊是当地人对复活节岛的称呼。——译者注

85 根据《大英百科全书》,应该是约5800公里。——编者注

86 "咆哮40度",又称"咆啸40度"或"咆哮西风带",是水手对南纬40度到50度间海域的俗称。"咆哮40度"吹着西风,风在陆地范围较小,南半球则较强,其中又以印度洋南部最强。——译者注

87 阿贝尔·塔斯曼,荷兰探险家、商人,在荷兰东印度公司的资助下,于1642年和1644年进行了两次成功的远航,且发现了塔斯马尼亚岛、新西兰、汤加和斐济。——译者注

88 这里指的是皇家外科医师学会。——编者注

89 Continent austral,南方大陆。库克此行除达成目的外,也肩负着寻找南方大陆的责任。当时的哲学家认为,为了平衡北半球的大陆,南半球必然存在着"南方大陆"。——编者注

90 库克此次航行曾越过南纬70度,虽未能登陆南极洲,但是完成了首次如此高纬度的环球航行。——编者注

91 班图语支是非洲尼日尔-刚果语系、大西洋-刚果语族中的一个语支,其中包含约600种语言,约有2亿母语者。其在整个非洲中部和南部很普及,尽管在中非和南

非国家中英语、法语和葡萄牙语一般为官方语言，但班图语支是这些国家中最普及的语言。——译者注

92 斯瓦希里文化是东非沿海及岛屿各民族创造的一种充满亚非文化独特魅力与浓郁风情的文化。——译者注

93 亚瑟港即俄方对旅顺港的称呼。——译者注

94 此处作者写作有误。诺西贝島即马达加斯加島，法国于1883年发动第一次对马达加斯加的战争，之后马达加斯加沦为殖民地。——译者注

95 这个名称在16世纪至18世纪时本来是指出生于美洲而父母是西班牙人或葡萄牙人的白种人，以区别于生于西班牙而迁往美洲的移民。此后，这个名称有多种意义，因地区不同而有所不同，甚至矛盾。——译者注

96 在地质学中，冈瓦那大陆，也称冈瓦纳古陆、南方大陆，是5.73亿至5.1亿年前的超大陆。它是从罗迪尼亚大陆分裂出来的两块超大陆之一（另一个超大陆为劳亚大陆），存在于南半球。——译者注

97 当时人们想象，此漂流于海上的核果应是来自海底的植物，成熟脱落后漂浮至海面。——译者注

98 指冰島及北欧地区的一种特有的文学。此语的语源本意之一是"小故事"，后来演变成"史诗""传奇"的意思。萨迦广义的意义可用于广泛的文学作品，例如圣徒传记、史著和各类世俗小说。——译者注

99 也就是今天的卡西亚苏克。——译者注

100 东北航道是指西起挪威北角附近的欧洲西北部，经欧亚大陆和西伯利亚的北部沿岸，穿过白令海峡到达太平洋的航线集合。——译者注

101 指戈尔巴乔夫于20世纪80年代在苏联倡导的允许公开讨论国家所面临问题的政策。——译者注

102 古拉格，是1918年至1960年间苏联政府的一个机构，负责管理全国的劳改营，执行劳改、扣留等职务。这些营房的被囚人士中包括不同类型的罪犯，日后成为镇压反对苏联异见人士的工具，被囚禁人士数以百万计。——译者注

103 特林吉特人或译特林基特人，是北美洲太平洋西北海岸原住民的一支。——译者注

104 因纽特人，生活在北极地区，分布在从西伯利亚、阿拉斯加到格陵兰的北极圈内外，分别居住在格陵兰、美国、加拿大和俄罗斯。因纽特人又被称为"爱斯基摩人"，但目前美国的联邦法律在称呼少数族裔时，不再使用"爱斯基摩人"等具有歧视性的词汇。——译者注

105 冰川末端，就是冰川永冻的最边缘，指冰川在夏季温度达到最高时，仍没有消融的地方，即冰没有消融的最低海拔。——译者注

106 位于加拿大，非美国加利福尼亚州的罗斯堡。——译者注

107 船长名叫Lachance，意为"幸运"。——译者注

108 伊努特人，指居住于阿拉斯加地区的原住民，是因纽特人的一支。——编者注

109 特维尔切人是南美洲印第安人，以前居住在从麦哲伦海峡到内格罗河的巴塔哥尼亚平原上，分为南北两支，各有自己的方言。而特维尔切人在不同区域称呼不同，安尼肯克人则是生活在丘布特河南部的一支。——译者注

110 雅加人，又名雅马纳人，火地人，是分布于智利南部的美洲原住民，也是世界上最南方的民族。——译者注

111 原文为Onze Mille Vierges，意译为"一万一千处女角"，即今位于阿根廷圣克鲁斯省的维哥基角。"一万一千处女"来自基督教传说"圣乌苏拉和一万一千处女"。乌苏拉是不列颠国王的公主，被许配给异教徒不列塔尼王子。她在成婚前3年率领10名贵族贞女和1.1万名仆从贞女去罗马朝圣，行至科伦后，匈奴王阿提拉强迫她与自己结婚，因此她连同1.1万名贞女在10月21日殉教。麦哲伦到达该地是在1520年10月21日，因此将这一海岬命名为"一万一千处女角"，音译即"维哥基角"。——编者注

112 "狂暴50度"（英语：Furious Fifties）是水手对于南纬50度到60度之间海域的俗称。在南极海航行的船在这个纬度范围内会遇见比"咆哮40度"更强的风暴与大浪，以至于会强烈地摇晃。——译者注

113 塞尔克南人，又名奥纳人，是分布于智利和阿根廷南部巴塔哥尼亚火地群岛的印第安人。——译者注

114 阿拉卡卢夫人为南美洲印第安人族群。其中居住于智利南部的族人，主要靠渔猎为生。目前人口已经锐减，只有极少数居住在伊甸港。——译者注

115 根据官网，截至2019年10月1日，《南极条约》的签署国增长至54个。——编者注

116 节选自让-巴蒂斯特·沙尔科的《在南极的法国人》。——原注